FACULTÉ DE DROIT DE POITIERS.

LE SOLDAT
ET LE DOMAINE MILITAIRE
DEVANT LA LOI

PRINCIPALES DÉROGATIONS AU DROIT COMMUN
EN FAVEUR DE L'ÉTAT MILITAIRE SUR LE CONTINENT,
RECUEILLIES DANS LE DIGESTE DE JUSTINIEN, LE CODE NAPOLÉON,
LE CODE PÉNAL, LE DROIT ADMINISTRATIF FRANÇAIS
ET LE DROIT INTERNATIONAL MODERNE

THÈSE POUR LE DOCTORAT

PRÉSENTÉE ET SOUTENUE LE VENDREDI 24 JUIN 1870, A 2 HEURES DU SOIR
DANS LA SALLE DES ACTES PUBLICS DE LA FACULTÉ

PAR

Henri-Georges BREUILLAC

AVOCAT

Né à Niort (Deux-Sèvres).

POITIERS

TYPOGRAPHIE DE HENRI OUDIN

RUE DE L'ÉPERON, 4.

1870

LE SOLDAT ET LE DOMAINE MILITAIRE

DEVANT LA LOI

PRINCIPALES DÉROGATIONS AU DROIT COMMUN
EN FAVEUR DE L'ÉTAT MILITAIRE SUR LE CONTINENT,
RECUEILLIES DANS LE DIGESTE DE JUSTINIEN, LE CODE NAPOLÉON,
LE CODE PÉNAL, LE DROIT ADMINISTRATIF FRANÇAIS
ET LE DROIT INTERNATIONAL MODERNE.

THÈSE POUR LE DOCTORAT

PRÉSENTÉE ET SOUTENUE LE VENDREDI 24 JUIN 1870, A 2 HEURES DU SOIR

DANS LA SALLE DES ACTES PUBLICS DE LA FACULTÉ

PAR

Henri-Georges BREUILLAC

AVOCAT

Né à Niort (Deux-Sèvres).

POITIERS

TYPOGRAPHIE DE HENRI OUDIN

RUE DE L'ÉPERON, 4.

1870

COMMISSION.

Président, M. BAUDRY LACANTINERIE.

SUFFRAGANTS :
M. FEY, ✳ doyen.
M. RAGON. ✳
M. A. DE LA MÉNARDIÈRE.
PROFESSEURS.

M. LECOQ.
AGRÉGÉ.

A MES PARENTS

—

A MES AMIS

LE SOLDAT ET LE DOMAINE MILITAIRE

DEVANT LA LOI

PRINCIPALES DÉROGATIONS AU DROIT COMMUN
EN FAVEUR DE L'ÉTAT MILITAIRE SUR LE CONTINENT,
RECUEILLIES DANS LE DIGESTE DE JUSTINIEN, LE CODE NAPOLÉON,
LE CODE PÉNAL, LE DROIT ADMINISTRATIF FRANÇAIS
ET LE DROIT INTERNATIONAL MODERNE.

> L'armée est une nation dans la nation.
> (A. DE VIGNY, *Souvenirs de servitude militaire.*)

AVANT-PROPOS.

—

Le principe qui domine cette matière est tout à l'avantage de la France et des progrès de la civilisation. A Rome, les soldats avaient véritablement des priviléges ; aujourd'hui, que la guerre n'est plus considérée comme l'état normal de l'humanité, les dérogations au droit commun ont été introduites plutôt par l'impossibilité de faire autrement, en présence du séjour d'une partie des Français en pays étranger, ou, sur le sol même de la patrie, privés de toute relation avec les magistrats ordinaires, que par l'esprit d'élever le soldat au-dessus des citoyens. Tel a été du moins l'ordre d'idées dans lequel s'est arrêté le Code Napoléon, composé au lendemain de la tourmente révolutionnaire. Depuis, de nombreuses lois particulières, qu'on ne manquera pas de signaler ici, sont venues opérer dans cette partie de la législation une volte-face habile, mais qu'on ne saurait trop condamner.

PREMIÈRE PARTIE.

—————

DROIT ROMAIN.

—————

LIVRE PREMIER.

DE L'ORGANISATION MILITAIRE.

CHAPITRE PREMIER.

LA GRÈCE ET ROME.

> Excudent alii spirantia mollius æra
> Credo equidem ; vivos ducent de marmore vultus,
> Orabunt causas melius, cœlique meatus
> Describent radio, et surgentia sidera dicent :
> *Tu regere imperio populos, Romane, memento.*
> (VIRGILE, *Énéide*, l. VI.)

Rome n'est pas seulement la terre classique des jurisconsultes, c'est celle des grands capitaines aussi incontestablement qu'Athènes est la mère de tout ce que l'antiquité produisit d'écrivains et d'artistes de premier ordre. Henri Heine a appelé les Latins une soldatesque casuistique (1). Le mot est peut-être un peu dur, mais il rend un compte exact de l'accouplement des deux génies que nous allons étudier.

§ Ier. — *Athènes.*

La législation athénienne dont les quelques fragments échappés à l'œuvre du temps donnent une haute idée, et sur l'étude de laquelle une révolution commence dans l'opinion publique (2), me paraît digne d'une mention historique au point de vue qui nous occupe.

Les Athéniens étaient tenus de servir depuis l'âge de 18 ans jusqu'à celui de 60 (3). On employait rarement les citoyens d'un âge

1. De l'Angleterre.
2. Fustel de Coulanges (Cité antique) ; — Georges Perraud (Droit public à Athènes). Ces deux ouvrages, dont le dernier n'est que le prélude d'un grand travail, sont l'espoir qu'un jour nous dépasserons l'Allemagne dans la connaissance du droit grec.
3. Aristot., ap. Suid. et Harpocr. in Στρατης ; Poll., lib. II, cap. 2, § 11 ; Taylor, in not. ad Lys., p. 1064.

avancé (1); et quand on les prenait au sortir de l'enfance, on avait soin de les tenir éloignés des postes les plus exposés (2). Quelquefois le gouvernement fixait l'âge des nouvelles recrues (3); quelquefois on les tirait au sort (4). Ceux qui tenaient à former les corporations publiques ou qui figuraient dans les chœurs aux fêtes de Bacchus étaient dispensés du service (5). Ce n'étaient que dans les besoins pressants qu'on faisait marcher les esclaves (6), les étrangers établis dans l'Attique et les citoyens les plus pauvres (7), parce qu'ils ne faisaient aucun serment de défendre la patrie et qu'ils n'avaient aucun intérêt à la servir.

L'infanterie (8) était composée de trois ordres de soldats : les *oplites* ou pesamment armés, les *armés à la légère*, αψιμαχοι, et les *peltastes*, dont les armes étaient moins pesantes que celles des premiers, moins légères que celles des seconds (9). Les oplites avaient pour armes défensives le casque, la cuirasse, le bouclier, des espèces de bottines qui couvraient la partie antérieure de la jambe; pour armes offensives, la pique et l'épée (10).— Les armés à la légère étaient destinés à lancer des javelots ou des flèches; quelques-uns, des pierres soit avec la fronde soit avec la main. — Les peltastes portaient un javelot et un petit bouclier nommé pelta. Les boucliers, presque tous de bois de saule (11) ou même d'osier, étaient ornés de couleurs, d'emblèmes ou d'inscriptions (12).

Le commandement de l'armée fut d'abord confié à 10 strateges. Chaque jour l'armée changeait de général (13), c'est ainsi que Miltiade eut le bonheur d'être à sa tête le jour de la bataille de Marathon. En cas de partage dans le Conseil, le polémarque, un des principaux magistrats de la république, avait le droit de donner son suffrage (14). Au temps de Démosthènes, toute l'autorité était pour

1. Plut., ibid., p. 752.
2. Æschin., de fals. leg., p. 422, Suid. et Etymolog. magn. in τιρθρ.
3. Démosthène, Philipp. I, p. 50.
4. Lys., pro Mantel., p. 307.
5. Plet., leg. Attic., p. 555; Ulpian. in 3 Olynth., p. 13.
6. Aristoph. in ran. 2, 33 et 705 Schol. ibid.
7. Aristoph. ap. Harpocr. in Θητ. Pet. ibid., p. 511.
8. Plut., reip. ger. præcept. t. II, p. 810.
9. Arrian tact., p. 10, Ælian. tact., cap. 2.
10. Suid. in Οῶλ.
11. Thucyd., lib. 4, c. 0; Theophr., hist. plant., lib. 5, cap. 1, p. 518.
12. Demosth., Philipp. I, p. 50; Poll., lib. 8, cap. 0, § 51.
13. Herodot., lib. 6, cap. 110; Plut. in Aristot., t. I, p. 321.
14. Herodot., lib. 6, cap. 109.

l'ordinaire entre les mains d'un seul, qui était obligé à son tour de rendre compte de ses opérations, à moins qu'on ne l'eût revêtu d'un pouvoir spécialement illimité (1). Au-dessous des dix stratéges étaient les 10 taxiarques, qui, de même que les premiers, étaient tous les ans nommés par le sort et tirés de chaque tribu dans l'assemblée générale (2). C'étaient eux qui, sous les ordres des généraux, devaient approvisionner l'armée, régler et entretenir l'ordre de ses marches, l'établir dans un camp (3), maintenir la discipline, examiner si les armes étaient en bon état. Quelquefois ils commandaient l'aile droite, d'autres fois le général les envoyait pour annoncer la nouvelle d'une victoire et rendre compte de ce qui s'était passé pendant la bataille (4). La plupart des taxiarques se dispensaient de suivre l'armée, et leurs fonctions étaient partagées entre les chefs que le général mettait à la tête des divisions et des subdivisions (5). Ils étaient en assez grand nombre. Les uns commandaient 128 hommes; d'autres 256, 512. 1024 (6) suivant une proportion qui n'a point de bornes en montant, mais qui en descendant aboutit à un terme qu'on peut regarder comme l'élément des différentes divisions de la phalange. Cet élément est la file, composée de 8 hommes, plus souvent de 16 (7).

Les hérauts avaient une couronne sur la tête et un caducée à la main (8). Leur rôle fut le même au Moyen-âge. Chaque officier général avait un officier subalterne pour écuyer; chaque oplite un valet. Parmi les personnes attachées à l'armée, il faut encore compter les coureurs et les devins (9).

La cavalerie était commandée de droit par deux généraux nommés hipparques et par 10 chefs particuliers appelés phylarques, les uns et les autres tirés au sort tous les ans dans l'assemblée de la nation (10).

Elle n'était composée que de 1,200 hommes (11). Chaque tribu en fournissait 120, avec le chef qui devait les commander (12). Le

1. Plut. in Alcib , t. 1, p. 200, Suid. in Αυτοχρ.
2. Sigon. de rep. Athen., lib. 1, ch. 5; Pott., Archeolog. græc., lib. 3, cap 5.
3. Aristoph. in av. v. 352
4. Æschin., de fals. leg., p. 422.
5. Polyæn. strateg., lib. 3, cap. 9, § 10.
6. Arrian, tact., p. 28 ; Ælian tact., cap. 4.
7. Xenoph., hist. grec., lib. 4, p. 515; Arrian, ibid., p. 18 ; Ælian. ibid. chap. 7.
8. Thucyd., lib 1, cap. 53.
9. Ælian. var. hist., lib. 2, cap. 9; Plut, apophth., t. 2, p. 194.
10. Demosth., Philip. 1, 50.
11. Andoc., de pac., p. 21, Suid. in ιππ.
12. Poll., lib. 8, cap. 9. § 84, Harpocr. in φυλ.

nombre de ceux qu'on mettait sur pied se réglait, pour l'ordinaire, sur le nombre des soldats pesamment armés. Et cette proportion, qui varie suivant les circonstances, est souvent d'un à dix, c'est-à-dire qu'on joint deux cents chevaux à deux mille oplites (1).

Athènes n'eut de cavalerie que dans les derniers siècles de son existence. Comme chez tous les peuples, la composition en fut aristocratique et le Sénat en personne veillait à l'entretien et à l'éclat de ce corps. Le cavalier était armé d'un casque, d'une cuirasse, d'un bouclier, d'une épée, d'une lance ou d'un javelot, d'un petit manteau.

La trahison (2) et la désertion (3) étaient punies de mort. Le refus de service (4), l'abandon de son poste (5) en face de l'ennemi, le délit d'avoir passé de l'infanterie dans la cavalerie (6) sans la permission des chefs étaient punis de la privation des droits politiques. Le général avait le droit de reléguer ses subordonnés dans un grade inférieur pour un manquement à la discipline (7). On infligeait des coups aux soldats indociles ou négligents (8).

Les oplites eurent sous Alcibiade 2 drachmes par jour de paie (9); cette solde fut ensuite réduite de moitié (10); enfin ils n'avaient plus que 4 oboles par jour, c'est-à-dire vingt drachmes par mois pendant les guerres contre Philippe (11). Le chef d'une cohorte avait le double, et le général le quadruple (12). Le simple cavalier avait, en temps de guerre, autant qu'un général d'infanterie (13). En temps de paix, personne n'est payé; le cavalier reçoit cependant 15 drachmes par mois d'indemnité pour l'entretien de son cheval.

A l'égard des dépouilles de l'ennemi le droit d'en disposer a toujours été regardé comme une des prérogatives d'un général. Tout ce que l'État exigeait de lui, c'est que les troupes vécussent, s'il était

<hr>

1. Demosth., Philipp. I, p. 50; Xenoph., hist. græc., lib. I, p. 140.
2. Lys., in Philon, p. 498.
3. Pet. leg. Attic., p. 563.
4. Demosth. in Neær, p. 865, in Timocr., p. 789
5. Lys. in ;Alcib. I, p. 276 et 282; II, p. 299; Lycurg., ap. Harpocr. in Δικιμ. Dem pro Rhod. libert. p. 148.
6. Xénoph. de magist. equit., p, 957; in exped. Cyr. lib. 3, p. 296; Pet. leg. att., p. 556.
7. Xenoph. exped. Cyr., lib 5. p 368.
8. Thucyd., liv. 3, cap. 17.
9. Thucydid., liv. 7, cap. 27, p. 461.
10. Theopomp., ap. Poll., lib. 9, cap. 6, § 64; Eustach. in Ibid, p., 951; in Odyss., p. 1407.
11. Xenoph., Exped. Cyr., lib, 7, p. 102 et 413.
12. Xenoph., hist. græc., lib. 5, p. 556.
13. Xenoph., de magist. equit., p. 856; Pet. leg. Attic., p. 552

possible, aux dépens de l'ennemi et qu'elles trouvassent dans la répartition des dépouilles un supplément à la solde lorsque des raisons d'économie obligeaient de la diminuer.

Les Héliastes étaient les jurés athéniens : ils pouvaient être présidés soit par des magistrats tirés au sort, dont le plus grand en dignité était l'Archonte, et par des magistrats issus de l'élection. Les premiers et les plus importants étaient les stratéges. Le commandement de l'armée en temps de guerre n'occupait qu'un ou deux des stratéges de l'armée (1); et la guerre, n'étant d'ailleurs que l'accident, ne durait pas toujours. En temps de paix, les stratéges se réunissaient dans un édifice où ils avaient ce que nous appellerons leurs bureaux (le στρατηγεῖον ou στρατηγείῳ) ; c'était là qu'ils réglaient tout ce qui concernait le recrutement, l'entretien, l'équipement, la distribution des forces militaires et maritimes d'Athènes. Le Στρατηγεῖον était, pour prendre notre langage, le ministère de la guerre ; c'était là que se dressaient et se conservaient les listes (καταλόγοι) dont on se servait pour appeler, suivant les besoins, un nombre plus ou moins grand d'oplites ou de cavaliers. Les stratéges formaient une sorte de comité ou de conseil supérieur de l'armée et de la marine qui jouait le même rôle que notre secrétaire d'Etat au ministère de la guerre. C'est à ce titre qu'ils saisissaient les tribunaux de toutes les contestations judiciaires que provoquaient les exigences du recrutement et de l'impôt extraordinaire destiné à couvrir les dépenses d'une campagne. Ainsi, à propos des charges que la contribution extraordinaire (εἰσφορά) faisait peser sur la propriété, il arrivait parfois qu'un citoyen en provoquât un autre à un échange de biens (ἀντίδοσις) ; si celui auquel cette invitation était adressée ne l'acceptait pas, il résultait de là un procès où les stratéges avaient la présidence de la Cour. Le procès surgissant d'une ἀντίδοσις était toujours jugé par les soins du magistrat qui avait dans ses attributions le service auquel devait fournir la liturgie refusée (2). Les stratéges déféraient aussi aux juges tous les délits qui se rattachaient au service militaire et que jugent chez nous les conseils de guerre. Ainsi c'étaient les stratéges qui intentaient ou du moins introduisaient devant le tribunal des actions λιποστρατίου, δειλίας, λιποναυτίου, λιποταξίου, ἀστρατίας, ἀναυμαχίου, αὐτομολίας. Quand il s'agissait d'un oplite, le taxiarque d'un chevalier, l'hipparque de la tribu instrui-

---

1. Demosth., Philip. I, p. 51.
2. Demosth., C. Phœnip., 5, 14.

sait souvent l'affaire et, sans doute comme suppléant des stratéges occupés ailleurs, introduisait l'instance devant le tribunal (1).

A propos des Héliastes et du service militaire, je demande la permission de citer une histoire bien connue dans sa fin, mais faussée complétement dans sa cause première. Praxitèle venait de faire sa *Vénus de Gnide*, Apelles sa *Vénus Anadyomène*, et les deux grands artistes avaient pris pour modèle la plus glorieuse et la plus incontestablement belle des courtisanes de leur temps, la Thespienne Phryné. Les femmes dites vertueuses formèrent une ligue acharnée, et, par l'entremise d'un homme qu'avait toujours éconduit Phryné, nommé Euthias, elles la firent dénoncer au tribunal des Héliastes comme ayant, entre autres crimes, corrompu les citoyens en les détournant de suivre le drapeau de la République. Comme elle l'avait été pour Aspasie au temps de Périclès et de Socrate, l'accusation était grave, et la peine infligée n'allait pas moins qu'à la mort. Grande rumeur parmi les courtisanes qui se sentaient solidaires les unes des autres et auxquelles la condamnation de Phryné eût imprimé une marque infamante que leur état était loin de comporter dans l'antiquité athénienne. L'une d'elles, Myrrhine, avait pour amant l'orateur Hypéride qui avait été aussi celui de la célèbre maîtresse de Praxitèle. Il accepta la défense. Les Héliastes ne veulent rien entendre. Hypéride déploie en vain les arguments les plus plausibles, essayant de couvrir de son mépris le lâche dénonciateur: vains efforts, le tribunal ne veut pas se laisser vaincre. On interrompit l'orateur, lorsque tout à coup Hypéride, prenant Phryné par la main, la fait approcher des juges, lui déchire sa tunique et dévoile aux yeux de tous cette nudité égale à celle dont Pâris fut saisi sur le mont Ida. ce précieux type que perdraient les poëtes et les artistes. Les Héliastes sont éblouis, la cause est gagnée, la beauté reprend ses droits triomphants. Phryné est emportée par Hypéride qui reprend ses anciennes prérogatives et délaisse Myrrhine.

Et maintenant que j'ai rectifié la légende historique et dépouillé l'Aréopage d'un des plus célèbres incidents de ses audiences, je retourne à mes soldats dont je me suis moins éloigné qu'on ne croirait à première vue puisque les Héliastes ont dû en cette circonstance être présidés par le stratége et que leur décision importait à la défense de la patrie (2).

1. Demosth., Adv. Bœot., 1, 17.

2. Marc de Montifaud, les Courtisanes de l'antiquité : Marie-Madeleine, 1re partie, chap. 6, pages 120 et 121 ; la Vénus de Praxitèle.

Telle fut l'organisation militaire d'Athènes primitive au beau temps des guerres médiques. Mais bientôt la ville de Pallas, soucieuse avant tout de son commerce, fit venir des mercenaires pour se défendre de l'étranger. Les peuples maritimes en sont tous là. Voyez Carthage aux prises avec Scipion. Venise au Moyen-âge eut ses condottieri, et il n'y a pas un siècle que l'or d'une puissance voisine lançait contre la France en pleine révolution les rois de l'Europe. Les Philippiques de Démosthènes n'aboutirent à aucune amélioration du système militaire.

§ II. — *Sparte.*

Le vrai précurseur de Rome devait se trouver sur les bords de l'Eurotas. Là Lycurgue, dit la tradition, organisa un État en vue de luttes journalières contre les cités voisines. Il ne voulut d'autre rempart à Sparte que le courage de ses enfants. Trois cents aux Thermopyles contre deux millions de Perses ! Peu s'en fallut qu'ils ne fussent les remparts inexpugnables de la Grèce entière. Mais le but n'était atteint que par une éducation contraire à l'humanité. Après avoir fait la guerre pour vivre, on arriva à vivre pour faire la guerre. Heureusement qu'en 379, pour le bonheur de la civilisation, une ville de cette Béotie si raillée produisit un libérateur aux cités réduites en esclavage; et, malgré l'appui étranger, la dominatrice quitta la scène du monde, attendant le jour de la destruction matérielle.

Un pareil peuple a sa place toute marquée ici.

Les Spartiates étaient obligés de servir depuis l'âge de 20 ans jusqu'à celui de soixante ; au delà de ce terme on les dispensait de prendre les armes, à moins que l'ennemi n'entrât dans la Laconie (1).

Quand il s'agissait de lever les troupes, les Éphores, par la voix des hérauts, ordonnaient aux citoyens âgés depuis 20 ans jusqu'à l'âge porté dans la proclamation (2), de se présenter pour servir dans l'infanterie pesamment armée, ou dans la cavalerie ; la même injonction était faite aux ouvriers destinés à suivre l'armée (3).

Comme les citoyens étaient divisés en 3 tribus, on avait partagé

---

1. Xenoph., hist. græc., lib. 5, p. 568 ; Plut. in Ages., t. 1, p. 609 et 610.
2. Xenoph. ibid., lib. 6, p. 597.
3. Id. de rep. Laced., p. 685.

l'infanterie pesante en 5 régiments (μόρα) qui étaient pour l'ordinaire commandés par autant de polémarques (1). Chaque régiment était composé de 4 bataillons (λόχος), de huit pentecostyes et de seize enomoties ou compagnies (2). Outre les 5 régiments il existait un corps de six cents hommes d'élite qu'on appelait *Scirites* (3). Les principales armes des fantassins étaient la pique et le bouclier. Je ne compte pas l'épée qui n'était qu'un simple poignard porté à la ceinture (4). Ils couvraient leurs corps d'un bouclier d'airain échancré des deux côtés et quelquefois d'un seul, de forme ovale, terminé en pointe aux deux extrémités, chargé de lettres initiales du nom de Lacédémone et du symbole que le combattant s'était approprié. Le soldat était revêtu d'une casaque rouge (5). Le roi marchait à la tête de l'armée, précédé du corps des *Scirites*, ainsi que de cavaliers envoyés à la découverte. Il offrait fréquemment des sacrifices auxquels assistaient les chefs des troupes lacédémoniennes et ceux des alliés (6). Souvent il changeait de camp, soit pour protéger les terres de ces derniers, soit pour nuire à celles des ennemis (7).

La façon de passer le temps des soldats, outre leurs deux repas par jour, étaient l'exercice du gymnase, le chant des hymnes en l'honneur des dieux et les distractions de leur fantaisie (8). On pourrait presque dire, en comparaison de leurs occupations en temps de paix, que la guerre était pour eux le moment du repos (9). Le jour du combat, le roi, à l'imitation d'Hercule, immolait une chèvre pendant que les joueurs de flûte faisaient entendre l'air de Castor (10). Il entonnait ensuite l'hymne du combat ; tous les soldats, le front orné de couronnes, le répétaient de concert (11). Le roi se plaçait dans le premier rang autour de cent jeunes guerriers qui devaient, sous peine d'infamie, exposer leurs jours pour sauver les siens (12). et de quelques athlètes qui avaient remporté le prix aux

1. Arist. ap. Harpoc. in Μόρα. Diod., lib. 15, p. 350.
2. Thucydid., lib. 5, cap. 66 ; Xénoph., ibid., p. 686.
3. Thucydid., lib. 5, cap. 68 ; Diod., lib. 15. p. 350.
4. Meurs. Miscell, lacon., lib. 2, cap. 1.
5. Xenoph., de rep. Laced., p. 685.
6. Id. ibid., p. 688.
7. Id. ibid., p. 887.
8. Id. ibid., p. 688.
9. Plut. in Lyc., t. 1, p. 53.
10. Xenoph., ibid.. p. 689 ; Plut. ibid., de mus. t. 2, p 1140; Poll., lib. 4, cap. 10, § 78, Polyæn. strateg., lib. 1, cap. 10.
11. Plut., ibid.; Poll., ibid., cap. 7, § 53.
12. Herodot., lib. 6, cap. 56 ; Isocr., epist. ad Philip., t. 1, p. 445.

jeux publics de la Grèce et qui regardaient ce poste comme la plus glorieuse des distinctions (1).

Pour tout homme, c'était une honte de prendre la fuite ; pour un Spartiate, c'en était une d'en avoir seulement l'idée (2). Il leur était défendu non-seulement de poursuivre l'ennemi, mais encore de le dépouiller sans ordre (3). Si le général dans un premier combat avait perdu quelques soldats, il devait en livrer un second pour les délivrer (4). Quand un soldat avait quitté son rang, on l'obligeait de rester pendant quelque temps debout appuyé sur son bouclier à la vue de toute l'armée (5). Les rares exemples de lâcheté livraient le coupable à l'infamie (6). Ceux qui périssaient dans un combat étaient enterrés, ainsi que les autres citoyens, avec un vêtement rouge et un rameau d'olivier (7). S'ils avaient reçu la mort en tournant le dos, ils étaient privés de sépulture (8). Un lion ou la figure d'un lion distinguaient la tombe des plus braves (9). Au succès de la bravoure on préférait ceux de la prudence (10). On ne suspendait point au temple les dépouilles de l'ennemi, des offrandes enlevées aux lâches (11). La victoire habituelle n'excitait ni joie ni surprise (12). Les Spartiates aimaient mieux combattre dans l'infanterie ; persuadés que le vrai courage se suffit à lui-même, ils voulaient combattre corps à corps. C'en est fait de la valeur, dit un de leur rois, à la vue d'une machine de guerre (13). Leur cavalerie était pleine de mercenaires. Néanmoins la Laconie ne mit jamais autant d'hommes sur pied qu'elle le pouvait. Après la bataille de Leuctres, on vit des affranchis combattre aux côtés des citoyens. Preuve que les institutions les plus durables ont comme les autres leur jour de désuétude.

§ III. — *Rome.*

Rome débuta par le même excès. L'organisation établie par

1. Plut. in Lyc., t. 1, p. 53 et 54 ; Sympos., lib. 2. cap. 5, t. 2, p. 639.
2. Senec., secus., t 3, p. 16.
3. Thucydid., lib. 5, ch. 73. Plut. in Lyc., t. 1, p. 54 ; Apophth. lacon. t. 2, p. 228, Ælian. var. hist. lib. 6, cap. 6.
4. Xénoph., hist. græc., lib. 3, p. 507.
5. Xenoph , hist. græc., lib. 3, p. 481.
6. Plut. in Ages., t. 1, p. 612, apophth. lacon., t. 2, p. 214.
7. Id. Instit. lacon , t. 2. p. 238 ; Herodot., lib. 8, cap. 124.
8. Meurs. Miscel. lacon., lib. 2. cap. 1.
9. Plut., Instit. lacon., t. 2, p. 218. Ælian var. hist. lib. 6, cap. 6.
10. Plut., Instit. lacon., t. 2, p. 218.
11. Id , ibid., p. 224.
12. Id., in Ages., t. 1, p. 614.
13. Plut., apophth. lacon., t. 2, p. 219.

l'avant-dernier roi de Rome est trop connue pour que je la rappelle ici. D'ailleurs j'y reviendrai. En réfléchissant à l'état de l'Italie à cette époque, à la nature des relations qui unissent des peuples séparés par une simple colline ou un ruisseau, à ces épithètes dont on appelle les étrangers (1), on serait vraiment tenté de donner raison à Hobbes et de croire que la guerre a présidé à la formation extérieure et intérieure des sociétés (2). Les Romains étaient les *Quirites*, les hommes à la lance. Par la lance ils acquirent leur territoire, leur avoir, leurs compagnons, même leurs femmes, selon leur épopée nationale (3). Aussi la lance devint-elle chez eux le symbole de la propriété et passa-t-elle jusque dans leur procédure judiciaire. Leurs esclaves étaient un butin ; les enfants qui en étaient issus étaient une provenance de leur chose ; c'était ainsi que s'alliait dans leur esprit, avec les traditions populaires sur les premières origines, la règle que le chef de famille, *paterfamilias*, avait sur ses esclaves, sur sa femme, sur ses enfants, non pas une puissance ordinaire, mais un droit de propriété pleine et entière : droit de vie et de mort sur ses esclaves, droit de condamnation sur sa femme et sur ses enfants (4) ; droit de vendre ces derniers, de les exposer, surtout lorsqu'ils étaient difformes.

Le droit militaire d'abord, c'est donc tout le droit romain. Mais plus tard, quand les descendants d'Énée eurent rencontré dans la culture des arts le moyen de fixer leurs victoires, et dans les lettres celui de donner à la législation la parure qui la développe et la conserve, comme une liqueur précieuse a besoin d'un beau vase pour la contenir ; quand, sous les inspirations des préteurs, ce droit se fut adouci au point d'être un droit humain ; quand les textes primitifs partagèrent avec la religion les railleries d'un jurisconsulte lui-même, Cicéron (5), quand tout le monde ne fut plus soldat, il fallut bien, pour ceux qui restaient fidèles au poste, créer une législation particulière : c'est celle qui fait l'objet de ce travail.

1. *Barbarus hostis.*
2. De cive.
3. Tite-Live.
4. Collatio legum mosaïcarum et romanarum, tit. 4, § 8.
5. Cicéron, De legibus, II, 36.

CHAPITRE II.
DES LÉGIONS ROMAINES.

§ Ier. — *Définition.*

L'étymologie du mot *militaire* dérive ou de la *milice*, c'est-à-dire de la vie dure que les soldats mènent et des fatigues qu'ils supportent, ou du mot *multitude*, ou même du mot *mal* qu'ils doivent éloigner de nous, ou enfin du nom de *mille* hommes tiré du mot grec ταγμα : car les Grecs nomment ainsi mille hommes réunis ensemble, comme si l'on disait que chacun d'eux est le millième. C'est de là qu'ils appellent le chef χιλιαρχν, c'est-à-dire le premier d'entre mille.

Exercitus autem, nomen ab exercitatione traxit [1].

§ II. — *Organisation.*

L'armée romaine se composait de légions.

On peut dire des légions romaines ce qu'on a dit des testaments, qu'ils étaient tripartites. En effet, le mécanisme de leur division intérieure est le reflet des trois classements de citoyens qui ont été successivement faits : par curies, par centuries, par tribus.

Romulus, aidé peut-être de Tatius et de ce lucumon étrusque dont parle l'histoire, avait partagé ses trois peuples, les Ramnenses, les Titienses et les Luceres, en trois tribus subdivisées chacune en 10 curies. Il porta sa division dans l'institution de la première légion : elle eut trois mille fantassins et trois cents cavaliers.

L'organisation des centuries, dont les détails ne sont pas parfaitement connus, fut à la fois une organisation politique et militaire, fondée sur la pensée de conférer le pouvoir et les armes qui sont le moyen de le conserver dans la proportion des fortunes. Les centuries furent des divisions de classes inégales par le nombre des citoyens qu'elles renfermaient, mais égales par la somme des biens

---

1. L. 1. § 1. Dig. 49, 1 et testam milit. Ulp. lib. 16 ad edict.

en leur possession. Pour reconnaître les citoyens en état de porter les armes ou pour former une sorte de ban et d'arrière-ban, on distinguait dans le tableau du cens les jeunes hommes des vieillards : ceux au-dessous de dix-sept ans ne figuraient que pour mémoire. Les centuries de la première classe étaient complétement armées, ayant pour la défensive un bouclier ovale, un casque, une cuirasse et des cuissards d'airain ; et pour l'offensive, la lance, l'épée, le javelot. Les centuries de la 2ᵉ classe au lieu du bouclier ovale en portaient un carré ; elles étaient sans cuirasse... La 4ᵉ classe n'était armée que de frondes et de pierres.

En dehors des classes composées de citoyens destinés à former l'infanterie, se trouvait l'ordre des chevaliers qui se développa dans la suite comme un ordre intermédiaire entre les patriciens et les plébéiens. Le service de la cavalerie n'était fait dans le principe que par les patriciens ; il supposait une certaine fortune, car l'équipement militaire était plus cher pour le cavalier que pour le fantassin ; le cheval seul était fourni par l'Etat. Il n'y avait avant Servius que 6 centuries de chevaliers composées de jeunes gens appartenant aux meilleures familles du patriciat. Le roi réformateur en créa 12 nouvelles, prises dans les familles plébéiennes les plus distinguées par leur fortune et leur considération. Ce fut le roi, et plus tard les consuls, et enfin les censeurs qui nommèrent les chevaliers. Mais il fallait, pour être admis dans l'Ordre, payer un cens qui se rapprochait beaucoup de celui de la deuxième classe.

Voyons maintenant les détails que Polybe et Varron nous donnent sur leurs contemporains. L'infanterie de chaque légion se divisait en 10 cohortes à la tête desquelles étaient les tribuns des soldats. Dans chaque cohorte il y avait trois ordres de fantassins : les *hastati*, qui, étant les plus jeunes, combattaient rangés en bataille avec une pique sur la première ligne ; les *principes*, les plus nobles et les plus braves, qui combattaient au second rang avec le sabre ou l'épée ; les *pilani* ou *triarii*, qui, étant les plus pesants et les plus âgés, combattaient sur la 3ᵉ ligne avec un javelot (1). Quelques auteurs comptent comme un 4ᵉ ordre les *vélites* qui, étant moins âgés et moins riches, étaient répandus dans les autres ordres. Mais ils fonctionnaient comme trois par leur distribution en *vélites* simples derrière les *hastati*, en *ferentarii*

1. Varron, I, 16 ; Polybe, 6.

derrière les *principes*, en *rorarii* derrière les *pilani*. C'est du moins
ce qui me paraît le plus probable au milieu des tergiversations des
auteurs sur la matière. Les *centurions* conduisaient chaque ordre.
De ce qui précède on conclut qu'il y avait 60 centurion (1).
Chaque centurion avait ses sergents qui, dans la légion, por.aient
le nom d'*optiones* et de *tergiductores*.

Division analogue dans la cavalerie. Dix ailes commandées par
les *magistri equitum*, subdivisées en 3 décuries ayant à leur tête un
décurion, étaient son organisation dans chaque légion. La cavalerie
n'était plus composée de chevaliers. Les porteurs d'anneaux d'or.
moissonnés cruellement à Cannes, trouvaient maintenant plus com-
mode et plus lucratif de remplir les places civiles qui leur étaient
réservées à Rome, entre autres prérogatives.

Le nombre des légionnaires à pied était de cinq mille. Quoi
d'étonnant que le nombre primitif ait changé ? A défaut du
besoin d'un plus grand nombre de soldats pour de plus grandes
luttes, le nombre cinq, qui avait remplacé celui de trois comme
base de l'organisation sociale, en rendrait compte. D'un autre côté.
l'armement, au temps du disciple de Philopœmen et de l'ami de
Scipion qui fut en même temps le plus grand historien militaire de
l'antiquité, ne diffère pas. beaucoup de ce qu'il était sous Servius
Tullius. Enfin ces vélites *moins âgés* et *moins riches* ne font-ils pas
encore songer à ces *juniores*, *fils de famille* pour la plupart et par
conséquent simplement propriétaires de leur pécule castrense ?

La seule chose digne de frapper le jurisconsulte entre les divisions
intérieures de la légion aux deux différentes époques, c'est cette dé-
composition, dans la dernière, de la cohorte en ordres. Il ne faut
pas une longue réflexion pour voir que la cohorte cache un autre
nom : c'est la tribu ; le nom de son chef, tribun, le dit assez. De
même pour l'ordre, il y a un commandant qui s'appelle centurion :
c'est donc la centurie. Or, depuis l'avant-dernier roi de Rome, non-
seulement la tribu a détrôné la centurie, mais encore, si l'on en
croit M. Demangeat, à l'opinion duquel cette organisation militaire
ajoute un nouveau poids, la centurie est devenue une division de la
tribu.

Voici comment le savant professeur de la Faculté de Paris expose
sa croyance sur une division sociale assez peu explorée, faute de
textes : « D'abord je considère comme certaines les trois propositions

1. 10 hastati, 10 principes, 10 pilani, 1 dans chaque cohorte, et avec le doublement
des vélites on arrive au nombre de 60.

qui suivent : 1° les cinq classes, composées d'après la fortune des citoyens, subsistent toujours (1); 2° il y a encore des centuries *seniorum* et des centuries *juniorum* (2); 3° enfin la centurie est devenue une subdivision de la tribu (3). Cela étant, il nous reste évidemment encore beaucoup à faire pour arriver à concevoir en quoi consiste le système qui a remplacé le système primitif de Servius Tullius. Le système primitif reposait sur une double base : la fortune et l'âge. A ces deux bases une troisième doitêtre ajoutée : la tribu locale dans le système nouveau. Je crois que dans la tribu locale on prend d'abord tous les citoyens qui d'après leur fortune appartiennent à la première classe, puis tous ceux qui d'après la fortune appartiennent à la deuxième classe, etc. On a ainsi dans chaque tribu locale cinq groupes correspondant aux cinq classes. De plus, chacun de ces groupes se divisera suivant l'âge des citoyens qui le composent » (4).

Eh bien ! dans notre troisième âge de l'organisation militaire nous avons également pour base l'âge, la fortune, la tribu. Evidemment la division sociale et la division guerrière ne cadrent pas hermétiquement, l'une n'est qu'un pâle reflet de l'autre, mais c'est un reflet certain.

Vers les derniers temps de la République, cette distinction entre les soldats appelés *hastati*, *principes* et *triarii* fut abandonnée. Il n'y eut plus que des fantassins pesamment armés et des vélites. L'armement devint uniforme : un casque, une épée, un bouclier, une cuirasse et des bottines le composèrent. Tous les soldats continuèrent à porter le *sagum* ou *sayon*, vêtement plus court que la toge.

§ III. — *Historique du recrutement.*

On divise l'histoire du droit romain en 4 périodes : la première commence à la fondation de Rome et finit aux XII Tables, an de Rome, 300; la seconde finit à Cicéron, an de Rome, 650; la troisième à Alexandre Sévère, an de Rome, 1000; la quatrième, à Justinien, an de Rome, 1300.

La législation militaire a suivi les changements sociaux. Nous nous bornerons à fondre ensemble la 2° et la 3° périodes, pendant

1. Tite-Live, XLIII, 16.
2. Cicéron in Verrem, acte II, lib. V, n° 15.
3. Argumenté de Cicéron, pro Plancio, 20.
4. Droit romain. Histoire externe. 2° période, pages 50 et 51.

lesquelles le mode de recrutement des soldats ne nous parait pas avoir beaucoup changé. Certes, les trois bornes ainsi posées ne sont pas l'expression d'une mesure exacte, mais elles ont une valeur considérable.

Ainsi, pendant 300 ans, tout Romain fut soldat, aucun étranger ne fut admis dans les cadres; 700 autres durant, l'armée se composa de légions formées de citoyens et de troupes auxiliaires pleines des alliés du peuple romain.

Alors, les citoyens devenaient soldats de trois manières . *dilectu*, *conjuratione, evocatione*, le tirage au sort, le conjurement, l'appel libre ou forcé. Le second mode a seul besoin d'explications.

Il y avait lieu à la *conjuratio* toutes les fois qu'un danger imminent ne souffrait pas les retards qu'entraînaient les levées par le tirage au sort ou le choix. Celui qui devait commander l'armée et la conduire à l'ennemi se rendait au Capitole, et, après en avoir retiré les drapeaux . l'un de couleur rose, pour rassembler les fantassins, et l'autre de couleur bleue, pour réunir les cavaliers, il criait : *Que celui qui veut le salut de la République me suive*, et tous ceux qui s'étaient assemblés juraient simultanément (1). Ainsi mille ans plus tard devaient se croiser les Francs, seigneurs ou vilains, à la parole de Pierre l'Hermite et de Guillaume de Tyr.

Enfin, après l'an 1000, assez ordinairement, les citoyens s'enrôlaient volontairement; ils durent être acceptés par le prince, et une Constitution de l'empereur Zénon abolit la coutume qui permettait aux hautes magistratures militaires ou aux généraux de donner des brevets de soldats et d'enrôler dans la milice. L'*evocatio* a néanmoins survécu.

Je ne puis finir ce paragraphe sans noter trois faits indépendants de ce qui précède. 1° La permanence des armées instituée par Auguste sur le conseil de Mécène (2), soi-disant dans le but d'avoir sous la main un corps capable de défendre la frontière attaquée, formé de soldats expérimentés et pris parmi les moins indispensables à soutenir leur famille; en réalité pour contenir le peuple, dont il se disait l'élu, et les derniers partisans de la République. 2° Le même empereur, qui, pour sa sûreté personnelle, voulait une garde particulière, se fit autoriser par le sénat toujours complaisant à conserver après lui, en temps de paix et dans la ville même, un nouveau corps d'armée; c'est alors qu'il institua cette garde préto-

1. Tite-Live, lib. 45; Servius, Æneid., 8.
2. Dion., Conseils qu'il fait donner par Mécène à Auguste.

rienne dont l'extrême licence devait être bientôt une des principales causes de la décadence de Rome, qui fit la loi à ses maîtres, mit l'empire à l'encan, l'adjugea au plus offrant, et ne céda qu'à la puissance de Constantin, qui, vainqueur de Maxence, mit fin à ses assassinats. Elle avait assez vécu pour donner envie aux janissaires et aux strelitzs de marcher sur leurs traces. 3° Les étrangers formaient jadis les corps auxiliaires de l'armée. Caracalla, par un édit devenu nécessaire, donna le droit de cité à tous les sujets de l'empire, qu'importe ! la légion est encore composée de citoyens. Mais, dans un nombre si considérable d'hommes, on ne trouve pas de soldats ; c'est alors que Claude II ouvre aux barbares eux-mêmes l'entrée des légions : il y incorpore une foule de Goths. Probus, dix ans après, tire de la Germanie 16,000 soldats qu'il distribue dans son armée et dont l'histoire a conservé le chant de guerre. (1). L'obligation nationale du service militaire n'est plus qu'un vain mot ; les anciens usages sont perdus pour toujours ; le nom de légion lui-même disparaîtra bientôt ; on ne pourra plus distinguer dans les camps les Romains des barbares. Le terme fatal de la puissance romaine est proche.

§ IV. — *Occupations des soldats romains. — Campement. — Drapeau. — Machines de guerre.*

Les soldats romains n'étaient jamais oisifs ; endurcis dès l'enfance aux travaux d'agriculture, ils conservaient sous le drapeau l'habitude des fatigues. On les accoutumait à faire de longues traites chargés d'un poids de soixante livres, à courir et à sauter tout armés. Dans l'exercice, on leur faisait prendre des armes d'un poids double des armes ordinaires, et ces exercices étaient continuels. Pendant la paix, on les occupait à défricher des terrains incultes, à élever des forteresses, à creuser des canaux, à bâtir des villes entières, à construire des chemins publics qui, de Rome, se prolongeaient jusqu'aux extrémités du monde. Est-il étonnant que des soldats ainsi formés aient remporté tant de victoires et dompté tant de nations ?

Dans les marches, les soldats, outre trois ou quatre pieux destinés à former le camp, portaient des vivres pour quinze jours et plus : c'était du blé, et ils l'écrasaient avec des pierres quand ils voulaient avoir du pain ; dans la suite, on leur donna du biscuit. Les ustensiles qu'ils avaient de plus à porter étaient une scie, une

1. Châteaubriand, les Martyrs, ch. VI.

corbeille, une hache, une faulx et une marmite. Quant à leurs armes, elles n'étaient pas un fardeau pour eux : ils les regardaient en quelque sorte comme leurs propres membres. On les a vus, ainsi chargés, faire jusqu'à vingt-cinq milles en cinq heures.

Les Romains, dans le pays ennemi, ne manquaient jamais de fortifier leur camp, ne fût-ce que pour une seule nuit. Le camp était ordinairement carré ; il était traversé par plusieurs rues parfaitement régulières, et les postes assignés à chaque corps étaient si bien fixés, qu'un soldat arrivé après les autres ne pouvait se tromper sur le quartier où était placée sa compagnie. Les tentes étaient alignées, faites de peaux, et contenaient chacune dix soldats avec leur chef. Vers le centre s'élevait la tente du général, appelée *prétoire*. Vis-à-vis, et du côté qui faisait face à l'ennemi, était la porte du camp, nommée *prétorienne* ; au côté opposé était la porte *décumane* ; les deux faces latérales du camp avaient aussi chacune leur porte. Devant le prétoire, était une grande place où se tenait le marché et où l'on réunissait les troupes, quand le général voulait en faire la revue ou les haranguer ; dans ce cas, on lui élevait un tribunal de gazon. Ce camp était environné d'un fossé de neuf pieds de profondeur et d'une palissade formée de pieux entrelacés les uns dans les autres. Enfin on laissait un intervalle de deux cents pas entre les tentes et les retranchements, ce qui mettait, en cas d'attaque, les tentes à l'abri des tentes et des feux de l'ennemi. On voit que les camps des Romains étaient tout à la fois des villes régulières et des forteresses. Aussi n'est-il pas étonnant que plusieurs de ces camps aient donné naissance à des villes qui subsistent encore aujourd'hui.

Les premières enseignes des Romains n'étaient qu'une botte de foin au haut d'une pique (1). Dans la suite, on y attacha de petites planches rondes où étaient les images des dieux surmontées d'une main ou de quelque autre figure d'argent. Depuis Marius, chaque légion eut pour enseigne un aigle d'or. Les Romains ne connaissaient point le tambour ; on n'employait que des trompettes d'airain, recourbées, de différentes grandeurs.

Les Romains avaient imaginé ou emprunté des autres nations diverses machines qui leur tenaient lieu d'artillerie : outre le bélier et les tours roulantes, ils employaient les balistes et les catapultes pour lancer, celles-ci de gros javelots, celles-là des pierres, des

1. Pertica suspensos ducebat longa maniplos
Inde maniplaris nomina miles habet.
(Ov., Fast. III.)

torches enflammées, et la force de ces machines était prodigieuse. Un jour, la pierre d'une catapulte ayant été mal placée, alla donner contre un des montants de la machine et revint frapper l'ingénieur qui la dirigeait ; le coup fut si violent, qu'il le mit en pièces et dispersa tous ses membres. Pour former ce qu'ils appelaient la tortue, les soldats romains prenaient des boucliers carrés très-solides, qu'ils mettaient sur leur tête et réunissaient de manière à former une espèce de toit sur lequel glissait tout ce que l'ennemi y jetait. Ils s'approchaient ainsi des murailles qu'ils voulaient saper ; pour faire brèche à ce toit, il ne fallait rien moins que des poutres et des quartiers de rochers. Ils avaient encore des galeries de bois, construites avec de grosses poutres, qu'on revêtait de terre et de peaux de bœufs nouvellement écorchés, pour les préserver du feu. A la faveur de ces galeries, on s'approchait sans beaucoup de risques d'un mur ou d'une tour que l'on voulait miner.

CHAPITRE III (1).

ORGANISATION MILITAIRE D'APRÈS LE DIGESTE.

§ I.— *Qui peut et qui doit être soldat.*

1° DE CEUX A QUI IL N'EST PAS PERMIS DE S'ENRÔLER. — L'individu qui se fait soldat quand il ne lui est pas permis de l'être se rend coupable d'un grand crime, et la gravité de ce crime augmente, comme dans les autres délits, par la dignité, le grade et la nature de l'ordre militaire dans lequel il est entré.

Dans l'ancien droit, on n'enrôlait que des hommes *ingénus* qui étaient des cinq premières classes de Servius Tullius. Ceux qui ne payaient pas d'impôts *capite censi* (2), les comédiens et les fils d'affranchis ne pouvaient se faire soldats. La règle n'était pas cependant observée très-rigoureusement. C'est Marius qui le premier

1. Dig., liv. XLIX, tit. 16.
2. Ces *immunes omni tributo et militia* avaient moins de 11000 as de fortune. Quelques auteurs en font trois subdivisions. De 11000 à 1500, les *accensi velati* qui pouvaient suivre l'armée et combattre avec les armes de ceux qui avaient succombé. Après ces soldats suppléants venaient les *proletarii*, possesseurs d'un maximum de 1500 as et de 375 as au moins. C'est au reste de la plèbe que s'appliquait à proprement parler le nom de *capite censi* (Voir Niebuhr, Festus, v⁹. *adscriptitii, accensi. velati*).

enrôla des *capite censi* (1). Mais, avant lui, des fils d'affranchis avaient été armés dans la guerre contre les Samnites (2), et on compta jusqu'à huit mille esclaves dans une guerre Punique (3).

D'après le droit des Pandectes, il n'y a plus d'exclus, dans ce genre, que les esclaves ou ceux dont la condition latente ressemble à la leur (4).

Parmi ceux qui ne peuvent pas être admis au nombre des soldats pour une raison indépendante de ce que nous appellerions aujourd'hui l'ordre constitutionnel, on cite : ceux qui ont été condamnés pour un crime public ; celui qui a été relégué pour un temps. Les déserteurs de leurs corps ne peuvent pas être admis dans un corps d'armée. Mettez sur la même ligne les fermiers du prince, ceux qui ont la direction d'un commerce ou d'une manufacture (5) (moins les banquiers), les prêtres et les moines, les hérétiques (moins les Goths fédérés), les mineurs de dix- sept ans, les sourds et les aveugles, les semi-castrats comme Sylla (6).

On ne permet point, même à ceux qui en sont capables, de s'enrôler, s'ils le font par dol, par exemple en fraude d'une charge civile qui devait leur être conférée.

Tout individu qui, ayant un procès, a embrassé la carrière des armes pour *se donner comme militaire un air de supériorité* vis-à-vis de son adversaire doit pour cela être licencié.

2° Taille et force. — Les Romains en général n'étaient pas grands: César dans ses commentaires sur la guerre des Gaules remarque que la plupart des Gaulois les méprisaient pour ce motif, (7) et Strabon dit qu'il a vu à Rome de jeunes Bretons qui passaient d'un demi-pied le plus grand des Romains (8) La taille de 6 pieds (9) dont parlent quelquefois les auteurs devait donc être assez rare dans les armées, et nous devons regarder comme la plus ordinaire sous la république, celle que Tite-Live appelle *media militaris statura* et qu'il dit

1. Salluste, guerre de Jugurtha.
2. Denys d'Halicarnasse.
3. Tite-Live XXII, 57.
4. Statu liberi.
5. Cela tient à ce que le commerce à Rome n'était pas en honneur : et comme cette exclusion se rapporte à la milice urbaine également, on peut juger de la différence de la composition des gardes nationales du temps avec celle qui a monté la garde à la porte du roi citoyen lorsqu'il y avait un pays légal, 1830 à 1848.
6. Arrius. Menand. Lib. 1, *de re milit.*
7. Cæsar B. G. 30.
8. Srabon, IV.
9. 6 pieds romains, 1 m. 777.

être en parlant de Manlius, de 5 pieds 10 pouces (1). Sous l'empire on abaissa cette mesure à 5 pieds 7 pouces (2), et ceux-là seuls qui n'avaient pas cette taille furent impropres au service *parvitali deformes* (3). Végèce ajoute : « Quant à présent lorsqu'on ne pourra faire autrement. il faudra avoir moins d'égard à la grandeur qu'à la force et se conformer en cela au témoignage d'Homère qui nous dépeint Tydée, petit, mais vigoureux et plein de courage. » Et un peu plus loin : « Le nouveau soldat doit avoir les yeux vifs, la tête élevée, la poitrine large, les épaules fournies, la main forte, les bras longs, le ventre petit, la taille dégagée, la jambe et le pied moins charnus que nerveux. » (4) La vigueur physique du soldat fut de tout temps recherchée par les généraux : César donnait un grand prix à cette qualité, (5) et, lorsque Lucain parle d'excellentes cohortes, c'est elle qu'il met en avant (6).

> . . . . Implentur valido tirone cohortes.

3° DE CEUX QUI SE SONT SOUSTRAITS, EUX ET LEUR FILS, A LA MILICE. —Le citoyen romain qui, appelé au service militaire en qualité de *junior*, ne se rendait pas à l'appel, pouvait, dans le très-ancien droit romain, être vendu comme esclave. *Jam populus, cum eum vendidit qui miles factus non est, non adimit ei libertatem ; sed judicat non esse eum liberum qui, ut liber sit, adire periculum noluit*, a écrit Cicéron (7). Le jurisconsulte Arrius Ménander a dit de son côté : C'est un plus grand crime encore de se soustraire aux charges militaires que de les briguer, car autrefois ceux qui ne répondaient pas à l'appel étaient, comme traîtres à la liberté, réduits en servitude.

Mais, avec l'institution des volontaires qui complétaient les cadres, la législation se départit de sa rigueur primitive. Au temps de Justinien, cependant, on n'encourt pas moins que la moyenne diminution de tête. Tel est le cas de celui qui a soustrait son fils à la milice en temps de guerre (8) ou qui l'aurait mutilé pour le rendre incapable de ce service (9). Mais en temps de paix il sera sim-

---

1. 1 m. 727.
2. 1 m. 654.
3. Vegèce, 1, 5. La perche qui servait à mesurer s'appelait incuma, ou mot grec κρμματα, entailles.
4. Veg., 1, 2.
5. Suet., in Jul., 55.
6. Phar. 1.
7. Pro cœcina, n° 34.
8. D. L. 4, § 11.
9. D. L. 4, § 12.

plement battu de verges, et le jeune homme requis par la loi et
même, dans la suite, représenté par son père doit être placé dans les
classes inférieures de l'armée, car celui qui, à l'instigation d'un autre, s'est soustrait à la milice ne mérite pas de pardon (1).

§ II. — *Récompense des soldats. — Certaines incapacités attachées à cette profession.*

1° Ce fut environ vers la 347ᵉ année de la fondation de Rome
qu'on commença à payer les soldats (2). Au temps de Polybe, le
fantassin recevait deux oboles par jour et le cavalier quatre. Les contemporains de Tacite avaient dix sous par jour dans l'infanterie (3).
Depuis les Gracques l'Etat cessa de faire une retenue pour faire face
à la nourriture et à l'habillement de chaque homme. Il y avait aussi
des soldats qui pour récompense de leur courage recevaient une
double ration de vivres.

Dans l'armée, on a droit à une seconde classe de récompenses,
dites extraordinaires.

Au premier rang, il faut compter les couronnes *murale, castrense*
ou *vallare, navale* ou *rostrate, civique, obsidionale*, toutes tirant
leur nom du haut fait qui les ont méritées à leur auteur. Les généraux donnaient des colliers, des bracelets, des piques, des pana-
ches, des aigrettes. A la veille de l'ovation ou du triomphe, c'était
des distributions d'argent. Ils s'attachaient encore les légionnaires
par l'envoi en possession du butin mobilier ou immobilier.

Les récompenses réservées au général lui-même après une
victoire étaient le titre d'*imperator* et le grand ou le petit
triomphe, selon le plus ou moins d'importance de ses exploits. Le grand triomphe avait quelque chose de magnifique
et d'imposant. Le vainqueur entrait dans Rome, couronné de
lauriers, revêtu d'une robe écarlate et assis sur un char attelé
de quatre chevaux blancs. Il était conduit en pompe au Capitole
et s'avançait précédé du Sénat entier et de tous les citoyens. On
portait devant lui les dépouilles, les tableaux des villes prises et
des provinces conquises; puis venaient les rois ou chefs ennemis chargés de chaînes d'or et d'argent. A leur suite les tau-
reaux qu'on devait immoler. Près du char marchaient les parents

1. D. L. 4, § 11.
2. Tite-Live, 4, 59.
3. Tacite, Annales, 1, 7.

et les alliés des triomphateurs, puis ses soldats couronnés comme lui de lauriers. Ceux-ci mêlaient aux acclamations publiques des vers joyeux et quelquefois fort insolents contre le triomphateur lui-même : la politique le permettait, de pour qu'il ne s'en fît trop accroire. Quand le général n'avait obtenu que le petit triomphe, il faisait son entrée à pied ou à cheval, et ne pouvait offrir en sacrifice qu'une brebis : ce qui fit donner à ce triomphe le nom d'*ovatio*.

2° En revanche, toute faculté d'errer dans les fonds de terre des particuliers est interdite aux soldats de tout grade, attendu qu'ils doivent avec leurs ornements spéciaux rester dans leurs casernes ou autres lieux publics qui leur sont destinés (1). Il leur est interdit de s'absenter même momentanément du service, et ils ne doivent pas prendre la liberté de s'adonner à d'autres occupations sans la permission de leurs chefs (2). Il est défendu aux militaires d'acheter des fonds de terre dans les provinces où ils font la guerre, à moins que le fisc ne vende les biens de leur père (3). Le soldat ne peut pas être *procurator*, excepté pour lui-même. Un rescrit du prince ne le relèverait pas de cette incapacité. La présence d'un soldat dans un procès ouvrirait la porte à une exception dilatoire à raison de la personne (4).

Cette espèce mérite quelques explications. Anciennement, il n'était permis à un citoyen d'agir en justice au nom d'autrui que dans trois cas exceptionnels : *pro libertate, pro tutela, pro populo*. Joignez-y la faculté introduite par la loi *Hostilia* d'exercer l'action de vol au nom des absents pour le service de la république, et le cas d'admission comme *vindex* d'un citoyen appelé *in jus*. Sous le système formulaire, la faculté de se faire représenter en justice se généralisa, et l'on admit successivement à plaider pour autrui les *cognitores*, les *procuratores*, les *defensores*, ainsi que les tuteurs et les curateurs. Le *cognitor* était un représentant constitué par des paroles sacramentelles prononcées devant le magistrat *in jure* en présence de la partie adverse. Le représentant ainsi constitué s'identifiait avec le défendeur ou le demandeur. Le *procurator* n'avait pas besoin d'être nommé *in jure*, ni en termes solennels; il pouvait être institué même par un absent ; c'était, en un mot, un simple mandataire chargé de soutenir un procès pour

----

1. L. 11, Code 14-49, De re militari.
2. L. 13, Code 14-49, De re militari.
3. L. 0 Marcian. lib. 3 instit.
4. Instit. § 11, de Except. L. 2 § 1 et L. 3 D. de Except. (44, 1.)

le mandant. Le *defensor* était celui qui se présentait pour plaider à la place d'une autre personne sans en avoir reçu mandat : c'était un véritable *negotiorum gestor*. Sous Justinien, le *procurator* n'est plus tenu de donner les cautions *rem ratam dominum habiturum* ou *judicatum solvi* qu'il devait donner sous le système formulaire selon qu'il représentait le demandeur ou le défendeur, et dont la dation évitait un nouveau procès puisque dans le premier la condamnation avait été rendue ·contre le *procurator* lui-même. Il n'y a plus même à distinguer si le *procurator absentis* a été constitué *apud acta*, ou si le maître a ratifié l'intervention soit du *procurator* soit même du simple *defensor*.

Le soldat pouvait-il se marier? Lorsque, dans les premiers temps, tout citoyen était soldat et que l'état militaire ne constituait pas une profession séparée, la condition du soldat était nécessairement la même que celle des citoyens. Rome, à cette époque, n'aurait pu interdire le mariage à ses soldats sans se condamner elle-même à une mort certaine ; tout ce qu'elle pouvait leur défendre, et ce qu'elle leur défendit en effet, c'était d'emmener leur femme à la suite de l'armée. Mais lorsque la milice fut devenue perpétuelle, le soldat légionnaire devint esclave du drapeau pour une longue suite d'années, ne pouvant jamais s'en éloigner sans une permission expresse, sans un congé temporaire appelé *commeatus* (1). Dès lors, la défense d'emmener sa femme dans les camps entraîna nécessairement l'interdiction du mariage des soldats. La milice devint même une juste cause de séparation, et, si un soldat se mariait malgré la défense, comme il n'y avait plus de *connubium*, ce n'était plus un mariage légitime *(nuptiæ justæ)* qu'il contractait, c'était un *concubinatus*, sorte d'union tolérée par la loi, mais ne produisant pas d'enfants légitimes, capables de succéder. Telle fut la condition des légionnaires depuis Auguste jusqu'à Septime-Sévère: ce prince fut le premier qui, pour plaire aux troupes, leur permit le mariage légitime; et comme les légions étaient alors campées dans de lointaines provinces et restaient presque toujours éloignées de Rome, il devint presque impossible d'empêcher les femmes de suivre les armées, ce qui dut, en plusieurs manières, altérer la discipline.

J'ai dit que, depuis Auguste jusqu'à Septime Sévère, les soldats ne purent pas se marier légitimement; mais, comme c'était à cause du service de la République qu'ils ne se mariaient pas, Claude leur

1. Dig. XLIX, t. 16, leg. 13, 7; leg. 12, § 1.

accorda tous les priviléges des citoyens mariés (1). « Il avait été raisonnable, dit Montesquieu, d'accorder le droit d'enfant aux vestales que la religion tenait dans une virginité nécessaire; on donna de même le privilége de maris aux soldats, parce qu'ils ne pouvaient pas se marier » (2).

§ III. — *De ceux qui suivent les armées et de ceux qui les commandent.*

1° L'état militaire a aussi ses charges que les soldats remplissent chacun à leur tour. Or, il y a des militaires, dit la loi 6 au Digeste, liv. 4, tit. 6, à qui on accorde l'exemption des charges militaires en considération des autres emplois ou métiers qu'ils exercent (3). Ici se place une énumération dont l'expression générique: *personnes employées à la suite des armées*, adopté par le Code Napoléon, peut, en tenant compte de la distance de 2000 ans, donner une idée.

Outre les *frumentarii* chargés de la manutention des vivres il y avait au service de l'armée d'autres employés formant comme celle-là des corporations très-importantes. Tels étaient les ministres de la religion, les médecins et les chirurgiens, et, dans un ordre moins élevé, les ouvriers, les vivandiers et les valets d'armée.

M. Briau a publié récemment un opuscule intitulé *Du service de santé militaire chez les Romains* (4). Il a résumé lui-même son travail en ces termes :

« 1° Ce service n'existait pas sous la République comme service public, il a commencé en même temps que l'établissement des armées permanentes c'est-à-dire sous l'empereur Auguste (5).

« 2° A une époque impossible à préciser, mais en tout cas sous les premiers empereurs, on établit dans les cas permanents des infirmeries pour soigner les soldats malades ou blessés.

« 3° Ces hôpitaux étaient administrés sous la direction du préfet du camp, par des médecins, des aides-intendants et des infirmiers chargés de subvenir à tous les besoins des malades hospitalisés.

1. Dion., LIX.
2. Esprit des lois, XXIII, 21.
3. De jure immunit. Tarruntin. Paternus. Lib. 1 milit.
4. Paris. Victor Masson et fils, 1868, in-8, 90 p.
5. Chaque citoyen opulent avait alors comme Caton un manuel de conseils et de remèdes pour soigner sa famille. Sur le champ de bataille, le soldat blessé se faisait soigner par ses camarades quand il n'avait plus la force de le faire lui-même ; ou quelquefois, après un combat meurtrier, on portait les malades les plus pauvres dans les maisons des riches, qui en avaient soin.

« 4° Les troupes ayant des attributions et une destination spéciales, comme les cohortes de *vigiles*, les prétoriens, la garde urbaine, possédaient un service de santé confié à des médecins au nombre de quatre pour chaque cohorte.

« 5° Les médecins de ces cohortes portaient tous le même titre de *medicus cohortis*, avaient tous le même grade, les mêmes fonctions, sans qu'on puisse établir entre eux aucune hiérarchie, et étaient rangés parmi les *principales* ou sous-officiers.

« 6° Les légions étaient pourvues également d'un service de santé dirigé par des médecins et des *deputati*, ou aides. Le nombre de ces médecins est inconnu ; mais l'analogie et l'induction permettent de conjecturer qu'il était de vingt environ par légion.

« 7° Ces médecins portaient tous le titre de *medicus legionis* ; ils étaient aussi incrits parmi les *principales*.

« 8° Les ailes de cavalerie et les cohortes auxiliaires étaient également munies d'un service médical. » . . . .

MaisM. Guardia, dans deux articles publiés par le *Journal Général de l'instruction publique* (1), a relevé un assez grand nombre d'erreurs qui s'étaient glissées dans les conjectures souvent ingénieuses de M. Briau.

Les inscriptions et l'histoire nous ont transmis les noms suivants des médecins militaires : *M. Vulpius Sporus*, médecin des Asturiens à cheval ; *Satrius Longinus*, médecin du vaisseau le *Cupidon* ; *Julius Ingenuus, medicus beneficiarius* ; *Anicius Ingenuus, medicus ordinarius* de la cohorte tongrienne. Tels furent les Larrey de l'armée antique ! Il y avait aussi des vétérinaires, mais leur condition est trop peu connue pour que nous nous y arrêtions.

Antonin rapporte une espèce différente d'exemption lorsqu'il dit : « Si vous avez 20 ans de service accomplis, les emplois les plus bas et les plus vils de l'état militaire ne pourront pas vous être imposés » (2).

2° Le devoir de celui qui commande une armée consiste non-seulement à ordonner la discipline, mais encore à l'observer lui-même (3).

En temps d'expédition militaire les généraux doivent non-seulement accorder des congés avec beaucoup de circonspection, mais même ils n'en doivent accorder aucun , et s'ils l'ont fait, ils seront,

1. 19 et 29 mars 1868.
2. L. 2, Code 56. De re militari.
3. L. 12. Macer lib. 1. De re militari.

en vertu de la Constitution des empereurs Constantin et Constance, punis de la peine capitale (1).

Le devoir des tribuns et de ceux qui commandent les armées est de contenir les soldats dans les camps, de les faire conduire aux exercices, de garder les clefs des portes du camp, de faire de temps à autre des patrouilles de nuit, d'être présents aux distributions de blé faites aux soldats, d'en faire l'essai, de réprimer la fraude des mesureurs, de punir les délits, en tant qu'ils n'excèdent pas les bornes de leur autorité militaire, d'assister fréquemment aux tribunaux militaires, d'écouter les plaintes de leurs compagnons d'armes et de visiter les malades (2).

§ IV. — *Du congé.*

Il y a quatre espèces de congé : le congé *honorable*, le congé *motivé*, le congé *infamant*, le congé *gracieux*. Nous ne parlerons pas de cette quatrième espèce qui a été supprimée par Constantin.

Le congé honnête est celui qu'on accorde au militaire après l'expiration de son temps de service (3). Ce temps court pour le militaire pendant sa captivité chez les ennemis pourvu qu'il ne soit pas transfuge. Celui qui a terminé son temps de service pendant sa désertion est privé des récompenses accordées aux vétérans (4). Mais si les raisons justificatives qu'il allègue sont évidentes, sa solde lui sera rendue en entier sans déduction du temps de son absence (5).

Le congé est motivé lorsqu'un individu se trouvant être, par un vice de corps ou d'esprit, peu propre à l'état militaire, est déclaré incapable de servir (6). Le militaire qui a obtenu un congé motivé ne peut craindre que sa réputation ne soit souillée d'infamie par suite de délits commis avant l'obtention de ce congé (7).

Le congé est infamant lorsque le militaire est délié de son serment par suite du délit qu'il a commis (8). Il n'est point permis à ceux qui ont été ignominieusement licenciés de rester dans Rome ni dans tout autre lieu où réside l'empereur (9).

1. L. 1. Code 12, 43, de com.
2. Id. D. L. 12, § 7.
3. D. L. 13, § 3.
4. L. 15. Pap. lib. 9, respons.
5. L. 15. D. de re militari.
6. L. 13, § 3. Macer. lib. 2, de re militari.
7. L. 8, Code 12, 36. Philip. de re militari.
8. D. L. 13, § 3.
9. L. 2, § 4. D. 3, 2, de his. qui not. inf. — Ulp. L. 6, ad ed. — Surveillance de la haute police, C. P. français, art. 11-44.

LIVRE DEUXIÈME.

PRIVILÉGES DES SOLDATS.

CHAPITRE PREMIER.
PÉCULE CASTRENSE (1).

§ Ier. — *Sa composition.*

L'ancien droit faisait acquérir au père tout ce qui était acquis par le fils de famille ; mais il a reçu des adoucissements. Le premier résulte de l'établissement du pécule *castrense*. Les Institutes nous montrent que le pécule *castrense* a une origine reculée, quand elles disent : *Liberi nostri utriusque sexus quos in potestate habemus, olim quidem quidquid ad eos perceneral, exceptis videlicet castrensibus peculiis, hoc parentibus suis adquirebant sine ulla distinctione* (2). Juvénal paraît être contemporain de son origine.

> ..... Quæ sunt parta labore
> Militiæ, placuit non esse in corpore census.
> Omne tenet cujus regimen pater..... (3)

Nous lisons en effet, dans les travaux de Pothier sur le Digeste, que ce fut Jules César, ou du moins l'empereur Tite qui le premier statua que le père n'aurait aucun droit sur le pécule castrense de son fils.

De quoi se compose-t-il ? *Castrense peculium est*, dit le jurisconsulte Macer, *quod a parentibus vel cognatis in militia agenti donatum est, vel quod ipse filius-familias in militia adquisiit, quod nisi militaret adquisiturus non fuisset* (4). Ce que le fils eût acquis sans être

---

1. D. L. 49, t. xvii.
2. Instit. L. II, § 1, tit. per quas person. nobis acquirit.
3. Juvénal, dernière satire.
4. L. 11. D. de castrensi peculio.

militaire ne constitue pas son pécule castrense (1). Mais quelle chose eût-il acquise ainsi ?

Pour le savoir, il faut se préoccuper de deux points, si la chose a été donnée par les père et mère : 1° sa nature ; 2° les circonstances dans lesquelles elle a été donnée. Sur le premier il faut distinguer entre les meubles et les immeubles : il est évident qu'un fonds de terre n'a jamais pu être donné à un fils par son père à l'occasion du service militaire (2). Sur le second on peut dire, par exemple, que le fils militaire doit prendre par préciput ce qu'il a emporté à l'armée avec lui, du consentement de son père (3); tandis que la chose mobilière que le père donne à son fils revenu de l'armée fait partie d'un autre pécule, comme si ce fils n'eût jamais été militaire (*pécule profectice*) (4).

Ces distinctions ne sont pas utiles seulement en présence de donations de père et mère. Une femme a donné à son mari militaire et fils de famille, pour les affranchir, des esclaves : il faudra voir si ces affranchis sont tels qu'on puisse se servir d'eux dans les armées, par exemple comme médecins : l'esclave ne serait pas censé avoir été donné en considération du service militaire, et il ne ferait pas partie du pécule castrense si l'on n'eût pu tirer parti de ses talents à la maison, par exemple s'il était administrateur de ses affaires (5).

Lorsque celui qui a fait la donation et le legs n'était connu du donataire qu'à l'occasion du service militaire, il faut chercher ailleurs les éléments de sa décision.

Relativement à l'hérédité déférée à un militaire par un de ses agnats aussi son compagnon d'arme, Scævola était dans le doute : en effet cet agnat ayant pu donner au militaire dont il était connu avant et avec lequel il était lié d'amitié, aurait pu aussi ne pas lui faire donation si les rapports d'état n'eussent ajouté à l'attachement qu'il avait pour lui. Il nous semble que si le testament a été fait antérieurement à l'époque où ces deux agnats sont devenus compagnons d'armes, l'hérédité n'entre pas dans le pécule *castrense*, et nous sommes d'un avis contraire si le testament est postérieur (6).

Nous allons plus loin : ce qu'une personne qui n'est pas compa-

1. L. 1, Macer, lib. 2, de re milit.
2. L. 4, Code 3, 36, fam. ercis.
3. L. 4. Tertyllianus lib. sing. de castrense pecul.
4. L. 15, lib. 35. Papin, quæst.
5. L. 6 Ulp. lib. 32, ad Sabin.
6. Tryphonin. l. 19, lib. 18, disput.

gnon d'armes laisse ou lègue tombe dans le pécule castrense si l'effet de son legs ou donation réside dans le service militaire. Le texte suivant éclaircira ce principe. Le militaire que sa femme, mourant sans postérité, a institué héritier n'acquiert point pour son père sous la puissance de qui il est, mais pour lui-même, cette hérédité que par conséquent il a dans son pécule castrense : parce qu'en effet la femme ne pouvant rien laisser au mari en punition de ce qu'elle n'a point d'enfants conformément à la loi *Papia Poppea*, et Adrien ayant excepté de cette règle les militaires, cette hérédité est parvenue uniquement au fils de famille à l'occasion du service militaire (1).

Lorsqu'il est question de savoir si c'est en considération du service militaire que quelqu'un a donné à un militaire, on considère moins ce qu'il a exprimé que ce qu'il a effectivement voulu. Evidemment ce qui a été donné en dot au fils de famille soldat, ne peut être censé lui avoir été donné en considération du service militaire. La dot est apportée par la femme pour soutenir les charges du mariage, pour nourrir et élever les enfants communs d'elle et de son mari : elle doit par conséquent être acquise au père du mari puisque c'est lui que ces charges concernent.

Fait aussi partie du pécule ce qui se réunit aux effets pécuniaires par accession ou par consolidation (2). Encore tout ce qui est acquis, par exemple, par l'esclave du pécule qui a stipulé ou a été institué héritier. Observez en passant qu'il peut l'être même par le père de son maître, et qu'en cela consiste sa différence avec les autres esclaves de la maison (3).

Le militaire, père de famille, qui s'est fait adroger pendant qu'il était au service ou après l'obtention de son congé, est censé avoir la libre administration de ce qu'il a acquis dans les camps avant son adrogation, quoique les Constitutions ne parlent que de ceux qui ont servi étant fils de famille dès l'instant où ils sont entrés au service (4).

§ II. — *Son administration.*

1° Quelle est la condition du fils de famille qui a un pécule castrense? On ne dit pas assez quand on dit qu'il a la pleine propriété

---

1. Cujas sur Papinien, l. 16, de peculio castrensi. D. L. 49, tit. 17.
2. L. 15, § 4, Papin, lib. quæst.
3. L. 18, Mœcian. lib. 4 fideic.
4. L. 4, § 2, Tertulian. lib. sing. de pecul. castrens.

des objets qui le composent : il faut dire, pour bien exprimer la condition du fils, que relativement à ce pécule, il est véritablement *paterfamilias* (1). En effet, il peut tester, il peut agir en justice, il peut faire adition sans *jussus* préalable d'une hérédité qui s'ouvre à son profit (2).

Le fils ayant un droit plein et entier sur le pécule castrense, le père au contraire est censé n'en avoir aucun tant que le fils vit. Si le père intente l'action *communi dividundo*, la propriété ne peut pas plus être aliénée par lui que le fonds dotal ne peut l'être par le mari (3). En retour, si le fils se trouve posséder de bonne foi dans son pécule la chose d'autrui, ni l'action *in rem*, ni l'action *ad exhibendum* ne pourront être intentées contre le père (4).

Le père ne peut pas non plus être passible de l'action *de peculio* pour les dettes que le fils sera dit avoir contractées relativement au pécule qu'il aura acquis dans les camps (5). Il ne peut actionner au nom du fils qu'autant qu'il s'engagera sous caution à faire ratifier par le fils ce qu'il aura fait (6).

Cependant le père qui, du vivant de son fils, *deteriorem ejus causam facere non potuit*, peut l'améliorer, par exemple : libérer les esclaves du pécule d'un droit d'usufruit; acquérir en faveur du fonds une servitude (7).

2° Passons maintenant à la seconde catégorie des droits du fils. A Rome la propriété n'emportait pas naturellement le droit de tester ; mais le nouveau privilége avait été encore joint au pécule castrense : nous l'avons dit.

§ III. — *En quelles mains il passe.*

Après la mort du fils, lorsqu'il a disposé de son pécule, le père ne pourra revendiquer aucun droit pour lui-même, pas même sa part ou portion légitime. Marcellus dit positivement qu'il n'est rien dû aux pères sur les biens castrenses de leurs enfants (8).

Mais si le fils décédé n'a point disposé de son pécule castrense,

1. Ulp., l. 2. D. de senatusc. Maced. 14, 6.
2. Tertul., l. 4, § 1. — Ulp., l. 6. D. de castrensi peculio.
3. L. 18, § 2. Mœcian, lib. 1, fideic.
4. D. L. 18, § 4.
5. D. L. 18, § 5.
6. D. § 5.
7. D. L. 18, § 3.
8. L. 10, Pompon, lib. sing. regul.

le père est, par un effet rétroactif de la loi, censé avoir toujours été maître de ce pécule. Cependant il y a une grande différence entre le cas où le père obtient les *bona castrensia* du fils mort *intestat*, et celui où il est lui-même héritier en vertu du testament de son fils. Car le père qui retiendra le pécule castrense de son fils mort *intestat*, sera forcé, par le droit prétorien, de payer les dettes de son fils dans l'an utile et jusqu'à concurrence de ce qu'il y a dans le pécule; au lieu que s'il est héritier en vertu du testament, il sera en cette qualité perpétuellement tenu des dettes de son fils suivant le droit civil (1).

D'après ce que nous venons de dire à l'avant-dernière phrase, la solution de la question suivante sera facile. Un père a par testament donné la liberté à l'esclave dépendant du pécule castrense de son fils : le fils étant venu à mourir intestat et ensuite son père, l'esclave a-t-il droit à la liberté? Elle lui appartient comme la recevant directement du père puisque le père est censé par rétroaction avoir été le maître de cet esclave (2). Solution également affirmative dans les mêmes circonstances, avec le seul changement que le fils ayant un testament a institué héritier son père (3). Il ne faudrait cependant pas aller jusqu'à dire que si le père héritier de son fils a, du vivant de son fils, affranchi l'esclave par la solennité de la vindicte, cet affranchissement rend cet esclave libre après la mort du fils intestat.

Terminons cette matière par l'analyse d'une dernière hypothèse.

Un fils de famille militaire a institué par son testament un héritier étranger, et il est mort ensuite du vivant de son père, lequel est aussi décédé pendant que l'héritier institué délibérait : ce dernier renonce à la succession. Ulpien décide que, par un effet rétroactif de la loi, le pécule était censé avoir toujours fait partie des biens du père. D'où l'on peut dire que de la renonciation de l'héritier résulte une augmentation des biens du père. Il n'est pas nouveau dans le droit qu'une personne paraisse avoir eu un successeur par un événement postérieur à son décès (4). Donc si le père avait par testament laissé la liberté à l'esclave du pécule castrense, il faudrait décider comme dans les espèces précédentes.

1. L. 17, Pap. lib. 2, definit.
2. Tryphonin, l. 19, § 3, lib. 18 disput.
3. L. 20, Paul, lib. sing. ad regul. catonian.
4. L. 9, lib. 4, disput.

§ IV. — *Droit de Justinien.*

Voici ce qui était observé suivant le droit des Pandectes; mais Justinien semble bien avoir changé cet état de choses. En effet il dit à propos des fils de famille qui ont un pécule castrense : *Si intestati decesserint nullis liberis vel frâtribus superstitibus, ad parentes eorum jure communi pertinebit* (2). Suivant Théophile, ces mots *jure communi* signifient *jure peculii,* Justinien aurait changé l'ancien principe seulement en ceci que les enfants et les frères du *filiusfamilias* prédécédé peuvent désormais exclure le père. Il me paraît bien difficile d'entendre ainsi les mots *jure communi,* je suis disposé à croire qu'ils signifient *jure successionis.* Les enfants ou les frères du *filiusfamilias* viennent certainement à titre d'héritiers : à défaut d'enfants et de frères, c'est certainement à titre d'héritier que le père doit venir, à moins qu'on ne préfère dire (ce qui en définitive revient absolument au même) que la pensée de Justinien a été d'exprimer que le père aurait sur le pécule castrense exactement le même droit qui lui avait été reconnu déjà sur le *pécule adventice,* le *jus commune* étant la règle admise pour les diverses classes de biens dont se compose le pécule adventice. Ajoutez seulement que le père qui du vivant du fils n'avait pas l'usufruit des *bona castrensia,* ne l'aura pas davantage après la mort, dans le cas où ces *bona castrensia* auront été recueillis par les enfants ou par les frères ou sœurs du défunt.

Ce n'est pas une pure question de mots; elle a une assez grande importance pratique. Si le père arrive *jure successionis,* il peut réclamer en masse par une action unique, la *petitio hereditatis,* tous les biens laissés par le fils de famille; si au contraire il vient *jure peculii,* il faudra qu'il agisse distinctement, *de singulis rebus* (3). S'il y a ici une succession, les créanciers du défunt conservent purement et simplement les actions qu'ils avaient contre lui ; ces actions durent vis-à-vis du père ce qu'elles auraient duré vis-à-vis du fils (1). Enfin supposons que le fils de famille défunt fût avec son père sous la puissance de son aïeul : s'il s'agit d'une succession, les *bona castrensia* seront dévolus au père et formeront

1. L. 9, lib. 4, disput.
2. Inst. quib. non est perm. facere testam.
3. Ces actions duraient un an.

pour lui un pécule adventice; si au contraire il s'agit d'un pécule, ces biens seront recueillis directement et en pleine propriété par l'aïeul.

Par la Novelle CXVIII, chap. II, le père doit concourir avec le fils du défunt.

§ V. — *Collatio bonorum*

Le préteur appelle les enfants émancipés à concourir par les possessions de biens *contra tabulas* ou *unde liberi* avec les *sui* ; mais il leur impose le rapport, la *collatio* de tous leurs biens, *moins le pécule castrense.*

CHAPITRE II.

TESTAMENT MILITAIRE (1).

PROLÉGOMÈNES.

L'esprit qui a dicté cette institution est tout entier dans ces paroles que prononçait, il y a deux siècles, l'avocat de la maison de Chabannes, le digne contemporain de Balzac, de Descartes, de Pascal et de Corneille, Antoine Lemaistre, qui, après avoir été huit années une des premières et des plus grandes gloires du barreau français, se retira dans cette abbaye de Port-Royal-des-Champs aussi célèbre par l'abri qu'elle donna aux plus mâles génies du siècle de Louis XIV que par les disputes religieuses qui lui attirèrent les foudres de l'Eglise et de la royauté.

« Les Romains, s'étant rendus maîtres de tant de peuples, ne pou-
« vaient souffrir de ne l'être pas de leur propre volonté. *Il n'y a pas*
« *d'hommes qui aiment plus à être libres que ceux qui aiment à rendre*
« *les autres esclaves. La même magnanimité de cœur qui veut asservir*
« *tout le monde veut s'affranchir elle-même. Elle abhorre le joug qu'elle*
« *impose à tous les autres,* et les Romains avaient raison de vouloir
« que puisqu'ils avaient établi la servitude dans toute la terre, la
« liberté régnât au moins parmi eux, et que ceux qui étaient et

1. D. 5me partie, liv. 29, tit. 1.

« donnaient les royaumes quand bon leur semblait pussent donner
« et ôter des successeurs à leur fantaisie ».

Puisque les Romains qui avaient asservi le reste de la terre
voulaient être libres chez eux, comment la soldatesque qui asservit
ensuite les Romains n'aurait-elle pas voulu une liberté absolue dans
ses pensées et ses désirs ? Quand je dis liberté, c'est licence qu'il
aurait fallu écrire.

§ I. — *Historique.* — *Testament* in procinctu.

Avant la fameuse disposition de la loi des XII Tables : *Uti legassit
super pecunia tutelave suæ rei, ita jus esto*, le citoyen mourant, à l'imitation de ce qui avait lieu à Athènes (1), même après Solon, ne
pouvait pas enlever la moindre parcelle de ses biens à ses enfants
qui étaient, suivant Térence, considérés comme ses associés (*parti-
cipes*). On arrivait ainsi au résultat que les Germains atteignirent par
l'institution du droit d'aînesse, le maintien de l'aristocratie, impossible sans la richesse. Mais de même qu'une loi personnelle pouvait
vous dispenser à Rome de cette rigueur du droit, de même Plutarque
nous apprend que, revêtu de son habit de guerre, le soldat pouvait
déclarer ses dernières volontés (2). C'était au moment où ce citoyen
junior était appelé à l'armée et allait quitter la ville ou, lorsque,
sous les drapeaux, il marchait à une expédition ou prenait part à une
bataille. On doit conclure de ce passage de Cicéron, *de natura deo-
rum*, liv. II, chap. 3, que cette manière de tester était accompagnée
de solennités augurales et religieuses : *Nulla perennia servantur, nulla*

1. Les lois testamentaires ne paraissent que fort tard chez toutes les nations.
Tacite raconte qu'il n'y avait point de testament chez les anciens Germains et nous
voyons que le roi Agis ayant voulu introduire à Sparte les lois testamentaires, fut
étranglé par ordre des Éphores, gardiens des priviléges de l'aristocratie. Il est aisé
d'après cela d'apprécier la sagacité de certains commentateurs de la loi des XII Tables qui placent le chapitre : *Auspicia incommunicata plebi sunto* dans la XIme Table.
De sorte qu'après avoir dit dans les X premières Tables que les plébéiens étaient admis
à contracter mariage et à jouir des droits qui en dépendaient, à exercer la puissance
paternelle et la tutelle, à succéder et à tester, après avoir pour ainsi dire tracé le
tableau d'une république démocratique, il déclare dans cette XIme table que les auspices d'où découlent tous les droits civils que nous venons d'énumérer ne sont pas
accordés aux plébéiens et ils transforment ainsi leur république démocratique en une
république aristocratique.
(Vico. Science nouvelle, liv. 1, marche des nations. Conservation des ordres).
2. Or estait adonc la coutume entre les Romains quand ils estoyent rangez en
bataille et qu'ils estoyent près à prendre leur pavois sur leurs bras et à se ceindre
par-dessus leurs robbes, de faire aussi quand et quand leur testament sans rien en
mettre par escript en nommant celuy qu'ils vouloyent faire leur héritier en présence
de 3 ou de 4 témoings. Martius arriva justement sur le point que les souldards estoyent
après le faire de cette sorte.

Plutarque. Vie de Coriolan. — Trad. Amyot.

ex acuminibus, nulli viri vocantur, ex quo in procinctu testamenta perierunt (1).

Le testament *in procinctu*, dont on trouve encore des traces à l'époque de Caton l'Ancien (2), paraît être complétement oublié par les contemporains du prince des orateurs romains. Le testament *per œs et libram* pur et simple n'a pas de pendant militaire, car nous voyons, dans César (*De Bello Gallico*, I. 39), les soldats, dans une expédition contre les Romains, tester dans la forme ordinaire au milieu des dangers et de l'effroi de la guerre (3). Les grandes guerres sont terminées, puisque Rome a conquis le monde connu. Mais quand vinrent les dissensions civiles qui devaient aboutir à l'empire, parmi les prérogatives que les prétendants accordèrent aux légions, fut placée en première ligne la dispense des règles exigées pour la validité des testaments. César fut le premier qui leur fit cette cajolerie, suivant l'expression de Montesquieu (4). L'empereur Tite, dit Ulpien, fut le premier qui la rendit illimitée ; Domitien, Nerva, Trajan la leur conservèrent. Enfin l'historien anglais Gibbon, tom. IV, page 800, nous montre Julien l'Apostat dans sa campagne contre les Perses transmettant en cette forme, ou plutôt en cette absence de forme, ces dernières volontés.

§ II. — A qui et quand il est permis de tester.

Un militaire peut tester suivant le droit militaire dès qu'il est porté sur les rôles de l'armée. Ceux qu'on appelle *tirones* et qui n'ont point prêté serment ne sont point militaires (5). Mais le militaire voyageant pour changer de légion jouit de ces prérogatives. Ceux qui ont cessé d'être militaires ont en même temps perdu le droit de disposer comme tels de leurs biens par dernière volonté quoiqu'ils soient encore dans l'armée, par exemple le tribun qui attend son remplaçant. Le droit de tester militairement est aussi donné aux gardes de nuit. Enfin tous ceux qui, bien qu'ils ne soient pas de condition à partager les priviléges militaires par

---

1. Je traduis ainsi : on ne prend plus les auspices en passant les rivières, plus à la pointe des armes : on n'appelle plus les hommes dont les noms semblent promettre d'heureux succès (Valérius, Statorius, Victor), et voilà comment les soldats au moment de combattre ne font plus leur testament.
2. Cicéron de Oratore, I, 43.
3. Voyez encore Florus III, 10.
4. Esprit des lois, liv. 27, chap. note 8.
5. Isidore de Séville, l. IX, chap. 8.

rapport à leur testament , se trouvent dans les camps (1) et y meurent , testent néanmoins comme ils veulent ou comme ils peuvent, qu'ils soient présidents des provinces, qu'ils soient députés, etc...

Justinien a confirmé cette prérogative des militaires, mais en apportant une restriction notable. *Ne quidam putarent*, dit-il, *in omni tempore licere militibus testamenta quoquo modo voluerunt componere, sancimus, his solis qui in expeditionibus occupati sunt, memoratum indulgeri circa ultimas voluntates conficiendas* (2). S'appuyant sur deux lois inscrites au même Code, l'une d'Antonin Caracalla, l'autre de Constantin, qui disent que la dispense existe pour les militaires qui testent *in expeditione*, on a soutenu que malgré sa parole Justinien n'avait rien innové ; mais il est croyable que ces deux mots ont été ajoutés par les compilateurs pour mettre ces deux lois en accord avec la législation de leur maître, procédé habituel dans le Digeste. Il est vrai qu'Ulpien , Frag. xxx , § 10 , s'exprime ainsi : *Id testamentum quod miles contra juris regulam facit, ita demum valet, si vel in castris mortuus sit, vel post missionem intra annum. In castris mortuus*, a-t-on dit, c'est le soldat mort dans le cours d'une campagne et qui a dû tester pendant cette même campagne; mais le membre de phrase suivant : *vel post missionem intra annum* , ne montre-t-il pas qu'il s'agit simplement d'un testateur qui est décédé étant encore militaire et n'ayant pas encore obtenu son congé ? L'opinion à laquelle nous nous rangeons tire argument de ce que Gaius, recherchant si le fils de famille qui teste sur son pécule castrense peut appeler comme témoin son père, suppose qu'il teste *post missionem* (3). *Ante missionem*, tant que le fils est militaire, comme il est dispensé de l'observation des formes , il ne peut y avoir question. A l'appui de l'opinion contraire , Gaius aurait dû écrire *circa expeditionem* : c'est évidemment par oubli que les rédacteurs des Instututes, en empruntant ce texte, ne l'ont pas corrigé dans ce sens. D'ailleurs quelle raison donne l'illustre Sabinien pour justifier cette dispense ? *Propter nimiam imperitiam, propter simplicitatem.* Elle se comprend appliquée à tous les militaires ; mais elle ne se comprend plus si elle profite uniquement à celui *in expeditione occupatus.* Maintenant voyons ce qu'on entend par *expeditione.* Faut-il être nécessairement en bataille rangée ? Les commentateurs

1. In *hosticolo*, suivant Ulpien, L. 1, pr. D. de bonorum possessione ex testamento militari 37, 13, in *hostico loco* suivant les Basiliques
2. L. 17, Code de testam. milit. 6, 21.
3. Comm. 11, § 108 in fine.

sont unanimes sur la négative. Voici l'opinion motivée de Cujas (1) :
*Qui in expeditione testatur miles in castris in fossata, ut loquuntur, imo
et in hybernis, ut meum judicium est, in stativis in præsidiis, jure militari testamentum facere potest. Alioquin nihil distaret paganus a milite,
nam et a pagano in procinctu, in acie, in hostico quoquo modo testamentum valet.*

§ III. — *Incapables en droit civil, capables de tester comme militaires.
— Pouvoir accordé aux soldats d'instituer les personnes avec lesquelles
les pagani n'ont pas faction de testament.*

Si un militaire a fait un testament sans être sûr d'être maître de
ses droits, ce testament vaudra en raison de son état, c'est-à-dire
que s'il a testé sans savoir si son père était mort, ce testament sera
maintenu (2).

Le sourd et le muet sont incapables d'être militaires et doivent être
renvoyés de l'armée ; mais s'ils ne l'ont pas encore été, ils peuvent
tester comme militaires. On appelle *causaria missio* le congé donné
pour maladie et infirmité.

Le militaire condamné à la peine capitale pour délit militaire
peut encore disposer par testament, toutefois seulement de ses biens
castrenses ; mais est-ce suivant le droit militaire ou le droit commun ?
Le mieux est de dire que c'est suivant le droit militaire, car puisque c'est comme militaire qu'il a le droit de tester, il s'en suit qu'il
doit tester militairement, ce qu'il faut entendre avec l'exception du
cas où il se serait rendu coupable de trahison (3). A plus forte raison le testament d'un soldat qui s'est donné la mort par ennui de la
vie ou parce qu'il ne pouvait pas supporter ses maux est valide : et
s'il meurt sans tester, les biens peuvent être revendiqués par ses héritiers légitimes, comme le dit un rescrit d'Adrien (4).

Rappelons enfin que de bonne heure on avait accordé au fils de
famille, quand il aura un pécule castrense, le droit de tester sur ce
pécule. *Quod quidem jus*, dit Justinien, *initio tantum militantibus da-
tum est tam ex auctoritate divi Augusti quam Nervæ, nec non optimi
imperatoris Trajani ; postea vero, subscriptione divi Adriani, etiam
dimissis militia, ut est veteranis, concessum est* (5).

<hr>

1. Consult. 19, recit. solem. in tit. Code, de militari testamento.
2. L. 11, § 1, Ulp. L. 45, ad. ed.
3. L. 11, Ulp. L. 45, ad ed.
4. L. 31. Paul, lib. 14 quæst.
5. Inst. pr. quibus non est perm. fac. test.

Les déportés et presque tous ceux qui sont incapables (1) de recevoir par testament peuvent être institués héritiers par un militaire (2). C'est avec raison qu'Ulpien dit *presque* : car, par exemple, si le militaire instituait héritier un homme condamné aux mines ou aux bêtes (*servus pœnæ*), son institution serait nulle. Mais si cet esclave de la peine était rentré dans ses droits de citoyen à sa mort parce qu'il aurait été restitué par le prince, elle revivrait comme s'il l'eût fait son héritier en mourant. En général, on peut dire de tous ceux qu'un militaire a institués héritiers, que leur institution est révolue si au temps de sa mort ils se trouvent capables d'être institués ses héritiers (3). La règle catonienne n'a pas d'application ici.

Comme des personnes qui ne pourraient pas être instituées par d'autres peuvent l'être par un militaire, de même aussi certaines personnes peuvent retenir ce qui leur a été laissé par un testament militaire et ne peuvent pas retenir ce qui leur avait été laissé par celui d'un autre : par exemple les *cœlibes* et les *orbi* d'après les lois *Julia* et *Papia Poppea*. Les derniers temps de la République avaient offert d'une part un dépérissement considérable dans la population libre de l'Italie, et d'autre part une étonnante corruption de mœurs. Le luxe et la dépravation des femmes, la soumission et la complaisance des esclaves et des affranchies, la facilité d'une vie licencieuse éloignaient les citoyens du mariage; et les célibataires riches se voyaient environnés d'égards et d'obséquiosités par l'espérance qu'on avait de participer à leurs libéralités testamentaires. Auguste essaya de remédier à ce mal. Il s'efforça d'encourager le mariage et la naissance des enfants, soit en accordant des priviléges à la paternité (*jus liberorum*), soit en frappant les célibataires de l'incapacité de recevoir par testament, incapacité qui fut étendue, mais dans des limites moins rigoureuses, aux mariés sans enfants, soit en favorisant les secondes noces.

On dit de ces *cœlibes* et de ces *orbi*, avec lesquels on a parfaitement la *factio testamenti*, qu'il leur manque le *jus capiendi* : ils sont assimilés par les lois caducaires (ainsi appelées parce qu'elles créaient de nouvelles causes de caducité des testaments et des legs) aux Latins Juniens de l'ancien droit. Les militaires, répétons-nous, n'ont pas besoin de se préoccuper, dans leurs testaments, de ces incapacités. Leurs libéralités vont où ils veulent.

1. Lib 28, tit. 5, de hered. instit. nº 9.
2. L. 13, § 2, Ulp. lib. 45, ad ed.
3. D. L. XXIX, tit. 1, § 2. L. 13.

Ce que nous avons dit de l'institution d'héritier s'applique aux legs et aux fidéicommis. Ainsi si un militaire a fait un fidéicommis en faveur d'un déporté, il est vrai de dire, avec Marcellus, que cette disposition doit être maintenue (1).

Puisque les fils de famille militaires peuvent laisser par testament à qui ils veulent, on peut croire qu'ils ne sont pas soumis à la dispense de faire des donations à cause de mort.

§ IV. — *Formalités dont les militaires sont dispensés.*

Le militaire n'est pas obligé de faire une institution d'héritier *solemni more*. C'est pourquoi si un militaire a institué et ensuite déshérité la même personne dans son testament, cette personne n'aura pas sa succession ; elle n'aura que les legs ou autres avantages qui lui étaient faits par ce testament, quoique celui qui n'est pas militaire ne puisse pas ôter sa succession à celui qu'il déshérite, sans qu'il lui ôte en même temps tout ce qui pouvait lui revenir.

Un militaire peut faire non-seulement son testament, mais encore celui de son fils et même celui de son fils suivant le droit militaire, pourvu qu'il soit militaire ou qu'il n'y ait pas un an qu'il ait cessé de l'être. Enfin la substitution qu'un militaire a faite à un pupille n'est pas nulle lorsque sa succession n'a pas été acceptée, parce qu'il est permis à un militaire de faire un testament pour son fils quoiqu'il n'en ait pas fait pour lui-même (2).

La prérogative qui nous occupe maintenant consiste notamment en ce que le testament du militaire n'a pas besoin d'être fait en présence du nombre de témoins qu'exige le droit commun. Si le testament est écrit, il n'aura besoin d'aucun témoin. Si le militaire a fait connaître verbalement ses dernières volontés, il suffira qu'une ou deux personnes viennent en porter témoignage. Ce n'est d'ail. leurs qu'à Constantin que remonte la règle : *testis unus*, *testis nullus* (3).

Les dernières volontés d'un militaire n'ont besoin d'être entourées d'aucune forme; tel est le sens de la loi 18 au Code *De testamento militari* due à Constantin : « Si un soldat sur le fourreau de

---

1. L. 7, § 1. D. 32, 1. De legatis 3° Ulp. lib. 1, fideicom.
2. L. 41, § fin. Tryphon, lib. 18, disput.
3. L. 9, § 1. Cod. de testibus 4, 20.

son épée ou sur son bouclier a tracé des caractères significatifs avec le sang qui sort rouge de ses veines, ou a écrit ses dernières volontés, au fort de la mêlée, avec la pointe de son sabre, sur le sable du champ de bataille qu'il va couvrir de son corps, que son vœu soit accompli. »

Néanmoins il faut que le militaire ait réellement eu l'intention de disposer de ses biens : le juge doit donc toujours rechercher avec grand soin s'il a voulu tester, ou si au contraire lui-même n'attachait aucune importance aux paroles ou aux faits qu'on invoque aujourd'hui pour réclamer sa succession. C'est ce qui résulte d'un rescrit de l'empereur Trajan dont le texte rapporté par Florentinus se trouve également aux Institutes (1). Dans l'espèce sur laquelle intervint ce rescrit, le militaire avant de mourir avait convoqué des témoins pour déclarer devant eux ses intentions ; mais il n'est pas indispensable, pour la validité du testament, qu'il y ait eu convocation de témoins.

Si un militaire laisse un testament inachevé, imparfait, la partie qu'il avait écrite aura la même force que s'il l'eût achevé, puisque la volonté d'un militaire suffit pour donner la force d'un testament à ses dernières volontés. Celui qui en a écrit plusieurs parties en différents temps est aussi censé avoir fait un testament (2). Le testament d'un militaire vaudra quoiqu'il ait eu l'intention de le rédiger par écrit et qu'il soit mort auparavant, pourvu que cela ressorte de sa dernière volonté. Il en sera de même, malgré l'opinion de Pomponius, de celui qui avait le projet de faire un testament suivant le droit commun et est mort avant de le faire : c'est du moins ce qu'a décidé Marc-Aurèle. La volonté d'un militaire qui veut que le testament qu'il n'avait pas fait conformément au droit, ou qui avait été cassé quoique régulièrement fait, ait son effet, doit être maintenue puisque cette volonté est elle-même un testament. Il faut dire la même chose du militaire qui, bien qu'il lui soit né un fils de son vivant, a persisté dans les dispositions du testament qu'il avait fait auparavant, parce qu'il est censé l'avoir refait suivant le droit commun (3).

Il y a des personnes même, dans le droit de Justinien, qui n'ont pas besoin d'exhéréder leurs enfants, des personnes auxquelles il suffit d'omettre l'enfant qu'elles veulent exclure de leur succession.

1. L. 21. D. de testam. milit. Inst. § 1. de milit. test.
2. D. L. 35, tit. 1, L. 29.
3. D. L. 9, Ulpien. L. 9, ad Sab.

On y range le militaire qui fait son testament. Nous devons appliquer ici la règle que le militaire est dispensé de l'observation des formes de droit commun, que ses volontés sont exécutées de quelque manière qu'il les ait exprimées. En conséquence, si le militaire sachant très-bien qu'il a un enfant l'omet dans son testament, sa volonté de l'exclure étant par là clairement manifestée, le testament vaudra. *Silentium militis pro exheredatione nominatim facta valere constitutionibus principum constans est.*

Il est possible qu'un citoyen ait observé, en faisant son testament, toutes les règles requises par le droit civil et prétorien, et que cependant ce testament reste sans effet pour avoir méconnu certain devoir ou certain sentiment dont le testateur devait tenir compte. Le testateur, comme le disait le jurisconsulte Marcien et comme Justinien le répète après lui, *recte quidem fecit testamentum, sed non ex officio pietatis* (1). Les héritiers des militaires ne sont jamais admis à prouver que l'exhérédation ou l'omission dont ils se plaignent est imméritée.

Les legs contenus dans le testament d'un militaire ne sont pas soumis à l'application de la Falcidie (2).

Les testaments militaires ne sont affranchis que des subtilités du droit qui détruiraient leurs dernières volontés, et sont soumis à celles qui les conservent. Si, par exemple, un fils de famille militaire est mort chez les ennemis, la loi Cornelia s'applique à son testament comme à celui d'un *paganus* (3). De même si l'héritier institué par un militaire a accepté spontanément sa succession, et l'a remise comme il en était chargé, les actions du sénatus-consulte Trébellien passent au fidéicommissaire (4). On observe encore et par cette raison, dans les testaments militaires, la règle de droit qui défend d'accepter une succession en partie en y renonçant aussi en partie : en conséquence l'héritier d'un militaire qui suivant sa volonté présumée n'accepte pas sa succession, renonce en même temps à ses biens castrenses (5).

1. Marcien, l. 2. D. De re inoff. testam., 5, 2. — Inst. per 11, 18 de inoff. testam.
2. Scevola. L. 96. D. ad leg. Falcid., 35, 2.
3. L. 39, Paul, lib. 9 quæst.
4. L. 29, Marcell., lib. 10, Dig.
5. L. 32, Modest.. lib. 9, regul.

§ V. — *Le testament d'un militaire n'est pas* injustum *dans certains cas où le serait celui d'un* paganus. — *Bénigne interprétation des testaments des militaires.*

Quand le testateur est pris par l'ennemi, on ne le considère pas comme subissant la *capitis deminutio*, et par conséquent son testament n'est pas considéré comme *irritum*. En effet, de deux choses l'une : ou le testateur revient à Rome, et alors il se trouve, *jure postliminii*, que le testament est resté intact ; ou le testateur meurt *apud hostes* et alors, par le bénéfice de la loi Cornelia, c'est comme s'il était mort au moment où il a été fait prisonnier, alors qu'il n'avait pas encore perdu la qualité de citoyen romain.

Remarquons en passant que le testament fait *apud hostes* est nul et ne vit pas par le *postliminium*, mais que les codicilles se rattachant à un testament antérieur à la captivité, sont valablement faits *apud hostes*.

Lorsqu'un fils de famille, vétéran ou militaire, a testé sur son pécule castrense, vainement vient-il à encourir la *minima capitis deminutio* : son testament subsiste. Du reste, les jurisconsultes romains n'expliquaient pas tous de la même manière ce résultat. Marcien dit que le testament vaut *quasi ex nova voluntate*. Au contraire, Ulpien se borne à dire que le testament d'un militaire ou d'un vétéran ne devient pas *irritum* par l'émancipation. L'explication du premier jurisconsulte ne peut être admise quand c'est un vétéran qui est *capite minutus*, puisque le vétéran n'est pas dispensé de l'observation des formes, ni même, dans le droit de Justinien, quand c'est un militaire non *in expeditione occupatus*.

Ce qui est bizarre, c'est que les rédacteurs des Institutes ont reproduit ces deux explications sans s'apercevoir qu'elles s'excluaient l'une l'autre. Après avoir dit que si un homme a fait un testament irrégulier, et si, devenu militaire, il manifeste la volonté de valider ce testament, le testament est effectivement valable, on ajoute : *denique et si in adrogationem datus fuerit miles vel filius-familias emancipatus est, testamentum ejus quasi militis ex nova voluntate valet nec videtur capitis deminutione irritum fieri* (1).

Du moment qu'on admet que le testament n'est pas devenu *irritum* par *capitis deminutio*, il n'y a pas lieu de parler de la *nova mi-*

____

1. Inst., § 5. L. 11. tit. 17.

litis voluntas : le militaire n'eût-il pas songé à son testament un seul instant depuis qu'il s'est donné en adrogation, le testament n'en vaudrait pas moins (1).

Il y a quelques cas dans lesquels ce qui entre dans le testament militaire est susceptible d'une plus grande interprétation que ce qui entre dans les testaments non militaires. En vertu du testament de celui qui a testé militairement, l'esclave qui a mérité un legs peut aussi revendiquer la liberté, quoique le legs lui ait été fait sous condition (2). Ceci a lieu, à plus forte raison, lorsque le testateur militaire a appelé *affranchi* l'esclave à qui il avait fait un legs, quoique cela ne soit pas suffisant par rapport au testament d'un autre ; il en est autrement si le militaire a cru son légataire affranchi. Lorsqu'un militaire a donné par son testament la liberté à son esclave et a chargé par fidéi-commis son héritier au premier et au deuxième degré de la lui conférer, bien que le premier héritier et le second soient morts avant d'accepter la succession, il ne doit jamais être réputé mort *intestat*, mais il doit être comme s'il avait fait directement son esclave héritier en lui donnant la liberté : telle apparaît la volonté du testateur.

§ VI. — *Faculté de laisser en même temps des héritiers testamentaires et des héritiers* ab intestat ; *d'avoir plusieurs testaments valables à la fois.*

Un militaire peut instituer un héritier jusqu'à un terme fixé et un autre après ce terme, ou bien depuis l'accomplissement d'une condition et jusqu'à l'accomplissement de cette condition (3). Par exemple, un militaire peut instituer un héritier en disant : Qu'un tel soit mon héritier tant que vivra Titius, et après sa mort Septicius. Mais s'il a dit : Que Titius soit mon héritier jusqu'à l'âge de dix ans, sans lui substituer personne, il sera censé mort *intestat* du jour que Titius aura dix ans. De ce qu'il a été dit qu'un militaire pouvait instituer un héritier depuis un terme donné jusqu'à un autre terme, il s'ensuit que sa succession est déférée *intestat* jusqu'au terme donné pour en jouir, et qu'en vertu du même privilége, comme il peut ne donner qu'une portion de ses biens, il peut aussi, quoiqu'ils soient considérables, ne les donner que pour un

1. L. 40, § 1, Paul, lib. 11, resp.
2. D. l. 13, § fin. rescrit de Sévère, confirmé par Justinien.
3. D. L. 15, § 4.

temps. Telle est l'origine de cette question : Si quelqu'un a été institué pour un temps et un autre après ce temps, par un militaire, le second doit-il les legs dont le premier était chargé ? Je pense qu'il ne les doit pas, à moins que le testateur ne l'ait ainsi voulu (1).

Un militaire pouvant instituer un héritier pour un temps et un autre pour un temps suivant, en conséquence il peut substituer à ceux qui ont été ses héritiers pour ce qui leur était donné par son testament (2). Ce qui veut dire qu'il n'y a que les soldats dont la substitution pupillaire, nulle par ignorance du droit, puisse valoir néanmoins comme une substitution fidéicommissaire qu'un simple citoyen aurait faite directement.

Entre plusieurs héritiers, les portions de ceux qui n'ont pas hérité ou renoncé à la succession accroissent celles des autres héritiers institués ; elles n'appartiennent pas aux héritiers *ab intestat*, mais cela ne s'observe pas par rapport aux testaments des militaires, à moins que le testateur ne l'ait ainsi voulu. Toutefois, un militaire n'est pas censé disposer seulement d'une partie de ses biens, parce qu'il a institué des héritiers dont la somme des legs n'atteint pas les douze douzièmes de ses biens, il est plutôt censé en avoir fait une autre division.

Si un militaire a institué un héritier pour ses biens *castrens* et un autre pour ses autres biens, il sera considéré comme ayant fait deux testaments et laissé deux successions, de manière que son héritier pour les biens *castrens* sera seul tenu des dettes qu'il aura faites à l'armée et celui de ses autres biens tenu des autres dettes qu'il aura faites ailleurs. Ces deux héritiers seraient aussi donc créanciers des dettes militaires et non militaires suivant cette distinction, mais, si les dettes à la charge de l'un excédaient sa portion et qu'il y renonçât, l'autre ayant accepté la sienne, devait être forcé de défendre toute la succession ou de l'abandonner en entier aux créanciers (3).

Un militaire a institué par un seul testament des héritiers pour ses biens *castrens* et d'autres pour ses biens non *castrens*, il en institue de nouveaux pour les premiers biens ; il est censé avoir retranché uniquement du premier testament ce qu'il a donné par le second et n'avoir rien changé au reste quand il n'aurait institué

1. L. 19, § fin. Ulp., lib. 4, disp.
2. L. 5, Ulp. lib. 4, ad, Sabin.
3. Julien D. L. 17, § 1.

qu'un seul héritier par son premier testament (1), car il est censé ne lui avoir ôté que les biens *castrens*.

Un militaire peut instituer un héritier par un codicille fait à la suite de son testament, car il ne répugne pas que ce codicille soit regardé comme un testament.

Que faut-il dire dans le cas où un militaire qui avait déjà fait plusieurs testaments en aurait ensuite fait un autre par lequel l'héritier serait chargé de faire valoir le premier. Si le militaire a eu l'intention de faire valoir le testament fait avant le codicille, il faudra s'y conformer et admettre deux testaments. Mais comme on suppose qu'il a chargé son héritier de faire valoir le testament fait avant le codicille, il paraît avoir voulu réduire la force de ce premier testament à celle d'un fidéi-commis et d'un codicille. La disposition s'applique à l'institution d'héritiers comme aux legs, aux fidéi-commis et aux libertés (2).

§ VII. — *A quelles règles est néanmoins soumis le testament militaire. — Quand il cesse de valoir.*

Le testament que ferait un soldat en captivité serait nul. Une femme qui peut être soupçonnée de mauvaise conduite ne peut pas même recevoir par testament d'un militaire, comme le dit un rescrit d'Adrien (3). Si le rédacteur ou l'écrivain s'institue lui-même héritier dans le testament d'un militaire, il encourt également la peine du sénatus-consulte (4).

Les privilèges des testaments militaires ne s'étendent pas jusqu'à permettre des dispositions contre les bonnes mœurs ou contre les lois. J'en conclus : 1° que l'édit du préteur qui dispense les héritiers institués et les légataires des serments s'applique aux testaments de militaires et leurs fidéi-commis ; 2° qu'il est certain que les institutions captieuses rendent nulle testament d'un militaire comme celui de tout le monde (5) ; 3° que si un militaire a légué un fonds dotal, ce legs ne sera pas ratifié (6) ; 4° que le militaire qui affranchit par son testament un esclave à qui la loi

1. L. 36, § 1, Paul, lib. 6, resp.
2. L. 19, Ulp., lib. 4 disp.
3. L. 41, § 1, Tryphon, lib. 18, disp.
4. L. 15, § 3, Ulp., lib. 45, ad ed.
5. L. 11, Cod. h. t. 6, 21, Philippi.
6. L. 16, Paul, lib. 43, ad ed.

Ælia Sentia ou toute autre loi défend de donner la liberté, fait une disposition nulle (1.)

Le testament militaire ne s'étend pas non plus jusqu'à porter atteinte au droit du prochain. Un militaire ne peut pas plus qu'un autre donner un tuteur à un enfant qui est sous la puissance d'autrui (2). Il ne peut pas ôter à son patron ou à son père, qui l'a émancipé, la quarte qui lui est due sur ses biens non *castrens* (3). Le privilége des testaments militaires ne s'étend pas non plus jusqu'à imposer des charges à celui à qui on ne laisse rien.

Enfin on ne peut pas donner la possession des biens d'un militaire après le délai fixé par l'édit, parce que ce délai a été généralement fixé (4).

Le testament qui a pu être fait *in expeditione quomodo testator voluit* va-t-il rester valable indéfiniment, ou au contraire le testateur rentré dans ses foyers ne devra-il pas le recommencer en observant cette fois les formes du droit commun. La règle à cet égard est que le testament militaire ne vaut pas au delà d'un an *post missionem* ; pour qu'il ait effet, il faut que le testateur vienne à mourir étant encore militaire, ou au plus tard dans l'année après qu'il a obtenu son congé. Et remarquons qu'il s'agit d'un congé honorable. Lorsqu'un officier reçoit un successeur, lorsqu'un soldat est exclu, à l'instant même le testament qu'il a pu faire *quomodo voluit* perd toute espèce de force.

Supposons qu'un militaire, ayant testé *in expeditione* sans observer les formes, meure *intra annum post missionem*, mais qu'une condition opposée à l'institution d'héritier ne s'accomplisse que plus d'un an *post missionem*, les dispositions contenues dans ce testament devront-elles encore être exécutées? On pourrait être tenté de dire que l'effet du testament ne doit pas se produire au delà de l'année *post missionem*. Mais ce ne serait pas se conformer à l'esprit dans lequel a été conçue la règle qui nous occupe. Toute la question est de savoir si le testateur depuis qu'il est rentré dans la vie civile a eu assez de temps pour n'avoir pu sans négligence différer la confection d'un nouveau testament : or par cela seul qu'il n'y a pas une année, sa négligence n'est pas blâmable et son testament doit être considéré comme valant toujours.

1. D. L. 29, § 1.
2. L. 41. 52. Tryph., lib. 18, disp.
3. Rescrit d'Antonin rapporté par Paul L. 30, lib. 7, quæst.
4. L. 15, § fin. Ulp., lib. 45, ad ed.

Si le militaire ne meurt pas dans l'année de son congé, mais qu'il redevienne militaire dans cette même année, le testament qu'il avait fait auparavant vaudra.

Il nous reste à observer qu'après le laps de cette année, non-seulement le testament fait suivant le droit militaire, mais encore toutes dispositions qu'on ait faites au militaire, en vertu du privilège militaire, sont également nuls.

Passons à l'autre manière dont le testament cesse de valoir : c'est-à-dire la nue volonté du testateur quoiqu'il ait cessé d'être militaire. Si dans l'année *post missionem* un militaire a fait un testament irrégulier, incomplet, inachevé, cette volonté suffit-elle pour révoquer le testament précédemment fait ? Oui, si le premier testament n'était fait qu'avec les formes militaires ; non s'il était fait suivant le droit commun, auquel cas il ne peut être brisé que par un nouveau testament régulier (1), mais généralement, de quelque manière qu'un militaire ait fait son testament, il le rescinde par sa dernière volonté qui est regardée comme un testament (2).

§ VIII. — *Bénéfice d'inventaire.*

L'adition d'hérédité résulte de paroles qui expriment la volonté d'être héritier ou d'actes (re). Une fois que l'héritier sien s'est immiscé, une fois que l'héritier externe a fait adition, il ne peut plus répudier l'hérédité : il faut seulement excepter le cas où il serait mineur de 25 ans.

L'Empereur Adrien restitua même un majeur *quam post aditam hereditatem grande æs alienum quod aditæ hereditatis tempore latebat apparuisset* (3). Gordien étendit l'avantage dont il s'agit à tous les militaires (4). Il dura jusqu'à Justinien qui, par la création du bénéfice d'inventaire, le fit disparaître dans la règle commune.

1. L. 34, § 1, Paul, lib. 14, quæst.
2. D. L. 34, § fin.
3. Gaius II, § 163, in fine.
4. Inst., § 6 1er, alinéa de her. qual. et differ.

CHAPITRE III.

DES VÉTÉRANS.

(D., l. 49, tit. xvii; liv. 50, tit. v.

Les vétérans sont les militaires qui ont reçu un congé honorable
après avoir terminé le temps de leur service militaire.

Un rescrit d'Antonin et de son père les dispense de travailler à
la construction des vaisseaux (1). Ils sont dispensés d'être collec-
teurs des impôts (2). Constantin voulut qu'ils fussent exempts de
toutes charges civiles, c'est-à-dire corporelles et personnelles, comme
de celles des transports des impôts, et même de l'obligation de
payer une rétribution et des droits pour les marchandises qu'ils ven-
dent. Cependant les vétérans qui ont souffert qu'on les incorporât
dans un ordre peuvent être forcés d'en remplir les charges et les
fonctions (3).

Il en est autrement pour les charges réelles. Les vétérans ne sont
point dispensés de contribuer aux constructions des routes, car il
est certain qu'ils ne sont pas exempts de l'impôt foncier (4), et la
règle est que tous les citoyens indistinctement doivent le payer.
On peut mettre l'embargo sur leurs vaisseaux (5). — Voir aussi
livre 27, au Digeste. Excuses des tuteurs et curateurs.

Les vétérans sont toujours exempts des emplois ou des charges qui
ne sont pas patrimoniales (6).

Sous Justinien, après vingt années de service, tant dans les légions
que dans la cavalerie (7), ceux qui, licenciés à cause de leur grand
âge, ont obtenu un congé honorable jouissent d'un pareil bénéfice.
Ignominieusement licenciés ou congédiés, ils doivent être éloignés
des honneurs, mais participer aux charges et emplois civils (8).

Les vétérans et leurs enfants jouissent des mêmes honneurs et
prérogatives que les décurions. Ainsi ils ne seraient ni condamnés
aux mines, ni aux travaux publics, ni à combattre les bêtes féroces
ni à la bastonnade (9).

1. L. 5, Paul lib. sing. de cognition.
2. D. L. 5, § 1.
3. D. L. 5, § 2.
4. L. 14, Ulp. lib. 4, de offic. procons.
5. D. L. 4, § 1.
6. L. 7. Pap. lib. 36. Quæst.
7. L. 3, Code 10, 54, de his qui non impl. stip.
8. L. 1, Code d. Tit. Antonin.
9. L. 3. Marc., lib. 2. Regul.

Les vétérans qui, livrés à l'oisiveté ne s'occupent point d'agriculture et qui n'exercent pas un métier et une profession honnête, mais s'a-donnent au brigandage, seront exclus de tous les priviléges dont jouissent leurs semblables, et soumis par les gouverneurs de pro-vince aux peines déterminée par la loi (1).

Auguste, qui devait beaucoup aux soldats, fit beaucoup pour eux. Il distribua des terres à ses partisans. Dans les commencements, une légion entière était menée en colonie avec ses officiers : ainsi tous se connaissaient et étaient habitués à vivre ensemble. Les em-pereurs, dans la crainte des révoltes, composèrent bientôt les colo-nies de vétérans tirés des différentes armées de l'empire, assem-blage confus, incapable de former un corps de ville. Il arriva de là que ces nouveaux habitants s'ennuyèrent ensemble et se dispersè-rent pour aller rechercher leurs vieilles habitudes dans les pro-vinces où ils avaient fait leur temps de service.

Auguste établit une caisse militaire et leva de nombreux impôts sur les citoyens pour entretenir cette caisse. Il attacha les légion-naires pour toujours au métier de la guerre en leur accordant des pensions de retraite qui assuraient leur vieillesse, 12000 sesterces, (3378 fr.) Les prétoriens touchèrent 20000 sesterces (4300 fr.) (2). Dès lors, il ne suffit plus aux légionnaires d'avoir rempli les seize années de service d'abord exigées ; ils doivent rester quatre ans de plus à l'armée, sous un étendard particulier, *vexillum veteranorum*, exempté des gardes, des veilles, des fardeaux, en un mot de toute charge militaire, hormis de combattre l'ennemi. Ce demi-congé s'appela *exauctoratio*, et le congé définitif qui dut être accordé quatre ans plus tard, *plena missio*.

Le règlement d'Auguste resta en vigueur sous ses successeurs. Quelques-uns, il est vrai, entraînés par leur cupidité ou n'étant pas toujours en état de payer, cherchèrent à l'éluder : Caligula et Tibère par exemple. Dès le commencement du règne de ce der-nier, cela donna lieu à la révolte des légions de Pannonie et des légions du Rhin, que durent calmer Drusus et Germanicus.

Quand les vétérans mouraient, la légion à laquelle ils avaient appartenu leur faisait ordinairement des funérailles honorables, et l'on avait soin d'étaler sur leurs monuments funéraires le texte glo-rieux que leur avaient mérité leur services :

1. L. 3, Code 12, 47, h., tit. Constantin.
2. Suet., 49.

> D. M.
> Et memoriæ æternæ Attoni Constantis
> Veterani, legionis XXII, remissus
> Honesta missione, castris inter
> Cæteros conveteranos suos revocatus
> Bello interfectus obiit (1).

. . . .

. . . .

CHAPITRE IV.

JURIDICTION CRIMINELLE. — DÉLITS ET PEINES.

> Nulla unquam de morte hominum cunctatio longa est.
> JUVÉNAL.

-----

§ I. — *Conseil de guerre*.

Dans tous les temps, les soldats furent soumis à Rome à une juridiction particulière, soit disciplinaire, soit criminelle. Il était de principe qu'un militaire accusé d'un crime ne pouvait être jugé que par des juges militaires : *Constat militarem reum nisi a suo judice, nec exhiberi posse, nec si in culpa fuerit, coerceri* (2). S'il était arrêté loin de son corps, sous une prévention quelconque, le lieutenant impérial, au lieu de statuer sur cette prévention, le faisait transférer sous bonne garde au commandant militaire, *ad magistrum militum* (3). C'étaient les chefs militaires qui exerçaient les fonctions des juges ; ceux sous les ordres desquels se trouvait placé l'accusé étaient les juges compétents. L'appel était porté devant l'empereur (4).

C'est tout ce que nous savons des conseils de guerre. Si nous consultons les auteurs qui ont parlé de la milice romaine : *Hygin*, dans sa *Castramétation* ; *Polybe*, dans son 6e livre ; *Arrien*, dans sa *Tactique* ; *Frontin*, dans ses *Stratagèmes* ; *Vegèce*, dans son *Art militaire* ; *Modestus* ; les mémoires militaires des empereurs *Maurice*, *Sévère* et *Constantin Porphyrogénète*, rien de plus ne s'y fait remarquer.

1. Grut, p. 524.
2. Honor. et Theod., l. 1. C. de jurisd.
3. Valens et Val., l. 1, C. de exhibendis reis ; l. 1, c. Th. de jurisdict.
4. Julien, l. 2, C. de his qui metum.

Passons-nous aux modernes : *Juste Lipse* a laissé deux traités : *De militia romana*, *Poliorceticon*, et des *Commentaires sur Tacite*; *Saumaise* fit un ouvrage *de Re militari* ; *Sigonius* d'excellentes *Scholies* sur Tite-Live : *Machiavel*, des *Discours politiques* sur le même historien ; *Guischardt*, des *Mémoires militaires sur les Grecs et les Romains* et des *Mémoires militaires sur plusieurs points d'antiquité militaire* ; *Folard*, un long *Commentaire* in-8 sur *l'histoire de Polybe* ; *Le Beau*, 26 *Dissertations sur les légions romaines* ; *Lamarre*, *de la milice romaine*. Je n'indique que les principaux : tous ces auteurs sont muets.

Le *Digeste* et les *inscriptions* découvertes ne donnent pas beaucoup plus de satisfaction.

§ II. — *Pénalités.*

On va voir combien l'épigraphe de ce chapitre ressemble à une ironie par le dédain que les Romains ont eu de cette idée d'un de leurs grands poètes.

Les délits ou les crimes des soldats leur sont ou particuliers ou communs avec les autres individus : il s'ensuit que la poursuite est spéciale ou commune. Le délit spécialement militaire est celui qu'un homme a commis comme soldat (1). C'est un fait qui porte atteinte à la discipline.

Les peines se divisent en graves et en légères.

1° Celles de la première catégorie dans l'ancien droit étaient : le décollement (2), la bastonnade (3), la perte de la liberté (4).

Examinons maintenant quelles sont les peines à l'époque où le Digeste a été composé. Il y a d'abord la lâcheté, la rébellion, la paresse. Ces trois crimes sont punis de mort. Celui qui a excité une révolte ouverte des soldats est aussi puni de la peine capitale.

Autrefois, quand la levée se faisait, le tribun militaire forçait ceux qui étaient désignés comme soldats à un serment particulier : *qu'ils ne commettraient point de vol dans l'armée, ni dans une circonférence de 10,000 pas environ, et que s'ils trouvaient quelque chose qui*

1. L. 2, Arr. Menend. lib. I, De re militari.
2. Tite-Live, II, 3, xxv, 15.
3. V. 6. Donc la loi Porcia qui défendait aux magistrats des villes de frapper de verges ou de la hache les citoyens romains ne s'étendait pas aux soldats, ni à la discipline militaire.
4. Tite-Live, XL, 41.

*appartînt à autrui, dans les trois premiers jours ils le déclareraient à leur
général ou le rendraient au propriétaire* (1). Les peines de vol sont :
la perte de la main droite, la dégradation militaire.

Le militaire qui a essayé de se tuer lui-même et n'a pas consommé
cet attentat doit être puni de mort, à moins qu'il ne l'ait tenté
parce qu'il ne pouvait plus supporter quelque douleur , quelque
maladie , quelque chagrin , ou pour quelque autre cause majeure.
Alors il sera seulement chassé avec ignominie (2).

Le militaire vagabond est celui qui, après avoir longtemps
erré, rentre dans le camp (3). Le déserteur est celui qui, après
avoir abandonné ses drapeaux pendant un long espace de temps,
est ramené au camp (4). Les édits de Germanicus déclaraient
déserteur le soldat qui s'était absenté assez longtemps pour être
vagabond. Mais, sous Justinien , et à cause de la discipline un peu
relâchée du temps, il peut quelquefois paraître ne s'être point
absenté dans l'intention de déserter absolument, s'il a apporté une
excuse probable ou plausible de son éloignement du camp. Suivant
Ménandre, on ne doit pas mettre au nombre des déserteurs celui
qui s'est évadé de la prison où il était; parce que c'est la prison
qu'il a fuie et non pas les drapeaux. On compte également comme
déserteurs ceux qui ont abandonné leur corps de garde ou leur
poste. La punition infligée aux déserteurs n'est pas la même pour
tous ; on a égard à la solde qu'ils recevaient, au grade qu'ils avaient,
au lieu de désertion , à la conduite antérieure, au nombre des
coupables, à la réunion d'un autre délit, au temps de la désertion, à sa durée, à la nature de son retour. Le crime de désertion
ne s'éteint pas par la mort du coupable.

2° Ce ne sont pas les seules peines par lesquelles on sévit contre les militaires, puisqu'il y a d'autres délits qu'ils peuvent commettre. Quelles étaient les autres pénalités dans l'ancien droit ?

On connaît comme moins rigoureuses le licenciement avec ignominie, la privation de pique (5), le changement de corps d'armée (6),
la privation de solde (7), le campement hors du camp (8), le cam-

1. Aulu-Gelle, 16-14.
2. L. 38, § 12. D. 48, 19, de pœnis Paul. Lib. 5, sentent.
3. L. 3, § 2. Modestin. lib. 4, de pœnis.
4. D. L. 3, § 3.
5. Festus au mot Censio.
6. Tite-Live, XXV.
7. Varron. ap. Nonium XII, 53.
8. Polybe, VII.

pement hors de la ville (1), prendre ses repas debout 2), manger de l'orge au lieu de froment (3), faire des fossés (4), être saigné au bras (5). Muret prétend qu'on infligeait cette peine afin que ceux qui avaient craint de verser leur sang pour la patrie le perdissent avec ignominie. Suétone nous apprend que c'est ainsi que César maintint la discipline dans ses légions (6).

Dans le droit des Pandectes, les seules peines legères en usage dans les armées sont : être passé à la baguette ou aux courroies, l'amende pécuniaire, le service extraordinaire, le changement d'armes, la dégradation, le congé ignominieux. Ces peines pouvaient frapper un ou plusieurs militaires, une cohorte ou une légion. Le licenciement et la décimation sont infligés encore dans ces derniers cas. Le premier se faisait par l'*imperator* qui, après avoir rassemblé la légion, lui disait : « *Quirites*, retirez-vous et déposez vos armes », voulant par cette dénomination de *Quirites* faire entendre qu'ils avaient cessé d'être soldats et qu'ils n'étaient plus que simples particuliers. Lampride nous en donne un exemple dans la vie de l'empereur Alexandre. Avant lui, César avait, dans son mécontentement, appelé ses soldats *citoyens* (7). Comme exemple de la seconde peine, nous voyons Appius Claudius, après avoir fait tomber la tête des centurions sous la hache des licteurs, faire conduire au supplice chaque dixième soldat que le sort avait désigné parmi eux (8).

CHAPITRE V.

PRIVILÉGES MOINS IMPORTANTS ACCORDÉS AUX SOLDATS.

§ I. — *Acquisition de la cité romaine par l'affranchi latin Militia.*

(Frag. d'Ulp., III, § 5.)

Lorsqu'un maître voulant affranchir son esclave avait employé un autre mode que *le testament, le cens, la vindicte,* lorsqu'il l'avait

1. Tite-Live, XVII, 1.
2 Tite-Live, XLVI, 16.
3. Tite-Live, XXVII, 15.
4. Plutarque. Vie de Lucullus.
5. Aulu-Gelle.
6. Suétone. Vie d'Auguste, XXIV.
7. Suétone. Vie du Jules César.
8. Tite-Live, II, 60.

simplement *in bonis*, lorsqu'il avait négligé la prescription de la loi *Ælia Sentia*, cet esclave dans l'un des trois cas était simplement assimilé aux Latins, et comme cette condition avait été prévue par la loi *Junia Norbana*, il était appelé Latin Junien. Comme tel il n'avait ni le *jus suffragii*, ni le *jus honorum*, ni le *connubium*, ni la *factio testamenti*, bien qu'en principe le *commercium* lui appartînt : enfin, il ne laissait pas à proprement parler de succession. Mais ce qui rendait son état supérieur à celui du *déditice* qui bien que toutes les formalités voulues pour son affranchissement eussent été remplies cependant ne devenait pas citoyen romain, parce que dans les temps antérieurs il avait subi une peine infamante; c'est que par huit moyens à tous connus, l'affranchi latin Junien pouvait arriver à l'acquisition du titre et des avantages de citoyen romain. C'étaient l'*iteratio*, la *causæ probatio*, l'*erroris causæ probatio*, le *triplex enixus*, le *beneficium principale*, la *milice*, la *navis fabricatio*, en dernier lieu l'établissement d'une maison, d'un moulin ou d'une boulangerie. Le sixième mode est le seul qui soit du ressort de cette thèse. Mais les détails nous manquent sur ce point ; tout ce que nous savons, c'est qu'il s'agissait des gardes de Rome. Le temps du service exigé était d'abord de six ans. Il fut ensuite réduit à trois. Le seul texte que nous ayons sur cette matière est un fragment d'Ulpien, tiré des *Tituli ex corpore Ulpiani*, ouvrage trouvé en 1544 par Du Tillet, dans un manuscrit du bréviaire d'Alaric qui existe encore dans la bibliothèque du Vatican. Ces *Tituli* ont été extraits d'un écrit d'Ulpien qu'on croit être le *liber singularis regularum*, ce qui fait que quelquefois encore on nomme ces fragments *Règles d'Ulpien*.

Militia jus quiritium accipit latinus, si inter vigiles Romæ sex annis militaverit, ex lege Visillia : præterea ex senatusconsulto concessum est ei ut, si triennium inter vigiles militaverit, jus quiritium conqueratur.

§ II. — *Causes d'excuses particulières aux militaires en matière de tutelle et de curatelle.*

(Dig. 27, 1, *De excusatione.*)

1° NOMBRE D'ENFANTS. — Un homme est excusé de la tutelle et de la curatelle (et, suivant Justinien, c'est le cas qui se présente le plus souvent) en raison de ses enfants. Le nombre exigé est de trois enfants à Rome, quatre en Italie, et cinq en province. Dans les villes de province, qui jouissaient du *jus italicum*, il suffisait d'avoir quatre enfants. Peu importe que l'homme qui invoque l'excuse dont il s'agit ait encore ses enfants sous sa puissance, ou qu'il les ait émancipés. Quant aux enfants donnés en adoption, ils comptent à leur père adoptif et non à leur père naturel. En cas de mort du fils, les petits-enfants *ex eo filio* comptent à leur grand-père *in locum patris sui*. En cas de mort d'une fille, les petits-enfants *ex ea filia* ne comptent pas à leur grand-père maternel *in locum matris suæ*.

Cette cause d'excuse a été probablement établie par les lois Julia et Papia Poppea qui, pour encourager le mariage et augmenter la population, accordaient différentes faveurs aux personnes qui avaient des enfants légitimes.

Du reste originairement cette cause d'excuse devait être utile surtout aux tuteurs légitimes : car, en principe, les autres tuteurs ne pouvaient être contraints à se charger de la tutelle. D'une part, en ce qui concerne le tuteur nommé par le magistrat, nous savons que les lois Atilia, Julia, Titia, n'avaient pris aucune mesure pour le contraindre à gérer (1) ; et, d'autre part, en ce qui concerne le tuteur testamentaire, il pouvait *abdicare se tutela*, déclarer qu'il n'entendait pas être tuteur (2). Seulement il est très-douteux que cette abdication fût applicable à la tutelle des impubères.

Quand on dit qu'un homme peut s'excuser *propter liberos*, on suppose qu'il a des enfants légitimes : *legitimos liberos esse oportet omnes, etsi non sint in potestate* (3). Quelle est donc l'idée qu'Ulpien a voulu exprimer lorsqu'il a dit : *Justi an injusti sint filii non requiritur* (4). Son idée paraît être simplement que du moment que les enfants sont issus d'un mariage légitime aux yeux de l'ancien droit, peu importe qu'on ne se soit pas conformé aux conditions nouvelles prescrites par les lois Julia et Papia Poppea. Il existe bien un rescrit des empereurs Marc-Aurèle et Lucius Vérus, ainsi conçu : *Si instrumentis probas habere te justos tres liberos, excusationem tuam Manlius Carbo prætor vir clarissimus accipiet.* Mais, ajoute immédiatement le jurisconsulte : *justorum mentio ita accipienda est uti secundum jus civile quæsiti sint* (5). Les Institutes exigent encore un nombre d'enfants différent, suivant qu'on se trouve à Rome, en Italie ou dans les

1. Inst., § 3. De atil. tut. 1, 20.
2. Frag. d'Ulp. XI, § 17.
3. Modestin, l. II, § 3. D. de excusal, 27, 1.
4. Frag. du Vatican, § 194.
5. Frag. du Vatican, § 168.

provinces. Mais évidemment la distinction ne se comprend plus, n'a plus sa raison d'être dans le droit de Justinien, puisque sous cet empereur (527-565) la ville de Rome a perdu toute espèce de prérogatives par rapport à l'Italie, de même que l'Italie a perdu toute espèce de prérogatives par rapport aux provinces (1).

Je puis alléguer le nombre de mes enfants pour m'excuser *a suscipienda, non a jam suscepta, tutela vel cura.* Ainsi l'avaient décidé les empereurs Sévère et Antonin (2).

Lorsqu'une personne n'avait point d'enfants légitimes, il arrivait quelquefois que l'empereur, pour l'empêcher d'avoir des peines ou même pour profiter des récompenses établies par les lois Julia et Papia Poppea, lui accordait le *jus liberorum.* Mais il paraît qu'une concession de ce genre n'était pas considérée comme pouvant excuser de la tutelle, ni des autres *munera publica* auxquels la tutelle était assimilée. *Jus liberorum a principe impetratum nec ad hanc causam, nec ad munera prodest* (3). En principe, on ne compte à celui qui veut se faire excuser que les enfants actuellement vivants. Toutefois, on considère comme encore vivants ceux qui ont succombé à la guerre.

Pro republica : hi enim in perpetuum per gloriam intelliguntur vivere (4). Suffit-il qu'ils aient péri pendant la guerre et par suite de la guerre, ou faut-ils qu'ils soient tombés sur le champ de bataille? La question avait fait doute. *Constat,* disent les Institutes, *eos solos prodesse qui in acie amittuntur;* mais un fragment inséré au Digeste sous le nom d'Ulpien, s'exprime en termes beaucoup moins absolus : *Quæsitum est... melius probabitur eos solos qui in acie amittuntur prodesse debere* (5). Peut-être même n'est-ce pas réellement là l'opinion des jurisconsultes, car dans ces fragments du Vatican, nous avons ce texte qui paraît bien être d'Ulpien et qui est ainsi conçu : *Utrum in acie duntaxat amissus, an tempore belli amissus prosit. Aristo in acie amissum duntaxat : ego puto per tempus belli amissum debere prodesse ne publica strages patri noceat* (6).

2° NATURE DE LA PROFESSION. — Le militaire est incapable comme le mineur, de telle sorte que *nec volens ad tutelæ onus admittatur* (7).

---

1. La distinction est faite dans une Constitution des empereurs Sévère et Antonin. L. 1, C. Qui numero liber. D. exc. 5-68.
2. L. 11, § 8. L. De excusat.
3. Frag. du Vatican, § 170.
4. Inst. Pr. in fine de excusat.
5. Liv. 18, de excusat.
6. Frag. du Vatican, § 109.
7. Inst. § 14, de excusat.

Quant aux militaires congédiés, *qui honeste militiæ tempus comple-verunt*, ils sont capables, mais en principe ils peuvent s'excuser (1).

§ III. — *De la restitution en entier.*

1° Les cas où la restitution en entier est accordée à un majeur de vingt-cinq ans sont rares. On les ramène à cinq. Dans le nombre est rangé celui où un homme est absent pour le service de la République, au premier rang duquel il faut mettre les militaires.

Pour jouir de cette faveur, il faut qu'ils ne puissent quitter leurs drapeaux sans danger, c'est-à-dire qu'ils soient à l'armée (2). Pro-culus, au rapport de Vivien, a répondu qu'un soldat qui avait un congé illimité était censé absent pendant qu'il se rendait chez lui et qu'il en revenait, mais qu'il cessait de l'être dès qu'il était dans ses foyers (3). L'empereur Antonin a décidé que l'édit du préteur sur la restitution en entier était applicable aux gardes de la ville (4); ce qu'il faut étendre à tous les soldats employés à Rome. Celui qui sans être militaire s'est trouvé dans une expédition par ordre du consul et y a été tué, les médecins des armées, ceux qui sont envoyés pour conduire ou ramener des soldats, ou opérer des recrutements, celui qui a été chargé de faire rentrer des séditieux dans le devoir, sont encore censés absents pour le service de la République. Les femmes qui accompagnent leurs maris absents pour le service de la République jouissent du privilége de la res-titution en entier (5).

Avec plus de raison encore, on vient au secours des prisonniers de guerre qui sont de retour en vertu du droit de *postliminium*, ou qui sont dans le pays ennemi parce qu'ils ne pouvaient plus avoir de procureur, puisqu'on prête appui à ceux dont on a déjà parlé ci-dessus, quoiqu'ils puissent avoir des fondés de pouvoir, si l'on excepte ceux qui étaient en servitude. Mais je pense qu'un prison-nier de guerre pourrait invoquer en son nom le secours du préteur (6).

Il en est autrement des transfuges, car les transfuges n'ont droit

1. Modestin, liv. 8. D. de excusot.
2. L. 45. Scevola, lib. 1, regul.
3. L. 35, § 0. Paul, lib. 3, ad leg. Jul. et Pap. Popp.
4. D. L. 35, § 4.
5. L. 5, Code, ex quibus causis major 25 annis in integre restit.
6. L. fin. Marc. lib. 2 regul.

à aucun privilége, puisqu'on leur a refusé jusqu'à celui de revenir dans leurs foyers.

2° Celui qui s'est absenté pour le service de la République doit être restitué, même contre celui qui s'est aussi absenté pour la même cause, s'il en a éprouvé quelque tort dont il ait le droit de se plaindre (2).

Pour que l'usucapion soit ainsi rescindée contre celui qui l'avait réellement acquise, *jure civili*, il n'est même pas nécessaire qu'il eût été absent; il suffit que, pour une raison quelconque, il n'eût pas été possible au propriétaire de le poursuivre. Réciproquement, la décision n'aurait pas lieu si le propriétaire avait pu s'attaquer à un *defensor* du possesseur. Elle n'aurait pas lieu si le propriétaire avait pu se faire envoyer en possession des biens.

Ce deuxième cas de rescision est véritablement devenu inutile dans le droit de Justinien. D'après une Constitution de cet empereur, lorsque le possesseur qui se trouve *in causa usucapiendi* est absent, ou que, pour une autre cause, il n'est pas possible de l'actionner, le propriétaire peut *adire præsidem provinciæ vel libellum ei porrigere*. Il peut également s'adresser à l'évêque ou au *defensor civitatis* pour obtenir *plenissimam interruptionem* (3). Nous savons déjà qu'une personne peut quelquefois agir en disant que le possesseur son adversaire n'a pas usucapé ce qu'en réalité il a usucapé, et cette action *in rem fictitia* peut avoir lieu dans deux cas distincts.

Dans le premier, le préteur peut permettre au propriétaire de revendiquer la chose *rescissa usucapione*, comme si l'usucapion n'avait pas été accomplie contre lui. Il y a lieu alors à l'action *in rem* rescisoire; si l'ex-propriétaire se trouve en possession, le préteur peut lui accorder une exception à l'effet de paralyser la revendication dirigée contre lui. Enfin l'ex-propriétaire qui autrefois a reçu la chose *ex justa causa*, exerçant la publicienne contre celui qui a usucapé, le préteur peut rescinder l'exception *justi dominii* que voudrait invoquer le défendeur. Nous trouvons en matière d'*in integrum restitutio*, quatre règles applicables au premier comme au deuxième cas de rescision et qu'il convient de signaler.

1. L'action rescisoire doit toujours être intentée par l'ex-propriétaire dans le délai d'un an, porté à quatre par Justinien.

2. L. 1, Code de uxor. milit.
3. L. 2. C. de Annal. excep. 7-19.

II. L'action rescisoire est fondée sur un motif d'équité : il ne faut pas qu'elle amène un résultat inique à l'encontre du possesseur qui a usucapé. En conséquence, comme le dit Papinien : *Si is qui reipublicæ causa abfuit fundum petat, utilis possessori pro evictione competit actio. Item si privatus a milite petat, eadem æquitas est emptori restituendæ pro evictione actionis* (1).

III. Aucune restitution en entier ne peut être accordée sans que le préteur ait pris connaissance de l'affaire.

IV. *In causæ cognitione*, dit Ulpien, *etiam hoc versatur num forte actio possit competere citra in integrum restitutionem. Nam si communi auxilio et mero jure munitus sit , non debet ei tribui extraordinarium auxilium : ut puta cum pupillo contractum est sine tutoris auctoritate, nec locupletior factus sit* (2).

<h3>§ IV. — L'exception au fardeau de la preuve en matière de condictio indebiti. — Ignorance du droit présumée chez le soldat.</h3>

I. Au nombre des quasi-contrats, on remarque le payement de l'indû. Lorsque, par erreur, je remets entre les mains de Titius ce que je ne lui dois pas, Titius est tenu de me rendre ce qu'il a ainsi reçu. A parler exactement : *magis ex distractu quam ex contractu potest dici obligatus esse, nam qui solvendi animo pecuniam dat, in hoc dare videtur ut distrahat potius negotium quam contrahat* (3). Pour que celui qui a reçu *solutionis nomine* soit obligé de rendre, il faut trois conditions : *indebitum*, c'est-à-dire que la dette ne soit pas à terme; que le débiteur ne fût pas tenu d'une obligation naturelle; qu'il pût, en cas d'action, opposer une autre exception qu'une exception temporaire;— *errorem* : l'erreur de droit *suum petentibus non nocet* ; l'erreur de fait est excusable même chez ceux *adquirere volentibus* (4). Enfin la prétendue dette que l'on a voulu payer ne doit pas être de celles qui exposent le débiteur récalcitrant à payer le double.

En matière de *condictio indebiti*, à qui incombe le fardeau de la preuve ? En supposant que le défendeur commence par nier le fait du payement qu'il a reçu, une fois convaincu de mensonge sur ce premier point, il ne pourra échapper à la condamnation

---

1. L. 66, § 1. D. de evict, 21-2.
2. L. 16. Pr. D. de minor, 4-4.
3. Inst. § 5. De Oblig. quasi ex contractu.
4. L. 7. D. de juris et facti ignor.

qu'en prouvant qu'il était bien créancier de ce qu'il a reçu. En dehors de ce cas, le fait d'une tradition à titre de payement étant constant entre les parties, le demandeur a deux preuves à faire pour triompher : il doit d'abord prouver qu'il ne devait pas ce qu'il a remis à l'adversaire; il doit prouver, de plus, qu'il a une juste cause d'ignorance. Toutefois, si la personne qui réclame se trouve être un pupille, un mineur, une femme, un paysan, *un militaire*, alors c'est à celui qui a reçu les écus à prouver *bene eas accepisse et debitas ei fuisse solutas* (1).

II.—Ceci se rapporte à ce principe que les soldats sont considérés comme n'ayant pas la connaissance du droit ; néanmoins on ne leur donne pas une restitution générale pour erreur de droit : on se borne à les protéger dans plusieurs cas particuliers énumérés par M. de Savigny (2). Nous indiquerons ici, parce qu'il n'a pas trouvé place sous la rubrique d'un autre chapitre, celui où les soldats sont restitués s'ils ont laissé passer le délai de l'*aditio hereditatis* ou de l'*agnitio* d'une *bonorum possessio*.

§ V. — *Bénéfice de compétence.*

Les interprètes du droit romain ont appelé ainsi un bénéfice consistant en ce que le défendeur est condamné non pas à ce qu'il doit, mais seulement à ce qu'il peut payer. Alors les conséquences rigoureuses qu'entraîne la condamnation contre celui qui ne l'exécute pas ne pourront pas s'appliquer au défendeur dont il s'agit.

Le défendeur devra faire insérer une exception dans la formule, et cette exception portera sur la *condemnatio* et non sur l'*intentio*. Mais il subsistera une obligation civile, et le débiteur pourra être poursuivi dès qu'il sera revenu à meilleure fortune, car lors de la condamnation *in quantum facere potest*, sur l'invitation du juge, il a pris l'engagement de payer le surplus dès qu'il le pourrait.

Comment se calculent les facultés du défendeur ? Le principe à cet égard, est que le juge ne s'inquiète que de l'actif brut et qu'il n'a pas à déduire le montant des dettes dont le défendeur peut être tenu envers d'autres personnes. Le principe ne souffrait exception qu'en faveur du donateur.

1. Paul L. 25. Pr. D. de probat. 22-3.
2. Savigny, Traité de droit romain, t. 3, pag. 408 appendice.

Six classes de personnes jouissent à divers titres du bénéfice de compétence. De ce nombre sont les militaires. Une loi mise au Digeste sous le nom d'Ulpien porte : *Item miles qui sub armata militia stipendia meruit, condemnatus eatenus quatenus facere potest cogita solvere.* Douze alinéas avant, on rencontrait la même décision à peu près dans les mêmes termes (1).

§ VI. — *Complément.*

Outre la paie qu'il reçoivent du trésor public, le privilége de la restitution, le bénéfice de compétence, la permission de posséder et de tester en dehors de toutes règles civiles, l'exemption de la tutelle, les soldats ont encore des immunités. Je veux terminer cette partie de mon travail par la nomenclature de cinq dernières.

1° Ayant des juges propres et particuliers, ils peuvent user des exceptions introduites par l'usage du barreau, s'ils sont actionnés par d'autres juges (2).

2° Dans les causes criminelles on ne les soumet point à la torture, et il y a certaines peines dont ils ne sont point passibles (3).

3° Le maître de la cavalerie et celui de l'infanterie étaient libérés de la puissance paternelle que les autres fonctions militaires ne faisaient point cesser.

4° L'état militaire exemptait des charges curiales, c'est à-dire municipales ; toute l'armée, depuis le simple *cohortalis* jusqu'au *magister equitum peditumve* échappait à ces fonctions : ce privilége était héréditaire, à condition que les enfants embrasseraient aussi la profession des armes (4).

5° Enfin les soldats n'étaient pas soumis aux restrictions de la loi *Furia* ou *Furia Caninia.* Cette loi, rendue vers l'an 761 de la fondation de Rome, contenait deux dispositions. Elle fixait le nombre d'esclaves que le testateur pouvait affranchir, deux sur trois, la

1. L. 18. Ulp. lib. 60, ad ed. D. 42,1, de re judicato.
2. Liv. 5, tit. 1, De judiciis.
3. Liv. 48. Tit. XIX, de pœnis.
4. C. Theod., liv. VI, t. XXII, l. 2. Guizot. Essais sur l'histoire de France.

moitié de quatre à dix, de 10 à 30 le tiers, de 30 à 100 le quart ; le nombre cent était un *maximum* infranchissable. La loi voulait, en second lieu, que l'affranchissement fût nominatif, c'est-à-dire qu'un esclave ne pût jamais devenir libre *ex testamento*, s'il n'avait été individuellement désigné par le testateur.

La loi *Furia Caninia* a été abrogée par une constitution de Justinien.

LIVRE TROISIÈME.

THÉORIES ACCESSOIRES.

PROLÉGOMÈNES.

La théorie de la *maxima capitis deminutio* par l'esclavage, la théorie du *postliminium* la fiction de la loi Cornelia , ainsi que quelques titres de cet ouvrage semblent sortir un peu de ce que promettait sa rubrique; mais nous avons voulu envisager avec les priviléges particuliers aux soldats quelques institutions du droit civil qui, à la vérité sont communes aux militaires et aux *pékins* (1), mais qui ont la condition de leur existence dans les nécessités présentes ou futures de la guerre, état regrettable où les soldats jouent le principal rôle. Telle est encore la question de la *maxima capitis deminutio* survenue par la captivité. Il est évident que , le plus souvent. c'était à un citoyen sous les armes qu'elle incombait. Nous n'avons pas voulu, dans un ouvrage forcément restreint, embrasser tous les points de cette 2ᵉ classe, surtout en droit français ; aucun des principaux n'y a été cependant négligé. En conséquence, le vrai titre de l'ouvrage serait *droit militaire*; nous l'avons repoussé comme trop prétentieux.

CHAPITRE PREMIER.

CAPTIVITÉ.

Un homme peut devenir esclave, soit en vertu du droit des gens. soit en vertu du droit civil ; en vertu du droit des gens, lorsqu'il est fait prisonnier *jure gentium, id est ex captivitate* (2). Tous les peu-

---

1. Traduction de *paganus* opposé latin de *miles*, de même que *payen* est la traduction du même mot opposé à *prolétaire* et signifié aujourd'hui par *Bourgeois* dans cette acception.
2. Inst., § 4, liv. 1, tit. de jure personarum.

ples connus de Romains admettaient que les prisonniers faits à la guerre peuvent être réduits en servitude. Il y a là une règle qui n'est point propre au droit romain, mais que les Romains voyaient appliquée chez tous les peuples avec lesquels ils étaient en rapport : c'est une règle qui appartient au *jus gentium*.

Les dénominations que les Romains appliquent aux esclaves, *servi* et *mancipia*, se réfèrent à l'idée que la guerre a été la première source de l'esclavage. *Servi*, dit Justinien après Florentinus, *ex eo appellati sunt quod imperatores captivos vendere ac per hoc servare nec occidere solent ; qui etiam mancipia dicti sunt eo quod ab hostibus manu capiuntur.* Ainsi *servi* viendrait de *servati* et signifierait que le général qui pourrait mettre à mort ses prisonniers pouvait aussi leur laisser la vie en leur enlevant seulement la liberté. Nous voyons en effet que les anciens reconnaissaient au général le droit de vie et de mort sur les prisonniers. *In Tarquinienses acerbe sœvitum. Multis mortalibus in acie cœsis in ingenti captivorum numero trecenti quinquaginta octo delecti, nobilissimus quisque, qui Romam mitterentur : vulgus aliud trucidatum. Nec populus in eos qui missi Romam erant mitior fuit ; medio in foro omnes virgis cœsi ac securi percussi* (1). Cicéron raconte froidement que les chefs ennemis qu'on amenait à Rome pour orner le triomphe de leurs vainqueurs étaient massacrés, quand arrivait la fin de la fête dont leur présence avait relevé l'éclat. *Etiam qui triumphant, ecque diutiüs vivos hostium duces servant, ut, his per triumphum ductis, pulcherrimum spectaculum fructumque victoriæ populus romanus perspicere possit, tamen cum de foro in Capitolium currum flectere incipiunt, illos duci in carcerem jubent ; idemque dies et victoribus imperii et victis vitæ finem facit* (2). Nous savons ce que fit César de notre grand Vercingétorix.

On a le droit, dit-on, de mettre à mort l'ennemi vaincu ; ne peut-on pas le conserver pour soi et suspendre cette mort qu'on pouvait lui donner sur-le-champ ? Ce raisonnement, dit M. Ortolan, pèche par sa base. Sans doute, la légitime défense est naturelle, elle peut avoir donné naissance au droit de tuer l'ennemi lorsqu'il combat ; mais, est-il vaincu, l'attaque cesse, la défense doit cesser, et si on le tue on viole toute espèce de droit.

Pour que l'esclavage résulte légitimement *ex captivitate*, il faut supposer que des prisonniers ont été faits dans une guerre entre deux nations. Ainsi dans une guerre civile les prisonniers que l'un des

1. Tite-Live, VII, 19.
2. 2ª actio in Verrem, lib. V, nᵒ 30.

partis fait sur l'autre ne deviennent point esclaves; à plus forte raison faut-il considérer comme *jure liberi* ceux qui sont pris par des brigands, par des pirates. Du reste il n'est pas absolument indispensable qu'il y ait eu guerre déclarée entre les deux nations au moment où ont été faits les prisonniers. *Si cum gente aliqua neque amicitiam neque hospitium neque fœdus amicitiæ causa factum habemus, hi hostes quidem non sunt : quod autem ex nostro ad eos pervenit illorum fit et liber homo noster ab eis captus servus fit et eorum. Idemque est si ab illis ad nos aliqua pervenerit* (1).

Les nations étrangères non fédérées avec lesquelles les Romains n'étaient pas en guerre, quoiqu'elles ne fussent pas, à proprement parler, des ennemis, étaient cependant à cet égard considérées comme tels.

Pour ce qui concerne les nations fédérées il paraît que, dans les premiers temps de la République, il y avait eu entre les prudents des opinions diverses, témoin le passage suivant de Cicéron: «Lorsque quelqu'un des nôtres était, par la captivité, devenu l'esclave d'un peuple fédéré, et qu'après avoir reconquis sa liberté il était revenu dans ses foyers, chez nos ancêtres s'est élevée la question de savoir si en vertu du droit de retour il était rentré dans sa patrie (2)». L'affirmative a été adoptée ; en voici la raison : un peuple libre est celui qui n'est soumis à la puissance d'aucun autre peuple; peu importe comment il est fédéré, soit qu'il ait fait alliance par un traité égal, soit même qu'il ait été stipulé, dans un traité, que le peuple défendrait avec zèle la majesté d'un autre peuple; l'addition de cette clause a pour but de démontrer la supériorité de l'autre peuple, et non pas de faire entendre que celui qui est protégé n'est pas libre. Ne considérons-nous pas comme libres nos clients, quoique les surpassant en autorité, en dignité ou en puissance ? De même doivent être estimés libres ceux qui se font un devoir de nous défendre avec affection (3).

APPENDICE.

DISPENSE ACCORDÉE AUX FUTURS ÉPOUX DU CONSENTEMENT DU *paterfamilias* EN CAS DE CAPTIVITÉ DE CELUI-CI.

Lorsqu'un citoyen a été fait prisonnier par l'ennemi, tant qu'il reste vivant *apud hostes*, on ne peut pas savoir d'une manière cer-

1. Pomponius, l. 5, § 2, D., de captivis et postliminii.
2. De oratore.
3. Dig., l. 7, § 1.

taine si les enfants qu'il avait sous sa puissance sont devenus *sui juris*: car s'il revient à Rome, il serait considéré, *jure postliminii*, comme n'ayant pas perdu un seul instant la puissance paternelle.

D'un autre côté, étant revenu captif chez l'ennemi, il ne peut pas, dans cette situation, donner un consentement valable. Rigoureusement on arrive donc à dire qu'il est impossible que les enfants du captif contractent un mariage légitime. Mais les jurisconsultes avaient apporté ici un tempérament à la rigueur des principes.

Medio tempore, dit Tryphoninus, *filius quem habuit in potestate captivus uxorem ducere potest, quamvis consentire nuptiis pater ejus non posset : nam utique nec dissentire. Susceptus ergo nepos in reversi captivi potestate ut redierit, erit suusque heres ei quodammodo invito, cum nuptiis non consenserit. Non mirum : quia illius temporis conditio necessitasque faciebat et publica nuptiarum utilitas exigebat* (1).

D'après certain texte, lorsque le père a été fait prisonnier par l'ennemi, ou lorsqu'il a disparu, de telle sorte qu'on ignore même s'il est encore vivant, les enfants ne pourraient valablement contracter mariage qu'autant qu'il se serait écoulé au moins trois ans depuis la captivité ou depuis la disparition (2). Mais il n'est pas admissible qu'un délai fixe ait été établi ainsi par les jurisconsultes. Il appartient seulement aux législateurs de régler un point de ce genre, parce que le règlement dont il s'agit a toujours quelque chose d'un peu arbitraire. Je crois donc que les jurisconsultes se bornaient à dire : «Le fils d'un captif peut contracter mariage, et le mariage ainsi contracté demeure valable lors même que le captif reviendrait à Rome.» Ce sont les compilateurs de Justinien qui auront ajouté cette condition : «pourvu qu'au moment où le fils s'est marié il se fût écoulé au moins trois ans depuis la captivité du père.»

CHAPITRE II.

POSTLIMINIUM (3).

§ I. — *Du postliminium et quand il a lieu.*

Justinien (4) tire l'étymologie de ce mot de *limen*, seuil, limite, confins (de l'empire), et *post*, après, derrière.

1. L. 12, § 3. De captivis et postlim. 40, 15.
2. L. L. 0, § 1, 10 et 11, D. de ritu nupt.
3. D. L. 40, tit. 15.
4. Inst., liv. 1, tit. 12. Quibus modis jus patriæ potestatis solvitur.

Heineccius argumente de ce que les captifs qui avaient passé pour morts, croyant qu'il était de mauvais augure (1), lorsqu'ils étaient de retour, d'entrer dans leur maison par le seuil de la porte, s'y introduisaient par les toits et les gouttières, *post limen*, sur les derrières de la maison.

Il y a deux espèces de *postliminium* : l'un actif, parce que le captif ou prisonnier de guerre, de retour dans ses foyers, recouvre les droits qu'il avait avant sa captivité; l'autre passif, parce que les choses qui avaient été prises par les ennemis ou par les barbares rentrent, dès qu'elles ont été recouvrées, dans le droit et retombent sous la puissance de ceux à qui elles appartenaient lorsqu'elles furent prises.

Le droit de *postliminium* a lieu soit en temps de guerre, soit en temps de paix.

1° *En temps de guerre :* lorsque les ennemis ont pris quelque Romain et l'ont emmené prisonnier dans leurs forts ; si dans la même guerre, il est revenu, il recouvre tous ses droits comme s'il n'avait pas été pris. Tant qu'il n'a pas été emmené dans les forts ennemis, il ne cesse pas d'être citoyen ; et il est censé revenu dans la cité s'il est rentré dans les forts (2) de ses compatriotes.

2° *En temps de paix.* — Le *postliminium* est applicable à ceux qui ont été pris en temps de guerre et desquels on n'a pas traité (*de quibus nihil in pactis erat comprehensum)* parce que, dit Servius, les Romains ont voulu que les citoyens eussent l'espoir du retour plutôt dans la vertu militaire que dans la paix.

Pierre Fabre lit *id in pactis* (3), correction que Cujas approuve. Il pense que ceux qui avaient été pris pendant la guerre ne jouissaient pas du droit de retour lorsqu'ils revenaient en temps de paix, à moins qu'on en eût spécialement traité, puisqu'ils n'avaient point ce droit de retour pendant les trèves, ce que confirme le motif qu'ajoute Servius. C'était très-bien fait aux Romains d'avoir établi une sorte de culpabilité dans celui qui se serait laissé prendre par les ennemis, en sorte qu'il ne lui était pas fait remise de cette faute qu'autant qu'il avait réussi lui-même à s'échapper des mains de l'ennemi ; mais, dans la paix ou dans les trèves, les pri-

1. Voyez Plutarque. Quæst. Rom. V.
2. D. L. 5, § 1.
3. Lib. 1, 7. Semestr.

sonniers, ne se trouvant plus alors être dans les mains de l'ennemi, n'ont besoin de recourir à aucun moyen d'évasion pour revenir dans leurs foyers.

Nous opinons avec Bynkershoeck pour le maintien du texte avec la distinction suivante : il s'entend, non pas de tous individus quelconques qui reviennent pendant la paix, mais seulement de ceux qui voyageaient chez les ennemis avant que la guerre ne s'élevât, et se sont trouvés prisonniers depuis qu'elle a commencé : car c'est aussi de ceux-ci que l'on dit (voyez alinéa suivant) qu'ils ont le droit de retour lorsqu'ils reviennent après que la paix est faite. Cet auteur rapporte la phrase de Servius à ce qu'il dit au commencement de la loi, que *régulièrement le droit de retour n'avait lieu que pendant la guerre.*

Ceux qui ont passé à l'étranger en temps de paix, dans le cas de déclaration subite de guerre, deviennent esclaves des ennemis, chez lesquels ils se trouvent par leur fait traités eux-mêmes comme ennemis (1).

Il y a trêve lorsqu'on est, de part et d'autre, convenu, pour un temps court et présent, que réciproquement on ne s'attaquerait pas. Dans cet intervalle il n'y a pas lieu au *postliminium* (2).

§ II. — *Du postliminium actif.*

A QUELLES PERSONNES PEUT S'APPLIQUER CE DROIT. — DU MOMENT OU ON EST RESTITUÉ PAR SA VERTU. — DE L'EFFET DE CETTE RESTITUTION. — 1° Si un citoyen, bien qu'il ait passé malgré lui sous la puissance de l'ennemi, est ensuite resté volontairement chez eux lorsqu'il pouvait revenir dans sa patrie, ce captif ne pourra plus user du droit de *postliminium.* Ceux qui ont été faits prisonniers jouissent, par le seul fait de leur retour, du droit de *postliminium* ; mais ceux qui ont été livrés à l'ennemi n'en jouissent qu'autant qu'ils ont été repris par les Romains (3).

2° On n'est censé de retour et par conséquent jouir du *postliminium* que lorsqu'on est rentré sur les frontières romaines, comme on le perd dès qu'on en est sorti.

1. L. 12. Tryphonin lib. 4, disp.
2. L. 10, § 1, Paul, lib. 16, ad Sabin.
3. L. 4, Modestin, lib. 3. Regul.

La manière dont le captif est revenu est indifférente (1), fût-il même revenu après avoir été racheté des ennemis (2). La condition essentielle est que le captif soit revenu dans l'intention de ne plus retourner chez les ennemis. Telle est la clef du dévouement de Regulus. Un prisonnier de guerre affranchi et qui serait rentré chez les siens n'est censé jouir du *postliminium* que dans les cas où il aimerait mieux reprendre sa nationalité que de rester concitoyen de son patron (3).

Examinons si celui-là est citoyen romain qui, ayant été livré par nous aux ennemis, est ensuite revenu sans avoir été réintégré par une mesure spéciale dans la qualité de citoyen. Cette question a été envisagée diversement par Brute et Scevola, et il est conforme au droit de décider qu'il n'acquiert point le droit de cité (4). En voici un exemple : Mancinus, personnage consulaire, avait été livré, en vertu d'un sénatus-consulte, aux habitants de Numance : ils ne voulurent point le recevoir, et à son retour il entra au Sénat. P. Rutilius, tribun du peuple, demande son expulsion, soutenant qu'il n'était point citoyen romain : il l'obtint, car c'était un fait consacré par l'histoire, que celui-là *quem pater suus vendidisset, aut pater patratus dedisset, ci nullum esse postliminium* (5), à moins que, par une loi spéciale, c'est-à-dire un privilége, il n'eût été reçu au nombre des citoyens (6).

3° Le *postliminium* néglige les *facta* ; mais, pour les *jura*, le captif, depuis qu'il est revenu par le droit de *postliminium*, est considéré comme n'ayant jamais été au pouvoir de l'ennemi (7), car les Romains ont comparé le captif à un homme qui dort et ont considéré son sommeil comme ayant duré tout le temps de sa captivité. C'est ce qui fait que les hérédités ou successions qui lui ont été déférées dans le temps de sa captivité sont censées lui avoir été déférées comme s'il fût toujours resté dans la cité romaine. Par la même force du droit de *postliminium*, les enfants qu'un citoyen avait, au temps de sa captivité, sous sa puissance, sont réputés y être toujours restés, et même ce père revenu dans sa patrie est considéré comme ayant eu sous sa puissance ceux de ses

1. L. 26, Florent, lib. 6, instit.
2. L. 20, § 2, Pompone. lib. 36, ad Sabin.
3. L. 5, § 3, Pompone, lib. 37, ad Q. Mucium.
4. L. 4, Modestin, lib. 3. Regul.
5. Cicéron, lib. 1. D. Orat, n° 40.
7. Baudoin, 50, 7. L. des députations in fine.
8. L. 12, § 6, lib. 1, disputat.

enfants qui sont nés dans la cité pendant sa captivité, pourvu qu'ils aient été conçus à son départ, ceux qui sont nés *ex filiis*, c'est-à-dire ses petits-enfants, ceux qui, nés chez les ennemis, sont aussi revenus dans leur patrie. Car les empereurs Sévère et Antonin ont dit dans le rescrit suivant : Si une femme qui a été prise par les ennemis avec son mari a eu de lui un fils en pays étranger et qu'ils soient tous revenus dans leurs foyers, les parents et les enfants sont légitimes, et le fils est sous la puissance du père comme étant revenu en vertu du droit de *postliminium*. Cependant dans le cas où il reviendrait avec sa mère seule, il sera censé bâtard comme s'il était né sans le mari (1).

C'est un des textes par lesquels M. Demangeat prouve que le mariage ne peut pas se former *solo consensu*, qu'il faut encore une certaine réalisation de la volonté des époux de le contracter.

Le *postliminium* restitue ou rend au captif revenu dans sa patrie, non-seulement les droits dont il aurait profité lui-même, mais encore toute sa condition, quelle qu'elle fût. Un déporté ne reviendra jamais que déporté. Parmi les faits que le *postliminium* ne restitue pas, au premier rang est la possession. Mais la prescription des choses que le captif possédait par les personnes soumises à sa puissance ou même de celles qui sont comprises sous la dénomination de pécule, est, suivant Julien, remplie dans le temps légal si les mêmes personnes continuent les possessions. Marcellus soutient qu'il est indifférent que ce fût lui-même qui possédât ou la personne soumise à sa puissance ; c'est l'avis de Julien qu'il faut adopter (2).

En second lieu, le mariage que la captivité a dissous n'est pas rétabli par le *postliminium*, à moins qu'il ne soit réintégré par un nouveau consentement des anciens époux. Enfin l'empereur Antonin, s'adressant aux soldats, dit : « Vous n'êtes aucunement fondés à réclamer, sous le prétexte de *postliminium*, votre paie et les largesses accoutumées, pour le temps pendant lequel vous êtes restés chez l'ennemi (3). » Ces largesses accoutumées étaient des espèces de gratifications en argent que les empereurs faisaient distribuer aux soldats en considération soit d'une victoire remportée, soit de l'adoption de quelqu'un à l'empire ou de l'avénement du prince.

1. L. 25. Marc. lib. 14, instit.
2. L. 12, § 2, Tryphonin. lib. 4, disputat.
1. L. 1, Code 12, 36, de re militari.

§ III. — *Du postliminium passif.*

QUELLES CHOSES NOUS RECOUVRONS EN VERTU DE CE DROIT, QUAND NOUS LES RECOUVRONS ET DES EFFETS DE CETTE FICTION. — 1° Le droit passif de *postliminium* s'applique surtout aux choses du sol : en conséquence, la propriété des territoires dont se sont emparés les ennemis retourne, après l'expulsion de ces derniers, aux anciens propriétaires. Ces fonds de terre ne tombent point dans le domaine public, ni ne deviennent la proie du vainqueur : il n'y a que les territoires qui ont été pris sur les ennemis qui puissent tomber dans le domaine public. On recouvre par le droit passif de *postliminium* les hommes que l'on avait sous sa puissance paternelle ou dominicale; on recouvre même les esclaves transfuges. C'est ce qui fait que Paul, après avoir posé la règle que le droit de *postliminium* n'avait pas lieu pour les transfuges, apporte la restriction suivante : « Mais ce principe n'est applicable qu'aux transfuges de condition libre, soit homme ou femme. » On va loin avec cette fiction juridique : un esclave n'est devenu celui d'un Romain que par le droit de la guerre, et il est revenu dans ses foyers ; ce Romain pourra, lorsqu'il est pris une seconde fois, le recouvrer en vertu du droit de *postliminium*.

Ce droit s'étend aux navires construits dans de grandes dimensions, ainsi qu'à ceux de transport pour l'usage de la guerre, mais non pas à ceux des pêcheurs ni aux vaisseaux destinés à des parties de plaisir (2). Il s'étend aux chevaux habitués au frein, aux vêtements ; il ne s'étend pas aux armes qu'on est toujours censé avoir honteusement perdues, même lorsqu'on est poëte et qu'on a pour soi l'exemple d'Archiloque, d'Anacréon et d'Alcée.

> Tecum Philippos et celerem fugam
> Sensi, *relicta non bene parmula,*
> Quum fracta virtus et minaces
> Turpe solum tetigero mento (1).

Un citoyen recouvrait aussi, par le droit de *postliminium* passif, les choses qui n'étaient pas soumises à sa puissance, mais qui l'auraient été si elles ne fussent point tombées au pouvoir de l'ennemi.

---

1. L. 19, § 4, Paul, lib. 16, ad Sabin.
2. Horace, liv. 2, ode V.

De même que les choses prises par les ennemis, si elles ont été repoussées, rentrent dans le domaine de leurs anciens maîtres ; de même aussi les *esclaves de la peine* pris par les ennemis seront rattachés à la peine qu'ils doivent subir.

2° Les choses ne sont recouvrées par le droit de *postliminium* passif que lorsqu'elles sont rentrées sous la puissance de leur ancien maître ou du moins dans les mains de celui qui est tenu de les restituer et de les remettre. Lorsque l'esclave d'un citoyen de Rome pris par les ennemis s'est enfui de chez eux et qu'il se trouve être à Rome sans être cependant sous la puissance de son maître ni au service de personne, il y a tout lieu de croire qu'il n'est point encore revenu par le droit de *postliminium* (1).

3° Par le droit de *postliminium* passif, les choses sont recouvrées avec les droits dont elles étaient affectées lorsqu'elles ont été prises. Si un champ a été envahi, ou un esclave pris par les ennemis, l'usufruit, en vertu du *postliminium*, sera rétabli, lorsque le champ aura cessé d'être occupé par eux et que l'esclave se sera échappé de leurs mains (2).

Si l'esclave *statu liber* (3) et qui était aussi transfuge est revenu, il devient réellement libre si la condition mise à sa liberté arrive après qu'il est de retour. Mais il n'en est pas de même si la condition a eu lieu tandis qu'il était chez des ennemis : en effet, dans ce dernier cas, il ne peut pas revenir pour lui-même, c'est-à-dire afin d'être libre ; d'un autre côté l'héritier n'a pas sur lui le droit de *postliminium*, et il n'a pas même lieu de se plaindre, ne souffrant aucun dommage puisque l'esclave eût obtenu sa liberté si la condition ou son état de transfuge n'y avait mis obstacle (4).

1. L. 30, Labéon, lib. 8, Pithanon a Paulo epitomator.
2. L. 20, ff. 7, 4. Quibus modis ususfructus amittitur. Paul, lib. 1, ad Nerat.
3. L'affranchissement *testamento* diffère de l'affranchissement *vindicta* et de l'affranchissement *censu* en ce qu'il peut être fait sous condition, c'est-à-dire seulement pour le cas où tel événement arriverait. Si au moment où la succession du testateur passe à l'héritier la condition est encore *in pendenti*, non accomplie et non défaillie, l'héritier devient provisoirement le maître de l'esclave ainsi affranchi : mais son droit s'évanouira immédiatement si la condition se réalise. L'esclave dans cette condition est appelé *statu liber*. (Frag. d'Ulp. II, ff. 1, 2, 3.)
4. L. 19, § 6, Paul, lib. 10, ad. Sabin.

CHAPITRE III.

FICTION DE LA LOI CORNÉLIA.

Celui qui n'est point retourné de chez les ennemis est censé être décédé chez les ennemis au moment où il est devenu leur prisonnier.

§ 1. — *Effet quant aux testaments et aux successions.*

Celui qui est mort chez les ennemis étant mort esclave ne devait pas laisser de succession ; mais, en vertu de cette fiction, il aura pour héritiers ceux qu'il aurait eus s'il fût mort lorsqu'il a été pris, qu'ils fussent alors dans la cité ou chez les ennemis d'où ils sont revenus par la suite.

Un père qui avait institué héritier son fils impubère à qui il avait donné un substitué, ayant été pris par les ennemis, mourut dans sa captivité. Suivant quelques-uns, l'héritier légitime devait être admis, et la substitution énoncée dans le second testament ne pouvait avoir lieu dans la personne de celui qui du vivant de son père était sorti de la puissance paternelle. Mais le père qui n'est pas revenu étant, en vertu de la loi Cornélia, supposé être mort au moment de sa captivité, il s'ensuit que celui à qui on a substitué était sous sa puissance au moment où il a cessé d'être citoyen , et par conséquent la substitution a force et effet (1).

Quid au contraire si le fils impubère à qui son père a donné un héritier est fait prisonnier après la mort de son père ? Il y a raison de douter parce que la loi Cornélia est censée avoir été introduite, pour confirmer le testament de ceux qui ont le droit d'en faire un, et que par conséquent elle ne s'étend pas à l'impubère qui n'a point la faculté de faire un testament. Cependant Papinien n'hésite pas à se prononcer dans le sens que nous adoptons. La loi Cornélia, dit-il, ne doit pas être restreinte aux seules personnes qui ont l'action de testament; puisqu'elle confirme l'hérédité légitime de l'impubère né chez les ennemis , quoiqu'il n'ait pas le droit de faire un testament, pourquoi donc ne confirmerait-elle pas également la substitution pupillaire ?

1. L. 10. Pap., lib. 29. Quæst.

Quel est le but de la loi Cornélia ? C'est que les biens de ceux qui sont tombés entre les mains de l'ennemi et qui sont morts en captivité, soit qu'ils aient ou n'aient point la faction de testament, appartiennent à ceux à qui ils auraient appartenu si les premiers n'eussent point été réduits sous la puissance des ennemis. La loi Cornélia veut qu'en présence du même fait on observe le même droit qui aurait eu lieu si ceux sur les successions et tutelles desquels il était déjà statué ne fussent point tombés au pouvoir des ennemis (1).

Nous allons éclairer les règles par quelques exemples. Si quelqu'un est tombé au pouvoir des ennemis laissant une femme enceinte (et ayant passé sous silence le posthume qui devait naître d'elle), s'il est mort en captivité après qu'il lui est né un fils, lequel est ensuite décédé, son testament est nul parce qu'en pareil cas les testaments de ceux qui sont restés dans leur patrie sont rompus (2). Un fils de famille militaire est mort en captivité (c'est le cas prévu par la loi Cornélia) ; mais de plus il avait un père auparavant décédé dans la cité laissant un petit-fils issu de ce même fils, le testament du père sera-t-il également rompu (3)? Je réponds non, parce que le fils est censé être décédé dès l'instant qu'il a été pris (4).

§ II. — *Droit d'acquérir par ceux qui étaient sous la puissance de la personne captive.*

1° Esclaves. — Tout ce que celui qui a été pris par les ennemis aurait eu s'il fût revenu par le *postliminium* appartient à son héritier. Or, tout ce que les esclaves des captifs stipulent ou reçoivent est censé être acquis à leurs maîtres lorsque ceux-ci sont revenus avec le droit de *postliminium* : donc toutes ces acquisitions appartiendront à celui qui aura accepté la succession en vertu de la loi Cornélia ; s'il ne se présente aucun héritier, d'après cette loi les biens seront dévolus au fisc. Les legs faits à leurs esclaves appartiendront aussi aux héritiers de ceux qui ont été faits prisonniers, de même, si l'esclave de la personne captive est institué héritier par un étranger, il pourra, sur l'ordre de l'héritier de cette personne

1. L. 22, Jul., lib. 62, Dig.
2. L. 22, § 4, Jul., lib. 62. Digest.
3. L. 39, D. 29, 1. De testam. millit. P. lib. 9. Quæst.
4. L. 22, Jul., lib. 62. Digest.

captive accepter la succession qui lui est déférée (1). Il résulte de ce qui précède que « toutes les choses que les esclaves des captifs possèdent à titre de pécule sont en suspens : car si les maîtres reviennent avec le droit de *postliminium*, ces acquisitions sont censées faites pour eux, et, s'ils meurent en captivité, elles appartiendront à leurs héritiers en vertu de la loi Cornélia (2).

2° **Fils de famille.** — Si le fils de celui qui est au pouvoir des ennemis reçoit et stipule quelque chose, la chose reçue ou stipulée est censée lui être acquise à lui-même dans le cas où son père serait mort sans être revenu avec le droit de *postliminium*; si le fils est décédé le premier, elle appartiendra aux héritiers du père, car l'état des individus dont les pères sont en la puissance des ennemis est en suspens. En effet, dès que ceux-ci sont de retour, les fils sont censés n'avoir jamais été maîtres de leurs droits; et lorsqu'ils sont décédés captifs, ces fils sont réputés avoir été pères de famille dès l'instant que leurs pères sont tombés au pouvoir des ennemis (3).

La question était encore débattue du temps de Gaius. *Si illic mortuus sit, erunt quidem liberi sui juris ; sed utrum ex hoc tempore quo mortuus est apud hostes parens, an ex illo quo ab hostibus captus est, dubitari potest* (4). Au premier abord, on peut s'étonner que la question soit déclarée douteuse par Gaius et que Justinien prenne la peine de la trancher : en effet lors même qu'on n'étendrait pas à notre hypothèse la fiction de la loi Cornélia, l'enfant ne serait pas moins devenu *sui juris* du jour de la captivité de son père, la puissance paternelle ne pouvant pas appartenir à un *servus*. Voici probablement comment la question pourrait se présenter : l'enfant, pendant que son père est vivant chez l'ennemi, fait un acte qu'on ne peut faire qu'autant qu'on est *sui juris*, par exemple il affranchit un esclave qui lui a été donné ou légué : dirons-nous que l'affranchissement est nul quoi qu'il arrive, qu'il est nul *propter spem postliminii*, à cause de l'incertitude qui a existé dès le principe au sujet de sa validité, ou bien au contraire dirons-nous qu'il se trouve valable, si le père meurt sans avoir recouvré la liberté ?

Relativement aux choses que les fils acquièrent dans l'intervalle,

1. D. l. 22, § 1.
2. D. l. 22, § 3.
3. L. 62, § 2, Jul., lib. 22, Dig.
4. Comment. 1, § 120.

soit par stipulation, tradition ou par legs, on agite la question de savoir si dans le cas, par exemple, où quelques-uns d'eux ont été institués en partie ou pour le tout par leur père avant sa captivité et d'autresont été déshérités, ces choses, en vertu de la loi Cornélia, font partie de la succession de leur père, ou si elles leur appartiennent en propre. Tryphoninus est d'avis qu'elles leur appartiennent en propre. La solution serait différente à l'égard des choses qui sont acquises par les esclaves du père de famille prisonnier ; cette distinction est fondée juridiquement, parce que, en effet, cesesclaves, étant dans ses biens, continuent d'en faire partie ; mais les enfants étant maîtres de leurs droits, ils sont censés acquérir par eux-mêmes (1).

CHAPITRE III.

DU RACHAT DES CAPTIFS (2).

§ 1. — *Quel droit appartient au rédempteur.*

1° Sur les hommeslibres. — Lescaptifs qu'on a rachetés sont censés être plutôt en état de gage qu'en servitude jusqu'à ce qu'ils aient remboursé leur rançon. C'est pourquoi, s'il leur a été fait don des deniers avec lesquels a été payé leur prix de rachat, il est manifeste qu'ils ont été rétablis dans leur ancien état ou condition (3). Autre corollaire du principe : Un homme libre, Titius, a été pris par les ennemis de qui Sabinus l'a racheté ; et il est prouvé qu'il lui a fait remise du droit de gage qu'il avait sur lui, à raison du payement de sa rançon. Titius n'est point pour cela devenu affranchi, mais il est rétabli dans son ingénuité que lui avait fait perdre la captivité, et il n'est obligé envers les enfants de Sabinus à aucun des devoirs dont sont tenus les affranchis envers leurs patrons (4). C'est encore une autre conséquence de la règle ci-dessus que, pendant la durée du gage de celui qui a fait le rachat, l'individu racheté ne doit pas être traité comme esclave ni prostitué.

1. L. 12, § 1, Tryphonin., lib. 4, Disput.
2. D. L. 49, tit. 15, sect. II.
3. L. 2, Cod. 8, 51, de postlim. Gordien.
4. L. 11, Cod. eod. tit.

2° Sur les esclaves. —L'esclave prisonnier et racheté des ennemis devient l'esclave de celui qui en fait le rachat quand même ce dernier saurait que l'esclave a appartenu à un autre qu'au vendeur. Mais si on lui offre le prix qu'il en a donné, l'esclave sera alors censé être revenu en vertu du *postliminium* (1).

Si l'esclave avait plusieurs maîtres et que le prix de sa rançon ait été restitué au nom de tous à celui qui l'a racheté, il redeviendra commun à tous. Ce prix n'a-t-il été rendu qu'au nom d'un seul ou de quelques-uns, l'esclave appartiendra à celui ou à ceux qui auront payé ; en sorte que ces derniers conserveront leur ancien droit au *prorata* de leur contribution au payement et succéderont pour la part des autres àcelui qui a racheté l'esclave : en conséquence, ils seront de plus tenus de restituer cette part aux autres qui leur offriront le prix de la rançon.

Sur cette matière deux questions valent la peine d'être examinées : si quelqu'un a racheté un esclave ne sachant pas qu'il était captif, mais croyant qu'il appartenait au vendeur, cherchons s'il ne pourra pas en prescrire la propriété, en sorte que le premier maître de cet esclave n'aura pas la faculté d'en offrir le prix après le temps prescrit par la loi. Le doute est permis, l'esclave racheté devient, en vertu de je ne sais plus quelle constitution impériale, la propriété de celui qui a payé la rançon ; or je ne suis pas censé avoir pu prescrire ce qui m'appartient, car ce qui m'appartient ne peut pas devenir davantage ma propriété. Nonobstant, on décide que si je ne puis prescrire ce qui m'appartient déjà d'une manière parfaite, ce qui m'appartient imparfaitement peut devenir ma propriété plus parfaitement et plus complétement, de manière qu'on ne puisse plus me l'ôter (2).

Dans cette espèce il peut se présenter une seconde difficulté. Cesserai-je seulement d'être le maître de l'esclave si je l'affranchis, l'esclave que j'ai ainsi en quelque sorte abandonné à lui-même retournera-t-il sous la puissance de son premier maître, ou bien par cet affranchissement le rends-je libre de manière que la concession que j'ai faite de la liberté ne soit pas un simple changement de maître ? Voici la décision de Tryphoninus, à laquelle je me range. Celui qui a racheté l'esclave pouvant préjudicier à la propriété qu'en avait son ancien maître, en vendant cet esclave à l'acquéreur

1. L. 12, § 7, Tryphonin, lib. 4, Disp.
2. D. L. 12, § 8.

de bonne foi qui le prescrira en vertu de la loi précédente, pourquoi n'en serait-il pas de même lorsqu'il l'affranchit (1)?

3° Il reste à la chose rachetée tous les vices et toutes les qualités juridiques qu'elle avait avant qu'elle ne fût tombée entre les mains de l'ennemi : par exemple le gage auquel elle était affectée avant qu'elle ne fût prise. Pareillement à la chose rachetée sera indélébile le vice résultant de ce qu'elle est furtive ou volée, si avant qu'elle fût tombée entre les mains des ennemis elle avait été soustraite à son propriétaire. Un esclave, avant qu'il ne fût pris par ses ennemis, n'était que conditionnellement libre; cette même cause suspensive de sa liberté le suivra lorsqu'il sera racheté jusqu'à l'événement de sa condition (2). La condition quelconque mise à la liberté de l'esclave étant arrivée, si la liberté *fidéicommissaire* est alors due à cet esclave captif, il ne pourra, lorsqu'il sera racheté, la demander qu'après avoir payé sa rançon à celui qui l'a racheté (3).

4° Le droit de celui qui a fait le rachat ne sort point de la personne ou de la chose rachetée, il s'exerce exclusivement sur elle et non par exemple sur ses enfants nés après le rachat. Un rescrit de Dioclétien et de Maximien dönnait en ce sens des ordres aux gouverneurs de province (4).

§ II. — *Conditions que doit remplir le rédempteur pour acquérir ce droit et comment il le perd.*

1° Le droit dont nous parlons n'appartient qu'à ceux qui ont racheté à prix d'argent le captif ou les choses prises. Le droit de gage n'appartient pas cependant au rédempteur, s'il est présumé l'être devenu par devoir ou un sentiment d'affection ou de tendresse. Un fils a été racheté par sa mère: il n'est point dispensé des charges publiques comme n'étant point libre et étant tenu de servir sa mère qui l'a racheté jusqu'à ce qu'il acquitte sa rançon; il est même faux qu'il soit obligé de servir jusqu'à cette époque: car c'est pour remplir un devoir d'affection maternelle, et non dans l'intention de répéter le prix de la rançon, que la mère est censée l'avoir racheté (5).

1. D. L. 12, § 0.
2. D. L. 12, § 0.
3. D. L. 12, § 14.
4. L. 8, Cod. 8, 51, de postlim.
5. L. 17, Cod. 8, 51, de postlim.

2° Le droit qu'a celui qui a fait le rachat s'éteint par la restitution du prix du rachat ou de la rançon que même il est forcé d'accepter. Si celui qui a acheté des ennemis un captif a cédé à un autre pour un prix plus cher le droit de gage sur celui qu'il a racheté, ce captif racheté doit rendre non pas ce prix, mais le premier ; et le cessionnaire a l'action *ex empto* contre le vendeur (1).

Le droit de gage s'éteint par la remise du prix de rachat. Cette remise se présume, par exemple, du mariage qui a eu lieu entre celui qui a fait le rachat et la personne rachetée. Je tire cette conclusion du passage suivant d'Ulpien : Si un individu ayant racheté des ennemis une femme ingénue l'a retenue chez lui dans le dessein d'en avoir des enfants et que dans là suite il ait affranchi avec la mère l'enfant né de lui sous le titre de fils naturel, l'ignorance qu'il a de sa qualité de mari et de père ne peut pas nuire à l'état de ceux qu'il a paru affranchir (2).

Le père eût-il repris cette ingénue sur l'ennemi par un trait de courage sans avoir payé à personne sa rançon, il faudrait dans la même hypothèse décider, immédiatement après son retour, qu'elle est non pas avec son maître, mais avec son mari (3).

Le droit de gage s'éteint par la mort ou la perte de la chose rachetée.

D'après une Constitution de Théodose et de Valentinien le gage s'éteint par cinq années de services rendus par le captif à celui qui a payé la rançon (4).

§ III. — *Donation faite pour racheter les captifs dispensée de la formalité de l'insinuation.*

Des Constitutions impériales, dont la première paraît remonter à Constance Chlore, prescrivaient que la donation entre vifs fût insinuée, c'est-à-dire mentionnée dans les registres tenus par le juge. De 428 à 531 on ne l'exigea que pour celles qui passaient 200 solides. Justinien fixa la limite à 500. Par exception, certaines libéralités sont dispensées des formalités de l'insinuation, à quelque valeur

1. L. 19, § 9, Paul, lib. 16, ad Sabin.
2. L. 21, Ulp., lib. 3, opin.
3. D. 121, v. quod si.
4. L. 20, Cod. 8, 51. De captivis et postlim.

qu'elles puissent monter. Telles sont les donations faites à l'empereur ou par l'empereur en vue de la reconstruction d'une maison écroulée ou incendiée, *dotis constituendæ causa*, enfin celle qui est l'objet du présent paragraphe, la donation faite pour racheter les captifs.

CHAPITRE V.

ACQUISITION PAR LA GUERRE.

Item ea quæ ex hostibus capimus jure gentium statim nostra fiunt : adeo quidem ut et liberi homines in servitutem nostram deducantur. Qui tamen, si evaserint nostram potestatem, et ad suos reversi fuerint, pristinum statum recipiunt (1). Nous voyons le même principe consacré dans Gaius en ces termes : *Ea quoque quæ ex hostibus capiuntur naturali ratione nostra fiunt* (2), dans Celse qui ajoute une nouvelle circonstance, savoir que les objets pris sur l'ennemi ne deviennent pas publics (3) ; enfin dans Paul qui les assimile aux autres choses *nullius : item bello capta et insula in mari enata et gemmæ, lapilli... ejus fiunt qui primus eorum possessionem nactus est* (4).

Cependant nous trouvons ailleurs des lois qui paraissent contraires. Le champ pris sur l'ennemi devient public, dit Pomponius (5).[Nous pourrions citer encore plusieurs autres fragments relatifs aux terres conquises. Du reste, l'histoire nous apprend d'une manière générale que ces terres devenaient publiques.

La distribution, l'emploi, la gestion de l'*ager publicus* se fait au nom de la République : soit que le territoire conquis se vende par lot à l'encan, ou qu'il soit gratuitement distribué, assigné par lot à la plèbe et plus tard exclusivement *aux soldats* (6), aux vétérans conduits en colonie—ces deux dispositions en attribuaient à l'acquéreur la propriété romaine et faisaient passer la terre dans l'*ager privatus* participant aux droits civils romains ;—soit qu'il reste ouvert à qui voudra parmi les citoyens l'occuper, le défricher, le cultiver,

1. Inst., liv. II, tit. 1. De divisione rerum 17.
2. Gaius, § 69.
3. D. 41. L. 51, § 51. F. Celse.
4. D. 41. L. 2, § 1. F. Paul.
5. D. 49, 15. L. 20, § 1. F. Pompon.
6. Paul, en parlant des terres prises sur les Germains, dit : has possessiones ex præcepto principali, partim distractas, partim veteranis in præmia adsignatas. D. 21, 2. D. XI.

moyennant une redevance et quelquefois gratuitement ; soit enfin qu'il se trouve donné à ferme, à emphytéose et même abandonné en possession indéfinie et de tolérance, ou envahi par les familles patriciennes et puissantes qui s'en attribuent des parties considérables et en jouissent héréditairement sans payer aucun droit. D'où la distinction des champs : en *agri quæstorii* pour le premier cas ; *assignati* pour le deuxième ; *occupatorii* (1) (ou *arcifinales* par opposition à *limitati* qui comprend les deux premiers cas), pour le troisième ; *vectigales* pour celui où une redevance était due au trésor public et en général *subcesivi* (2), pour ceux qui restaient dans le domaine public après la distribution du territoire conquis. Les dissensions dont l'histoire romaine est remplie sur le partage, la gestion ou la possession des terres, sur les envahissements héréditaires qu'en font les patriciens, sur les lois agraires, sur celles des Gracques, sur celles qui ont succédé, se rapportent à l'*ager publicus*.

La conciliation de ces lois ne serait pas difficile, et il suffirait de dire que les objets mobiliers pris à la guerre sont au premier occupant, que les immeubles sont à l'État : telle est en effet l'opinion qu'émettent plusieurs commentateurs. Mais d'autres textes, quelques faits d'histoire paraissent attribuer à l'État tous les meubles et tous les immeubles. *Divus Commodus rescripsit obsidum bona, sicut captivorum, omni modo in fiscum esse cogenda* (3). Une autre loi présente comme coupable de *péculat*, c'est-à-dire de vol sur les biens publics, celui qui dérobe le butin : *is qui prædam ab hostibus captam subripuit lege peculatus tenetur* (4).

Pour concilier toutes ces idées, on peut dire qu'en général les ennemis et les objets mobiliers conquis sur eux étaient au premier occupant lorsqu'il s'agissait d'une occupation individuelle ; mais que cette règle était modifiée par la discipline de l'armée pour le butin fait en commun. Dans ce cas, au moment de l'expédition, nous dit Polybe, on faisait jurer aux soldats de ne rien détourner du butin. Une partie courait au pillage, tandis que l'autre restait prête à donner du secours : c'est ainsi que cet auteur, après le sac de Carthagène, nous montre Scipion faisant distribuer aux légions le butin qu'on venait de faire, mais gardant pour l'État les deniers

1. Siculus Flaccus unde agrariæ scriptores.
2. Isidore de Séville. Origines 15. 13.
3. D. 49, 11. L. 31, frag. Marc.
4. D. 48, 13. L. 13, frag. Modestin.

publics trouvés dans la ville et les prisonniers qu'il mit, comme captifs du peuple romain, à la garde de ses navires (1).

En résumé, à l'égard des meubles, tantôt le butin mis en commun était partagé et une partie attribuée à l'État et aux généraux, tantôt, comme dans un engagement particulier, il était personnellement acquis à celui qui l'avait fait. A l'égard des immeubles, ils devenaient publics : le sol était au peuple ou à César.

A propos de l'occupation *bellica* on examine souvent la question de savoir si elle produit le *dominium ex jure quiritium* ou si elle met seulement les choses *in bonis*. Il est certain qu'elle produit le *dominium*, comme l'occupation naturelle. Ni l'ennemi, ni la nature ne sauraient conserver le *dominium ex jure quiritium*, dont ils sont exclus forcément : donc la pleine et civile propriété passe au citoyen romain (2).

CHAPITRE VI.

RES SANCTÆ.

Les choses sont *in nostro patrimonio* ou *extra nostrum patrimonium*. Celles-ci, d'après Justinien, se divisent en quatre classes : *res communes*, *res publicæ*, *res universitatis*, *res nullius*. Cette dernière expression se prend en différents sens : tantôt elle désigne une chose qui, étant *in usu communi* ou *in usu publico*, ne peut appartenir à personne, tantôt une chose qui actuellement n'appartient à personne, mais qui néanmoins peut être l'objet d'un droit de propriété, tantôt enfin une chose *divini juris* par opposition aux choses *humani juris*. C'est cette acception qu'adopte Justinien dans le § 7 du titre premier du livre II des Institutes, qui traite de la division des choses, quand il dit : *Nullius sunt res sacræ et religiosæ et sanctæ.*

Le verbe *sancire* (sanctionner) signifie confirmer une chose, la garantir par des peines contre toute atteinte : on nomme *sanctio* (sanction) cette garantie, et *sanctum* (saint, sanctionné) ce qui est ainsi garanti. *Sanctum est quod ab injuria hominum defensum atque munitum est* (3).

1. Polybe, lib., 20.
2. Pellat. Traité de la propriété.
3. D. L. 8, 8, Marc.

Ainsi par choses saintes on entend en droit romain celles qui ne sont ni sacrées ni profanes, mais qui sont protégées par une sanction pénale (*quæ neque profana sunt, sed sanctione quædam sunt confirmata* (1). Ces choses ne sont précisément pas de droit divin ; mais on les considère comme telles parce qu'elles sont retirées du commerce des hommes et entourées d'une sorte de vénération légale : voilà pourquoi les Instututes de Justinien, répétant en cela ceux de Gaius, disent : *Quodam modo divini sunt*(2). Parmi les choses ou les personnes saintes, se trouvent les lois dont la violation est punie par certaines peines (3) ; les ambassadeurs que chacun doit respecter, sous peine d'être livré comme esclave au peuple qu'ils représentent (4) ; les murs et les circonvallations qui sont protégés par la peine de mort contre celui qui y porterait atteinte, qui les franchirait, qui y adosserait des échelles (5) ; enfin les portes, bien que Plutarque prétende qu'elle n'étaient pas saintes.

« *Cur murum omnen inviolatum et sanctum existimant, portas non*
« *existimant ? An, sicut scripsit Varro, ducendus murus sanctus est ut*
« *eum defendant impigre, animamque pro eo profundant. Sic enim*
« *Romulum apparet fratrem, quod locum inviolatum et sacrum transi-*
« *lire cœpisset efficereque superabilem et profanum, interemisse. At*
« *portæ fieri non potest ut consecrentur : quibus cum multa alia neces-*
« *saria tum mortuos efficerunt. Hinc qui primum urbem condunt quan-*
« *tum loci inædificare statuerunt circumdant aratra junctis bove mare et*
« *femina. Postquam muros defenserunt quando portarum spatia de-*
« *metiuntur vomer subducunt, atque ita aratrum trajiciunt* » (6).

Un interdit du préteur défendait en général qu'on fît rien de nuisible à un lieu saint (7).

Une particularité digne d'être remarquée, c'est que les choses de droit divin tombaient-elles au pouvoir de l'ennemi, aussitôt elles perdaient pour les Romains leur caractère sacré, religieux ou saint ; elles ne recouvraient ce caractère que par une espèce de *postlimi-nium*, si elles étaient reprises à l'ennemi (8).

1. Frag. Ulp. D. 1, 8, 0, § 3.
2. G. 2, 8.
3. D. 1, 8, 0, § 3. Frag. Ulp.
4. D. 50, 7, 17. Frag. Pompon.
5. D. 1, 8, 11. Frag. Pompon., 49, 16, 3, § 17. Frag. Modestin.
6. Plutarque, κεφαλαιω καταγραφη Ρωμαικα, pag. 103, § ϛ ζ, trad. Xylander.
7. D. 43, 0, 2, frag. Hermog.
8. D. 11, 7, 30· Frag. Pompon.

DEUXIÈME PARTIE.

DROIT FRANÇAIS [1]

> Enfin les militaires invités, assujettis, même au milieu des armées, à des peines civiles, seront rappelés à cette idée, dont il est essentiel qu'ils se pénètrent : que la profession des armes, sans contredit la plus brillante de toutes, n'est pas l'état naturel de l'homme et du citoyen ; que la société, les droits individuels et la propriété se conservent habituellement par des voies de formes et des professions plus douces ; que la guerre est un remède violent, un état de crise ; qu'on est soldat par accident, qu'on est continuellement citoyen, et, à ce titre, toujours soumis aux lois, toujours protégé par elles.
>
> *(Rapport fait par le tribun SIMÉON devant le Tribunal, au nom de la section de législation, sur la loi relative aux actes de l'état civil, le 17 ventôse an XI).*

1. On s'étonnera peut-être de ne pas voir du droit *coutumier* et *féodal*, avant l'épigraphe suivante : nous avons suppléé à l'absence d'un chapitre spécial par plusieurs historiques au début de chapitres subséquents. (Voir testament militaire, Code Pénal militaire, etc.)

AVANT-PROPOS.

—

La Constituante avait écrit dans la Constitution de 1791 : Il sera fait un Code de lois civiles *communes* à tout le royaume.

La Convention décréta qu'il serait fait un Code de lois civiles et criminelles *uniformes* pour toute la France.

Cambacérès présenta, par trois fois, à la grande assemblée et au Directoire un projet qui ne parut pas devoir atteindre ce but aux terribles législateurs. Jacqueminot ne fut pas plus heureux. Napoléon s'est enfin flatté de résoudre ce problème. On sait cependant que ce ne fut qu'un compromis entre la jurisprudence de l'ancien régime et les proclamations révolutionnaires. Aussi les principes de l'égalité des citoyens devant la loi et de l'abolition des ordres n'ont-ils été admis qu'avec un certain tempérament.

La France a aujourd'hui quatre législations privées : une pour les commerçants, une pour les ecclésiastiques, une pour les militaires, une pour les autres citoyens.

Je n'énumère que les principales. La première est plutôt un progrès qu'une aggravation au droit commun. L'esprit du siècle fait un assez fort contre-poids aux envahissements de la seconde. C'est de la troisième que nous allons nous entretenir ici.

LIVRE PREMIER.

ORGANISATION MILITAIRE.

CHAPITRE PREMIER.

HISTORIQUE.

> Noble chevalier, autrefois ta bannière
> De l'Orient pour nous rapporta la lumière.
> . . . .
> Mais dans leurs jeux, parfois, les preux moins innocents
> Ont, la lance en arrêt, détroussé les passants,
> Ont levé sur l'hymen des dîmes peu morales,
> Et, possesseurs armés de leurs jeunes vassales,
> Opposant aux maris un rempart crénelé,
> Ont fait plus d'orphelins qu'ils n'en ont consolé.
> (C. DELAVIGNE, *Epître à Lamartine*).

§ Iᵉʳ. — *Les Mérovingiens.*

Les Francs combattaient à pied avec l'épée, le javelot, la fran
cisque ou hache à double tranchant. Le roi commandait l'armée,
il était le premier soldat de la nation. Après les victoires, les dépouilles se partageaient également entre tous; il n'y avait pas
d'autre solde, et c'est pour cette raison que les guerres de ce temps-
là étaient toujours accompagnées du pillage des terres ennemies.
La guerre terminée, chacun rentrait dans ses foyers, car on ne
connaissait pas de troupes réglées; mais dans l'occasion tout le
monde était soldat et chacun marchait à la suite du capitaine du
canton ou de la province.

§ II. — *Les Carlovingiens.*

L'art de la guerre fit quelques progrès sous la seconde race;
l'usage des casques et de la cuirasse, de l'arc et des flèches, presque
inconnu sous la première, devint une loi militaire. Les armées, qui
jusqu'alors n'avaient été composées que d'infanterie, eurent de la
cavalerie. C'est peut-être là, du moins en partie, l'origine de la

chevalerie, qui commence à paraître à cette époque. Les Français des deux premières races avaient retenu des Germains l'usage d'aller au combat en chantant les exploits des guerriers célèbres de la nation, et l'on voit par divers monuments que dans le quatorzième siècle nos armées n'avaient pas encore oublié la chanson du fameux Roland tué à Roncevaux.

§ III. — *Les Capétiens.*

La chevalerie remonte à une époque très-ancienne. On en trouve quelques traces dès le temps de Charlemagne ; mais elle ne devint florissante que sous le gouvernement féodal et particulièrement au siècle des croisades. On ne parvenait au titre de chevalier qu'après de longues épreuves. Un enfant qu'on voulait engager dans cette milice honorable entrait dès l'âge de sept ans dans la maison de quelque illustre chevalier pour le servir en qualité de page, damoiseau ou valet. A 14 ans le candidat montait au rang d'écuyer. Les principaux emplois des écuyers étaient d'habiller et de déshabiller leur maître, de porter leur armure, de veiller à sa conservation dans les combats, etc. On n'était en général reçu chevalier qu'à vingt-un ans au moins. Après les jeûnes, les veilles dans une église et plusieurs autres pratiques de dévotion, venait la grande cérémonie de l'accolade qui consistait en un soufflet ou en trois coups de plat d'épée qu'on donnait au candidat en lui disant : « De par Dieu, Notre-Dame et Monseigneur saint Denis, je te fais chevalier ». Le nouveau reçu jurait de sacrifier ses biens et sa vie pour la religion, pour le salut de l'État, pour la défense des veuves, des orphelins et généralement de tous les malheureux. Les chevaliers jouissaient de la plus haute considération, leurs femmes seules portaient le titre de dames, toutes les autres n'avaient que celui de demoiselles. Passionnés pour les aventures extraordinaires, ils ne respiraient que la gloire ; mais l'histoire ne nous permet pas de douter qu'ils n'aient été très-souvent aussi licencieux dans leurs amours que terribles en fait d'armes. Les armes défensives du chevalier étaient le heaume ou casque, l'écu ou bouclier, le haubert ou cotte de mailles, la cuirasse, les brassards, les gantelets, les cuissards. Il n'était pas facile de percer un guerrier couvert de toutes ces pièces ; mais s'il venait à être renversé de cheval, il lui était presque impossible de se relever, et souvent il demeurait à la merci de son ennemi. Ses armes offensives étaient l'épée, le sabre, la lance, la hache et la masse : cette dernière arme consistait en un bâton de 4 pieds ; à chaque bout tenait une chaîne assez courte, mais très forte, d'où pendait un boulet de 3 ou 4 livres, pesant quelquefois de 10 ou 12, selon la force du bras qui devait manier cette arme terrible. L'infanterie, alors peu estimée, combattait avec l'arc, la fronde et le javelot. On employait dans les siéges le pierrier et le mangonneau pour nettoyer les remparts ; les galeries, pour saper les murailles ; les tours de bois mouvantes, pour ôter aux assiégés l'avantage du poste. L'art de la guerre ne s'étendait pas plus loin. La plupart des généraux ignoraient la science des campements, celle des approvisionnements, celle de la guerre défensive. Se jeter dans la mêlée, se battre à outrance, assommer ou pourfendre l'ennemi qu'ils avaient en tête, voilà en quoi consistait tout leur talent militaire. En lisant l'histoire des preux chevaliers de cette époque, on croit voir encore les héros chantés par Homère et par Virgile.

Les titres de connétable, de maréchal, ne furent mis en usage ou du moins en honneur que sous les rois de la troisième race. Le connétable, borné dans son origine à l'inspection des écuries du palais, s'éleva insensiblement vers le XII⁰ siècle, et obtint de Philippe-Auguste la prééminence, qu'il conserva depuis, sur toutes les dignités militaires. C'est à ce prince que la charge de maréchal de France doit son illustration. Il n'y eut d'abord qu'un seul maréchal, encore n'exerçait-il qu'une commission temporaire. On en vit deux sous saint Louis ; François Iᵉʳ en ajouta un troisième, et dès lors ils étaient à vie. Après ce prince, le nombre s'en augmenta peu à peu jusque sous Louis XIII où il devint illimité. A cette époque la suppression du titre de connétable fit passer les maréchaux du second rang au premier.

La guerre ne se déclarait pas autrefois, comme aujourd'hui, par des manifestes ou par le rappel des ambassadeurs. On confiait cette fonction honorable, mais quelquefois périlleuse, à des hommes publics nommés hérauts d'armes, dont la personne était sacrée. Ils se présentaient à la cour du prince ennemi, articulant en sa présence les sujets de plainte formée contre lui ; et sur le refus d'y satisfaire, ils lui portaient un défi solennel au nom de leur souverain ; cet acte authentique était le signal des hostilités. L'Église fit, vers le milieu du XIᵉ siècle, un règlement propre à caractériser les désordres du gouvernement féodal, mais en même temps bien honorable pour la religion. Les seigneurs, comme nous l'avons remarqué plus d'une fois, s'étaient mis en possession de venger leurs injures et de poursuivre leurs droits à main armée ; on ne voyait, dans toutes les provinces, que violences, que meurtres, que brigandage, triste fruit de mille petites guerres sans cesse renaissantes. Les vassaux se trouvaient obligés d'entrer dans les querelles de leurs seigneurs. Personne ne pouvait compter sur un jour de vie, et le citoyen le plus pacifique, au moment où il s'y attendait le moins, risquait d'être pillé, blessé, massacré. On chercha longtemps un remède à ce mal qui dévorait les entrailles de l'Etat. Enfin les Conciles, ne pouvant rien obtenir de plus, statuèrent que durant *les jours consacrés à la mémoire des mystères de la religion*, c'est-à-dire depuis le mercredi de chaque semaine jusqu'au lundi matin de la semaine suivante, il y aurait suspension d'armes entre tous les citoyens, quel que fût le sujet de leur querelle. C'était une victoire que la morale évangélique remportait sur la férocité des lois de ce siècle, en attendant que les croisades qui suivirent de près obligeassent les chrétiens, grossiers mais pleins de foi, à tourner contre les infidèles les armes dont ils se déchiraient eux-mêmes. Je ne sais cependant si cela valut beaucoup mieux.

§ IV. — *Les Valois.*

On voit, par une ordonnance de Charles V, que l'exercice de l'arc et de l'arbalète, soigneusement cultivé en Angleterre, était alors méprisé en France. Avec ces armes perfides, disait-on, un poltron peut tuer sans risques le plus vaillant des hommes. Cependant les archers anglais se rendirent terribles ; pour leur résister, il fallut recourir aux mêmes armes, et telle fut l'origine de ces compagnies d'archers, d'arbalétriers, d'arquebusiers dont la fin du siècle dernier offrait encore quelques vestiges.

Elles formèrent la réserve de l'armée organisée par Charles VII. En 1349 on revint à l'idée romaine d'une armée permanente. Les États d'Orléans demandèrent qu'on établît des compagnies d'ordonnance. Il y en eut quinze. Chacune était composée de 100 *lances garnies* ; et chaque lance garnie comptait six cavaliers, l'homme d'armes, son page, trois archers et un coutelier ou soldat armé d'un long couteau. Cette gendarmerie forma donc une masse de 9,000 cavaliers ne dépendant que du roi (car tous les capitaines furent appointés par lui), et que le roi put porter où bon lui sembla. De sévères règlements assurèrent l'obéissance et la discipline. Chaque capitaine fut responsable de la conduite de ses gens ; en temps de paix les compagnies étaient mises en garnison dans les places frontières et les châteaux forts, avec défense d'en sortir et d'y commettre aucune exaction.

On put ainsi se passer du service des grandes compagnies ; malheureusement les guerres de religion en ramenèrent un grand nombre sur le territoire national.

L'ancienne chevalerie n'avait rien perdu de son lustre au XIV° siècle, et cependant l'expérience aurait dû l'éclairer dès lors sur les défauts de cette milice. En effet, l'habitude de l'indépendance rendait les chevaliers plus propres aux combats singuliers qu'aux actions générales dont le succès dépend autant du concert que de la bravoure. Ils ne cherchaient guère dans une bataille qu'à se signaler ou à s'enrichir. S'ils distinguaient dans la mêlée quelques guerriers ennemis plus apparents que les autres, ils ne faisaient pas de difficulté de quitter leurs rangs pour s'attacher à lui. L'avaient-ils contraint de se rendre, ils l'emmenaient et ne reparaissaient plus, dans la crainte de perdre leur prisonnier et la rançon qu'ils en attendaient. Ajoutons à ce désordre l'embarras des écuyers spectateurs oisifs du combat et uniquement occupés à tenir le cheval de leur maître, ou à le relever lui-même en cas de besoin. Pour peu qu'une troupe sujette à ces inconvénients vint à être ébranlée, la confusion devenait horrible ; il n'y avait plus de ralliement, et la troupe vaincue était écrasée. Aussi n'y avait-il point alors de milieu entre la victoire et la déroute. l'art de battre en retraite était ignoré. Le XV° siècle vit s'éclipser peu à peu la gloire de la chevalerie.

L'invention de la poudre à canon remonte au XIII° siècle. Nous ne voyons cependant pas qu'on ait commencé à l'employer avant le milieu du siècle suivant. Les canons parurent d'abord, puis les mousquets ou canons à main, et les arquebuses, que l'on faisait partir au moyen d'une mèche dont chaque soldat était pourvu. On voit les mousquets en usage dès le règne de Charles VI. Cette nouveauté opéra une révolution dans l'art militaire et changea, pour ainsi dire, la nature du courage. Le plus brave chevalier ne dut plus compter sur la force de son bras, ni sur la bonté de son armure, contre un lâche ou un nain qui pouvait l'atteindre de cent pas. A la vigueur du corps, il fallut substituer la science des évolutions, et à la valeur active, une intrépidité froide et tranquille, accoutumée à donner et à recevoir la mort au hasard. Cette manière de se battre ne convenait pas aux héros de la chevalerie. Aussi vit-on dès lors cette institution guerrière décliner rapidement, et enfin disparaître après avoir jeté un dernier éclat dans la personne du chevalier *sans peur et sans reproche*, le fameux Bayard.

L'art de l'attaque et de la défense des places se perfectionna pendant le quinzième siècle. On ne se contenta plus d'une simple muraille flanquée de tours ; on doubla, on tripla même celles des forteresses importantes. Le moyen d'attaquer le plus ordinaire était alors de pénétrer dans des souterrains jusque sous les remparts, d'enlever toute la terre qui leur servait d'appui, et de la remplacer par des étais auxquels on mettait le feu. A ces travaux les assiégés opposaient des contre-mines. Bientôt l'artillerie fit disparaître les balistes, les pierriers et toutes les anciennes machines. Les assiégeants se mirent à couvert du canon de la place dans des tranchées poussées en zig-zag jusqu'au rebord du fossé. Ils apprirent à démonter les batteries des assiégés ; leur artillerie battit en brèche, et il ne se trouva presque plus de forteresse imprenable.

Nos anciens drapeaux portaient un fond bleu relevé par une croix rouge ; mais les Anglais, sous Henri V leur roi, ayant pris cette couleur, Charles VII adopta une croix blanche, et de plus il prit pour lui une enseigne toute blanche, et qui, jointe à l'écharpe blanche intro luite par saint Louis, forma depuis cette époque la couleur distinctive des rois de France et de la France elle-même.

5° *Les Valois-Orléans.*

L'art militaire fit des progrès sensibles dans le cours du seizième siècle. L'empereur Maximilien donna à l'infanterie les piques de la phalange macédonienne, et ce fut toujours à cette arme que les Suisses durent l'honneur de passer pour les meilleurs soldats du monde. Les mines à poudre, les mortiers à bombes, les lignes de circonvallation contre les attaques du dehors mais surtout les règles de la fortification moderne, sont autant de preuves du génie guerrier qui animait alors les divers peuples qui nous environnent, car nous ne pouvons nous attribuer aucune de ces inventions meurtrières. Au milieu du même siècle, la gendarmerie française, par une bizarrerie singulière, s'obstina à ne vouloir pour armure que la lance, tandis que nos voisins venaient d'adopter le pistolet. Un autre désavantage c'est que les gentilshommes dont elle était composée. prétendant tous combattre au premier rang, ne pouvaient former qu'une ligne sans profondeur, au lieu que les cavaliers ennemis moins nobles et moins braves si l'on veut, mais plus avisés et plus modestes, nedédaignaient pas de se ranger sur 5 à 6 hommes de profondeur, qui par leur masse seule ne pouvaient manquer de percer une simple ligne, fût-elle toute composée de héros.

§ VI. — *Les Bourbons.*

Quand Louis XIV se décida à gouverner par lui-même, Louvois devint véritablement ministre de la guerre bien qu'il n'ait succédé à Le Tellier qu'en 1666. Il réforma l'armée et ses réformes ont duré autant que la vieille monarchie. S'il conserva le système des enrôlements volontaires pratiqué depuis trois siècles, il en diminua les abus et les dangers par une discipline plus exacte et des réglements sévères. Il établit l'*uniforme*, en ordonnant que chaque régiment fût distingué par la couleur des habits et par des marques différentes (1670). Il introduisit l'usage de la *marche au pas* ; il substitua aux piques qui prévalaient encore, le fusil et la baïonnette, terrible quand on l'emploie, mais qui était alors en général plus menaçante que meurtrière ; mais ce n'est qu'après lui que Vauban parvint à faire du fusil une arme de jet et une arme d'escrime. Il introduisit l'usage des pontons de cuivre pour franchir les rivières. Il institua les magasins de vivres et d'approvisionnements, les casernes, les hôpitaux militaires, l'hôtel des Invalides, toutes choses à peu près inconnues avant lui. Il créa le corps des ingénieurs, d'où sont sortis les meilleurs élèves du grand Vauban ; des écoles d'artillerie à Douai, à Metz, à Strasbourg ; les compagnies de grenadiers dans l'infanterie, les régiments de hussards, enfin les compagnies de cadets, sorte d'école militaire pour les gentilshommes.

Il fit une révolution dans l'armée par l'ordre du tableau et par la création du service d'inspection : Il ne détruisit pas la vénalité des charges qui s'était aussi introduite dans l'armée et qui ne s'exerçait guère qu'au profit des nobles. Mais pour mériter de l'avancement il ne suffit plus à ces nobles d'avoir des aïeux, il leur fallait avoir des services ; et les grades devinrent, à partir du rang de colonel, le prix de l'ancienneté : réforme excellente alors, qui ne le serait plus aujourd'hui. La noblesse poursuivit de sa haine le ministre qui rabaissait les gens nés pour commander aux autres, sous prétexte qu'il est raisonnable d'apprendre à obéir avant que de commander..... qui voulait accoutumer les seigneurs à l'égalité, et à rouler pêle-mêle avec tout le monde. Louvois exigea avec une fermeté inflexible que chacun fit son devoir : pour s'en assurer, il institua des inspecteurs généraux qui lui rendissent compte de l'état des troupes, et des reproches sévères attendirent les officiers négligents. Il créa les camps de plaisance, en faveur encore aujourd'hui, innovation ruineuse quand de grands rassemblements de troupes ne furent qu'un spectacle à divertir les maîtresses du roi , excellente école pour les officiers et les généraux. quand on s'y prépara serieusement aux grandes manœuvres de la guerre. Ce n'est qu'après sa mort que fut institué l'Ordre de Saint-Louis (1693) destiné à payer avec de l'honneur les services militaires, cette fois sans distinction de naissance, mais non sans distinction de religion : les réformés étaient exclus. Par de tels soins, la France put avoir sous les armes. dans la guerre de Flandre, 125000 hommes ; pour celle de Hollande, 180000 ; avant Ryswick 300000 ; pendant la guerre de la succession 450 000.

Dès le milieu du seizième siècle, les fortifications anciennes commencèrent à faire place aux fortifications modernes: c'est-à-dire qu'au lieu de hautes tours rondes ou carrées, les villes de guerre furent revêtues de bastions triangulaires et autres ouvrages semblables. dont il est utile de connaitre du moins les principaux. L'art des fortifications consiste en général à disposer tellement toutes les parties du rempart, que chacune soit défendue par les parties voisines : c'est l'avantage qui résulte des angles saillants et rentrants formés par les bastions, par les demi-lunes et les redoutes.

Ces nouvelles fortifications, inventées par les Italiens , durent leurs progrès à diverses nations de l'Europe. mais particulièrement aux Français. Le maréchal Vauban , l'un de ces rares génies libéraux qui parurent sous le règne de Louis XIV, porta l'art d'attaquer et de défendre les places au plus haut point de perfection. Il fit ou rectifia les fortifications de plus de 150 places frontières. Avant lui on construisait des murailles hautes et menaçantes , mais par là même plus exposées au feu de l'artillerie : il y substitua des ouvrages presque au niveau de la campagne, et pour ainsi dire invisibles aux yeux des assiégeants.

§ VII. — *XIX° Siècle.*

Il appartenait à la Révolution française d'imprimer à l'art de la grande guerre une dernière et décisive impulsion. Le mouvement civilisateur qui avait substitué l'infanterie à la cavalerie, c'est-à-dire les nations elles-mêmes à la noblesse à cheval, devait recevoir en effet de la Révolution française, qui était l'explosion des classes moyennes, son dernier élan. Les Français, en 1789, avaient dans le cœur deux sentiments, le chagrin d'avoir vu la France déchoir depuis Louis XIV, ce qu'ils attribuaient aux légèretés de la cour, et l'indignation contre les puissances européennes, qui voulurent les empêcher de réformer leurs institutions, en les fondant sur le principe de l'égalité civile. Aussi la nation courut-elle aux armes. La vieille armée royale, quoique privée, par l'émigration d'une notable partie de ses officiers, suffit aux premières rencontres, et sous un général, Dumouriez, qui jusqu'à cinquante ans avait perdu son génie dans de vulgaires intrigues, livra d'heureux combats. Mais elle fondit bientôt au feu de cette terrible guerre, et la Révolution envoya pour la remplacer des flots de population qui devinrent de l'infanterie. Tels furent les 1100000 hommes des 14 armées de Carnot. Ce n'est pas avec des hommes levés à la hâte que l'on fait des cavaliers, des artilleurs, des sapeurs du génie : mais, dans un pays essentiellement militaire, qui a l'orgueil et la tradition des armes, on peut en faire des fantassins. Ces fantassins, incorporés dans les demi-brigades, à ce qui restait de la vieille armée, lui apportant leur audace, lui prenant son organisation, se jetèrent d'abord sur l'ennemi en adroits tirailleurs, puis le culbutèrent en le chargeant en masse à la baïonnette. Avec le temps ils apprirent à manœuvrer devant les armées les plus manœuvrières de l'Europe, celles qui avaient été formées à l'école de Frédéric et de Daun ; avec le temps encore, ils fournirent des artilleurs, des cavaliers, des soldats du génie, et acquérant la discipline qu'ils n'avaient pas d'abord, conservant de leur premier élan l'audace et la mobilité, ils composèrent bientôt la première armée du monde.

Dans l'organisation des armées, Napoléon ne fut pas moins remarquable que dans la direction générale des opérations et dans les batailles.... Ainsi, avant lui, les généraux de la République distribuaient leurs armées en divisions composées de toutes armes, infanterie, artillerie, cavalerie, et se réservaient tout au plus une division non engagée, composée elle-même comme les autres, afin de parer aux coups imprévus. Chacun des lieutenants livrait à lui seul une bataille isolée, et le rôle du général en chef consistait à secourir celui d'entre eux qui en avait besoin. On pouvait éviter ainsi des défaites, gagner même des batailles, mais jamais de ces batailles écrasantes à la suite desquelles une puissance était réduite à déposer les armes. Avec Napoléon, l'organisation des corps d'armée devait changer, et changer de manière à laisser dans les mains de celui qui dirigeait tout, le moyen de tout décider.

En effet, son armée était divisée en corps dont l'infanterie était le fonds, avec une portion d'artillerie pour la soutenir et une portion de cavalerie pour l'éclairer. Mais indépendamment de l'infanterie de la garde, qui était sa réserve habituelle, il s'était ménagé des masses de cavalerie et d'artillerie, qui étaient comme la foudre qu'il gardait pour la lancer au moment décisif. Mais pour la massue, il faut la main d'Hercule, et avec un général moins habile que Napoléon, cette organisation aurait eu l'inconvénient de priver souvent des lieutenants habiles d'armes spéciales dont ils auraient su tirer parti, pour les concentrer dans les mains d'un chef, incapable de s'en servir (1).

Autant la Révolution et l'Empire avaient été guerriers, autant la Restauration et la monarchie de juillet furent pacifiques. C'est cependant à travers cette dernière période qu'ont été rendues la plupart des dix lois dont la résultante forme aujourd'hui ce qu'on a appelé le Code de l'armée, et qui est le pendant du titre du Digeste, *De re militari*. Ce sont :

11 Avril 1831. — Pensions militaires.
21 Mars 1832. — Recrutement.
14 Avril 1832. — Avancement.
19 Mai 1834. — Etat des officiers.
16 Mars 1838. — (*Ordonnance*).
4 Août 1839. — Etat-Major.
11 Janvier 1852. — Garde nationale (*décret*).
26 Avril 1855. — Dotation de l'armée.
9 Juin 1857. — Code de justice.
1 Février 1868. — Recrutement.

L'abandon de l'enrôlement pour le système de la conscription, la fusion des régiments d'infanterie en une seule arme, la création des écoles polytechnique et de Saint-Cyr, l'institution de la Légion d'Honneur, ordre civil et militaire, mais accompagné d'un traitement pour les seuls membres de l'armée, la transformation du fusil à pierre en fusil à capsule, et du fusil à capsule en fusil se chargeant par la culasse, l'invention du canon rayé et du blindage des forts.

---

1. Thiers, Histoire du Consulat et de l'Empire, livre 41 et dernier.

tout cela est trop près de nous pour que nous en fassions entrer les détails dans notre historique.

Nous disions, sous le règne des cinq Bourbons, que la baïonnette, terrible quand on l'employait, était en général plus menaçante que meurtrière ; elle est terrible plus que par le passé, mais elle tend de jour en jour à s'employer davantage ; enfin la précision du tir s'est réunie à la perfection des engins à poudre ; on ne connaît pas une grande différence entre le résultat de batailles contemporaines et celles où on combattait de près et à l'arme blanche. Il y a plus d'hommes en présence, mais les proportions de ruine sont les mêmes. Aussi quelles boucheries n'a-t-on pas vues ? L'humanité avait gémi de ce calcul fait pour les guerres du premier empire. Perte d'hommes : à Austerlitz, Français, 14 p. 0|0, Russes, 30 0|0. Autrichiens, 44 p. 0|0 ; à Wagram, Français, 13 p. 0|0. Autrichiens, 14 p. 0|0 ; à la Moskowa, Français, 37 p. 0|0, Russes, 44 p. 0|0 ; à Bautzen, Français, 13 p. 0|0 ; Russes et Prussiens. 14 p. 0|0 ; à Waterloo, Français, 56 p. 0|0, Alliés, 37 p. 0|0. Total, pour Waterloo, 41 p. 0|0 ; cent quarante-quatre mille combattants. soixante mille morts. Mais depuis la bataille de Sadowa on est tenté de les considérer comme les effets de jeux d'enfants.

Cependant nous sommes loin du temps où la guerre semblait la situation normale de l'Europe. C'est la paix qui devient maintenant de plus en plus la vraie condition de la vie européenne, comme elle devrait être celle du globe entier. L'industrie et le commerce la réclament, la liberté ne peut se fonder qu'à son ombre, la diplomatie cherche à la maintenir, et la vraie gloire des souverains serait de chercher plutôt à la consolider qu'à la compromettre.

CHAPITRE II.

VOTE ANNUEL DU CONTINGENT.

Le service militaire incombe à tous les Français comme une dette nationale. La nation, représentée par le Corps législatif, a donc le droit de consentir et de fixer elle-même le nombre de ses enfants qu'il convient d'appeler sous les drapeaux. Chaque année doit avoir sa loi du contingent de l'armée, aussi bien que sa loi du budget. C'est l'Assemblée constituante qui introduit ce principe dans le droit public français (1). Napoléon Ier s'adressa plus souvent au Sénat

1. Art. 1er, titre 5 de la const. 1791.

qu'au Corps législatif pour ses levées d'hommes. Ce n'est même qu'après la révolution de Juillet (1), que ce principe reçut une exécution aussi fidèle que celle qu'il avait reçue sous la première république. Ce contingent a varié de 80.000 à 140,000, mais son chiffre ordinaire est 100,000. Le ministère du 2 janvier a promis cette réduction à 90,000.

Les justes considérations suivantes de M. Ducrocq tendent à faire croire que la France a plus de souci de son argent que du sang de ses fils (2) : Dans les premières années qui suivirent la loi du 11 octobre 1830, et d'après la disposition générale de l'art. 14 de la loi du 21 mars 1832, sur le recrutement, la loi annuelle du contingent contenait le tableau de la répartition entre les départements, ainsi que cela a toujours lieu dans la loi du budget ordinaire, pour les trois premières contributions directes. Mais la loi du 8 mars 1837 a pour la première fois délégué au pouvoir exécutif le soin de faire cette répartition proportionnellement au nombre des jeunes gens inscrits sur les listes du tirage de la classe appelée. Le décret impérial portant le tableau général de la répartition doit être inséré au Bulletin des lois. La sous-répartition entre les cantons, du contingent assigné à chaque département, est confiée, par la loi du contingent et par le décret de répartition, au préfet, qui doit la faire en conseil de préfecture proportionnellement au nombre de jeunes gens inscrits sur les listes du tirage de chaque canton. Elle doit être rendue publique par voies d'affiches avant l'ouverture des opérations du conseil de révision.

CHAPITRE III.

LOIS SUR LE RECRUTEMENT.

L'Assemblée constituante a proclamé que la défense de la patrie est un devoir civique et général (3).

On se souvient encore de ces grands jours où la Convention

---

1. Charte de 1830. Art. 69, 4°.
2. Le droit de voter les subsides remonte à la révolution avortée de 1355, 56 et 57, aux Etats-Généraux où siégeaient : Etienne Marcel et Robert Lecoq.
3. Décret du 4 mars 1791.

ordonnait les levées en masses par voie de réquisition (1). Cette assemblée, sur le point de se séparer, inventa la conscription, qui produisit les formidables armées du Directoire, du Consulat et de l'Empire (2).

La loi du 10 mars 1818 remplaça le mot conscription par celui de recrutement, en faisant la promesse que l'enrôlement volontaire serait considéré comme le mode principal de formation de l'armée, et le recrutement par voie d'appel comme le mode en cas d'insuffisance.

La loi du 21 mars 1832 est rentrée dans la vérité des faits. Celle du 1er février 1868 a conservé en première ligne le recrutement, les engagements volontaires étant toujours insuffisants. L'armée française comprend désormais trois parties distinctes : l'armée active, la réserve, la garde nationale mobile.

La première est formée à l'aide d'un tirage et d'opérations de recrutement auxquels sont soumis chaque année tous les jeunes Français ayant atteint l'âge de 20 ans révolus dans le courant de l'année précédente. Elle embrasse les engagés et rengagés volontaires, les cadres d'officiers et tous les jeunes gens que le conseil de révision a compris personnellement dans le contingent cantonal, ou les remplaçants proposés par eux, également admis par le conseil de révision. La durée du service sous les drapeaux est limitée à 5 années, pendant lesquelles le soldat entièrement soumis à la loi militaire ne peut contracter mariage.

La loi nouvelle a réduit ainsi de 2 années la durée du service actif, qui, d'après la loi de 1832, était de 7 ans. Ces deux années de service actif ainsi supprimées ont été remplacées par l'obligation de faire partie pendant 4 ans de la réserve renvoyée dans ses foyers, mais qu'un décret peut rappeler en cas de guerre à l'activité. Pendant les trois dernières années le soldat a droit de contracter mariage.

L'effectif de la garde nationale mobile se compose des jeunes gens qui n'ont pas été compris dans le contingent en raison de leur numéro, et auxquels il est interdit de se faire remplacer (3). de ceux qui se sont fait dispenser du service actif comme aîné d'orphelins, fils aîné de femme veuve, frère d'un militaire du même tirage, ou d'un père aveugle âgé de 70 ans, frère d'un mili-

1. Loi du 24 février 1793.
2. Loi du 19 fructidor, an IV.
3. Article 7. Loi du 1er février 1868.

taire en activité de service, frère d'un soldat mort ou blessé pour la patrie, pourvu, dans ces cinq derniers cas, qu'un des siens n'en ait pas déjà profité, mais avec faculté de se faire remplacer (1); de ceux qui se sont fait remplacer dans l'armée des volontaires.

En temps ordinaire, les gardes nationaux mobiles ne peuvent être distraits de leurs occupations et de leurs droits, plus de quinze fois par an et plus d'une journée chaque fois.

Les peines disciplinaires sont les mêmes que celles de la garde nationale sédentaire (2). En temps de guerre ils ont les mêmes charges et les mêmes faveurs que les soldats de l'armée active. Ils ne peuvent être mis sur ce pied que par une loi; mais, 20 jours avant sa présentation, ils peuvent être massés par département, de sorte que, si le Corps législatif disait non, on aurait inutilement dérangé 500,000 hommes répartis sur 89 points du territoire français.

CHAPITRE IV.

ENGAGEMENTS VOLONTAIRES.

D'après la loi du 21 mars 1832, les engagements volontaires sont gratuits, et contractés dans la forme des actes de l'état-civil devant les maires des chefs-lieux de cantons. Pour contracter un engagement, il faut être en règle avec les dispositions rapportées dans le chapitre qui précède, avoir la taille prescrite, n'être ni marié, ni veuf avec enfants, être porteur d'un certificat de bonne vie et mœurs délivré par le maire de son dernier domicile.

D'après la loi de 1832, l'engagement volontaire devait être contracté pour 7 années, sauf en temps de guerre pendant lequel les engagements de 2 ans étaient admis. La loi du 1er février 1868 réduit à 2 ans le minimum de la durée de l'engagement, même en temps de paix.

1. Art. 13. Loi du 1er février 1868.
2. Voir plus bas, liv. III, chap. 1, sect. 2e, § 3.

CHAPITRE V.

JURIDICTIONS ADMINISTRATIVES. — DE L'ARMÉE ACTIVE ET DE LA GARDE NATIONALE MOBILE.

§ I. — *Conseil de recensement.*

Les époques auxquelles doivent avoir lieu les opérations de recrutement sont fixées chaque année par un décret. Ces opérations comprennent la confection et la publication par le maire, dans chaque commune, de la liste ou tableau de recensement (cette liste renferme le nom des jeunes gens français, ayant atteint l'âge de vingt ans révolus dans le courant de l'année précédente, qui ne sont pas compris dans les cas d'exclusion prévus par l'art. 2, et qui ont leur domicile légal dans le canton) ; l'examen du tableau de recensement en séance publique, au chef-lieu du canton, par le conseil de recensement *composé du sous-préfet président et de tous les maires du canton* ; la confection de la liste du tirage obtenue par le sort, et qui détermine entre les jeunes conscrits l'ordre dans lequel ils seront appelés à faire partie du contingent assigné au canton par l'arrêté préfectoral de sous-répartition. La stricte équité qui doit présider à cette opération par laquelle est fixé le sort des jeunes gens la fait garantir par cette règle écrite dans l'art. 12 de la loi ; l'opération du tirage achevée sera définitive ; elle ne pourra être recommencée sous aucun prétexte, et chacun garde le numéro qu'il aura tiré.

§ II. — *Conseil de révision.*

Ces conseils forment des tribunaux administratifs, chargés d'arrêter définitivement la liste des jeunes gens qui doivent faire partie du contingent de l'armée active et de la garde nationale mobile.

Il y a un conseil de révision par département. Il est composé de cinq membres : un conseiller de préfecture, un membre du conseil général du département, un membre du conseil d'arrondissement, tous les trois à la désignation du préfet, d'un officier général ou supérieur désigné par l'empereur, et du préfet du département qui préside, et peut se faire remplacer par le secrétaire général ou un conseiller de préfecture délégué (1). Le conseil a près de lui en qualité d'auxiliaires avec voix consultative, un membre de l'intendance militaire, le sous-préfet qui a présidé le conseil de recensement, et un officier de santé ou docteur en médecine, qui donne son avis sur les exemptions fondées sur une maladie ou une infirmité. Le conseil de révision revoit les opérations du recrutement, statue définitivement sur toutes les réclamations qui ont été provisoirement réglées par le conseil de recensement, et juge en séance publique, dans chaque chef-lieu de canton, deux sortes de demandes qui n'ont pas été soumises au conseil de recensement :

1° Les causes d'exemption fondées soit sur des circonstances physiques, soit sur la situation de la famille ; l'immunité qui existe au profit de l'exempté retombe sur les conscrits qui ont obtenu au tirage au sort des numéros subséquents ;

2° Les causes de déduction fondées sur ce que les jeunes gens ont embrassé des carrières que la loi protége ou qui sont équivalentes aux exigences militaires ; ce sont :

Ceux qui sont déjà liés au service militaire ; les jeunes marins portés sur les registres matricules de l'inscription maritime ; les élèves de l'École Polytechnique ; les membres de l'instruction publique ; les élèves des grands-séminaires ; les jeunes gens qui auront remporté des grands prix de l'Institut ou de l'Université (2).

On n'appelle pas de numéros subséquents pour combler les vides que causent les déductions. A l'inverse de la cause d'exemption qui est définitive et absolue dans ses effets, la cause de déduction n'est que transitoire, en ce sens qu'elle cesserait si le jeune homme qui l'obtient abandonnait, avant la libération de la classe dont il fait partie, la profession à laquelle la déduction est attachée.

La décision du conseil est souverainement rendue en premier et en dernier ressort, elle ne peut être attaquée devant le conseil d'État pour violation de la loi au fond, elle peut l'être seulement pour excès de pouvoir ou incompétence. Cette décision a pour effet immédiat de faire irrévocablement acquérir la libération aux individus non compris sur la liste du contingent arrêtée par le conseil, et de rendre impossible la radiation de quiconque s'y trouve. Il n'est fait exception à la règle que pour ceux inscrits conditionnelle-

1. Loi du 21 mars 1832, art. 15.
2. Art. 14. Loi du 21 mars 1832.

ment parce qu'ils ont été admis à présenter des justifications ultérieures ou renvoyés devant les tribunaux civils pour faire juger contradictoirement avec le préfet les questions judiciaires relatives à leur état ou à leurs droits (1).

Le conseil de révision statue ensuite au chef-lieu du département sur deux autres sortes de demandes formées par les jeunes gens portés sur la liste du contingent, les demandes en remplacement et l'admission des remplaçants, les demandes en substitution de numéros. Elles avaient été supprimées, les unes par la loi du 26 avril 1855, les autres par celle du 17 mars 1858 et remplacées par un système d'exonération, mais la loi du 1er février 1868 a rétabli l'ancien mécanisme (2).

A l'égard de la nouvelle garde nationale mobile, les conseils sont aussi chargés (3) de statuer sur les substitutions autorisées dans la famille jusqu'au 6e degré inclusivement; sur les exemptions seulement admises pour ceux qui n'ont pas la taille et les infirmes; sur les causes des dispenses accordées : à ceux auxquels leurs fonctions confèrent le droit de requérir la force publique; aux ouvriers des établissements de la marine impériale et à ceux des arsenaux et manufactures de l'Etat dont les services ouvrent des droits à la pension de retraite; aux préposés du service actif des douanes et des contributions indirectes; aux facteurs de la poste aux lettres; aux mécaniciens de locomotives sur le chemin de fer ; aux instituteurs d'une école libre fondée depuis deux ans, ayant trente élèves, et qui ont pris un engagement de dix ans dans leurs fonctions (4) : à ceux qui ont embrassé une carrière que la loi protége ou qui est équivalente au service militaire à raison de laquelle il sont déjà obtenu d'être déduits du service dans la première partie de l'armée (5); aux soutiens de famille jusqu'à concurrence de 10 0\|0 au moment des opérations générales, et au moment de l'appel à l'activité ou de la réunion des bataillons 4 p. 0\|0 encore parmi ceux qui auront le plus de titres à cette dispense (6).

Sont exclus de la garde nationale mobile les individus désignés par la loi du 21 mars 1832, art. 2, nos 1 et 2, qui ont dû également être distraits de la confection et de la publication par le maire

---

1. Loi du 21 mars 1832, art. 26.
2. Loi du 21 mars 1832, art. 17 à 24 inclus. 24-29.
3. Loi du 1er février 1868, art. 4-7.
4. Loi du 1er février 1868, art. 4.
5. Loi du 21 mars 1832, art. 14, énumérée 2 pages plus haut
6. Loi du 1er février 1868, art. 7.

de la liste de recensement de l'armée active (1). Ce sont : les individus qui ont été condamnés à une peine afflictive ou infamante ; ceux condamnés à une peine correctionnelle de deux ans d'emprisonnement et au-dessus et placés en outre sous la surveillance de la haute police et interdits des droits civiques, civils et de famille.

En matière de garde nationale mobile, le conseil de révision statue encore sur les demandes en remplacement permises à titre d'exception dans les cas déterminés par l'article 7, paragraphe II de la loi du 1er février 1868, cas que nous avons indiqué ci-dessus (2).

CHAPITRE VI.

GARDE NATIONALE SÉDENTAIRE.

§ I. — *Historique.*

On était en juillet 1789. Camille Desmoulins venait de faire au Palais-Royal son appel au peuple. Il y avait alors à Paris une municipalité nouvelle formée par les élections, qui remplaçait l'ancienne dans la confiance populaire. Ces électeurs étaient des citoyens, quelques-uns fort considérables, qui, l'élection pour la députation de Paris terminée, avaient continué de se réunir et avaient même obtenu une salle commune à l'Hôtel-de-Ville. Là, sans mandat, sans titre, mais avec une autorité à laquelle la ville entière obéissait, ils se constituèrent le 13 en pouvoir régulier. Le peuple demandait à grands cris des armes, afin de pouvoir se défendre contre l'attaque probable des troupes royales, que les noms de Lambesc et Besenval leurs commandants rendaient encore plus odieuses. Les électeurs décrétèrent qu'il serait formé une garde bourgeoise, d'abord de 200 et bientôt de 400 hommes par chacun des 60 districts. Le lendemain, malgré les tergiversations du prévôt des marchands Flesselles, et grâce au pillage des Invalides, la Bastille était prise. La Fayette, nommé général de la milice bourgeoise, se hâta de l'organiser.

1. Loi du 1er février 1868, art. 4.
2. Chap. III. Lois du recrutement.

Il lui donna un nom que Sieyes avait trouvé, celui de garde nationale, et pour cocarde les deux vieilles couleurs de Paris, le bleu et le
rouge, entre lesquelles il plaça le blanc, couleur de la royauté et de
la France. Prenez-la, disait-il en la donnant : voilà une cocarde qui
fera le tour du monde.

Telle fut l'origine de la garde nationale.

Elle fut mêlée à toutes les grandes luttes de la Révolution : l'histoire nous la représente assistant à tous les spectacles de ces dix années. Santerre la commandait au pied de l'échafaud de Louis XVI.
Henriot ne put en entraîner qu'une partie à la défense de la commune, le 9 thermidor 1795, date de la chute de Robespierre. Son
rôle s'effaça beaucoup sous l'Empire. Ce n'est qu'à la bataille de
Clichy en 1814, sous les ordres du maréchal Moncey, que nous la
voyons reparaître : elle y prit glorieusement sa revanche de 15 ans
de silence. Le 29 avril 1827, Charles X la licencia pour avoir été ac-
cueilli par les cris de : « A bas Villèle!» Elle collabora dans les rangs
des insurgés à la chute de la branche aînée des Bourbons. La garde
nationale, pour qui le règne de Louis-Philippe fut l'âge d'or, reçut
son organisation par la loi du 22 mars 1831. Son rôle était de pourvoir à la défense des places fortes, des côtes, et de maintenir l'ordre
à l'intérieur, pour permettre de lancer l'armée active à la frontière;
les célibataires de 20 à 25 ans, les veufs sans enfant et les maris de
20 à 30 composèrent ses cadres. On lui donna Lafayette, son ancien
commandant, pour général ; mais quand son ami Dupont de l'Eure
quitta le ministère, il donna sa démission et fut remplacé par le
maréchal Lobau.

En février 1848, on ne convoqua pas la garde nationale le jour
du banquet du XIIe arrondissement ; le lendemain elle manifesta
ses sentiments par les cris nombreux de : «Vive la réforme!» Elle s'in-
terposa pendant le 23 et le 24 entre la troupe de ligne et le peuple.
Le maréchal Bugeaud, nommé son commandant à la dernière heure,
fut impopulaire.

La monarchie parlementaire tomba. Le 14 mars de la même
année, le gouvernement provisoire réorganisa la garde nationale,
dans les rangs de laquelle il confondait toutes les classes. Exclusivement composées de la bourgeoisie, les anciennes légions
s'effrayèrent en pensant aux éléments de désordre que cette mesure,
juste en principe, allait introduire parmi elles. Elles protestèrent.
Le 17 mars plusieurs légions réclamèrent impérieusement l'abrogation du décret qui ne leur fut pas accordée. Cette manifestation,

connue sous le nom de journée des *bonnets à poil*, amena de la part des classes ouvrières une manifestation contraire. Au 15 mai, le général Courtois était à la tête de la garde nationale ; il laissa passer les pétitionnaires au pont de la Concorde, et il fut rendu responsable de la tentative contre l'assemblée nationale.

Les gardes nationaux eurent beaucoup à souffrir dans l'attaque, en juin, du faubourg Saint-Antoine. Sous le régime de l'assemblée qu'on a appelée la Convention blanche, Changarnier, commandant déjà la 1re division militaire, fut mis à sa tête.

On connaît l'histoire du chef d'état-major Vayla, faisant, dans la nuit du 2 décembre, crever les caisses de ses tambours pour empêcher le rassemblement qui pût faire obstacle au coup d'État. Quand ce coup d'État eut été couronné de succès dans les rues de Paris, par la force, et devant les comices populaires par l'amour de l'ordre à tout prix, la garde nationale fut licenciée. Bientôt on la réorganisa sur de nouvelles bases.

§ II. — *Conseil de recensement.*

D'après le décret législatif du 11 janvier 1852, le service de la garde nationale dans les communes où le gouvernement juge nécessaire de l'organiser, constitue non un droit, mais une obligation. Ce service militaire est l'apanage des Français et étrangers de 25 à 50 ans jugés aptes par le conseil de recensement institué dans la commune pour prononcer sur les admissions et arrêter le contrôle définitif. Le conseil de recensement est composé ainsi qu'il suit :

1° Pour une compagnie : du capitaine, président, et de deux membres nommés par le sous-préfet ;

2° Pour un bataillon : du chef de bataillon, président, et du capitaine de chacune des compagnies qui le composent (1).

Il est question de rétablir la garde nationale dans certains quartiers populeux des faubourgs de Paris, qui en ont été privés par des raisons politiques.

1. Décret du 11 janvier 1852, art. 9.

§ III. — *Jury de révision.*

Les décisions de ce conseil sont susceptibles de recours au jury de révision, dont la juridiction s'étend sur tout le canton et qui statue, sauf pourvoi en cassation devant le conseil d'État (1).

Ce jury est présidé par le juge de paix, et composé de quatre membres nommés par le sous-préfet (2).

CHAPITRE VII.

AVANCEMENT ET CONSERVATION DES GRADES.

Ceci est le pendant de l'inamovibilité donnée à la magistrature. La loi du 14 avril 1832 fixe les règles de l'avancement de manière à ouvrir à tous l'accès des grades et à garantir leur conservation. Sur ce dernier point, elle a tenté de concilier le droit individuel avec les nécessités de la discipline. Elle distingue entre le grade, propriété de l'officier dont il ne peut être privé que par un jugement dans les cas et suivant les formes indiqués par la loi, et l'emploi, dont le gouvernement dispose et qu'il peut retirer sans avoir à en rendre compte. Une loi du 19 mai 1834 spécifie les causes légales qui seules peuvent faire encourir à l'officier la perte de son grade. L'art. 1er les ramène à huit :

Démission acceptée par le roi ;

Perte de la qualité de Français prononcée par jugement ;

Condamnation à une peine afflictive et infamante ;

Condamnation à une peine correctionnelle pour banqueroute, escroquerie, abus de confiance ;

Condamnation à une peine correctionnelle d'emprisonnement et qui en outre a placé le condamné sous la surveillance de la haute police et l'a interdit de ses droits civiques et de famille ;

Destitution prononcée par jugement d'un conseil de guerre ;

Absence illégale de son corps pendant trois mois par l'officier en activité;

Résidence hors du royaume, sans l'autorisation du chef de l'État, après quinze jours d'absence pour l'officier en activité, en disponibilité, en non-activité.

1. Loi du 13 juin 1851, art. 30.
2. Décret du 11 janvier 1852, art. 10.

Le décret du 15 janvier 1853 y a ajouté le refus de serment. La loi de 1834 caractérise aussi les cinq positions que peut occuper un officier : l'activité, la disponibilité, la non-activité, la réforme, la retraite. La loi du 4 août 1839 sur l'état-major de l'armée en a créé une sixième : la mise au cadre de réserve, exclusivement applicable aux officiers généraux.

CHAPITRE VIII.

PENSIONS MILITAIRES.

(Loi du 11 avril 1831 ; — 2092, 1598 C. N.)

§ I. Il est juste, disait l'Assemblée constituante dans le préambule de la loi du 22 août 1790, que dans l'âge des infirmités la patrie vienne au secours de celui qui lui a consacré ses talents et ses forces. En conséquence, les pensions ont été rangées non-seulement parmi les dettes de l'État, mais encore dans cette portion de la dette publique qui porte le nom d'*inscrite*, parce que c'est leur inscription sur les deux grands livres de la dette publique qui forme le titre des créanciers de l'Etat. Mais, en cette matière comme en bien d'autres, l'égalité primitive a été mise de côté, et aujourd'hui on distingue les pensions civiles, en grande partie payées avec des retenues opérées sur les traitements pour la majeure partie, et les pensions militaires payables sur les fonds généraux. La loi de 1831 organique de la matière a même supprimé une retenue d'un cinquantième à un vingtième qui s'exerçait sur leur traitement en faveur de l'Hôtel des Invalides.

§ II. On a droit aux pensions militaires pour ancienneté de service, pour blessures ou infirmités, comme veuve d'un militaire.

1° Après trente années de services effectifs, les militaires ont droit au minimum de la pension d'ancienneté, déterminé pour leur grade par le tarif annexé à la présente loi. Chaque année de service au delà de 30 ans, et chaque année de campagne supputée selon les art. 7 et 8 (doubles) ajoutent à la pension un vingtième de la différence du maximum au minimum. Le maximum est acquis à 50 ans de service, campagnes comprises (1).

Une loi du 23 juin 1861 a augmenté les pensions de 3|10 depuis le

1. Art. 9 de la loi de 1831.

grade de général de division jusqu'à celui de capitaine inclus, et de 4|10 pour les grades de lieutenant et de sous-lieutenant. Pareille chose a été faite pour les simples soldats et leurs supérieurs immédiats, pour lesquels de semblables dispositions étaient seules excusables; une loi du 26 avril 1855 a seulement augmenté de 165 fr. les tarifs de 1831 dont le minimum était de 200 et le maximum de 300. Pour être juste, notons que l'avant-dernière loi porte que la pension maximum des officiers généraux et fonctionnaires assimilés pour la retraite ne pourra excéder en aucun cas la solde attribuée aux officiers généraux dans les cadres de réserve.

Ceux qui, au 5 mai, vont déposer de faciles couronnes au pied de la colonne Vendôme, ne pourraient évidemment pas, s'ils avaient quitté le service à la Restauration, jouir de ces faveurs législatives, puisque le plus grand âge humain ne leur permettrait même pas d'avoir le temps requis. Une loi récente, portée à l'occasion d'un soi-disant jubilé national, leur donne droit à une pension de 250 fr. Elle fait ainsi deux catégories dans ceux qui versent leur sang pour le pays sur le champ de bataille. Elle comprend également les soldats de la première République, mais ils ne doivent pas être nombreux, car ils ne peuvent pas avoir moins de 85 ans.

2° Les blessures donnent droit à la pension de retraite lorsqu'elles sont graves et incurables et qu'elles proviennent d'événements de guerre ou d'accidents éprouvés dans un service commandé. Les infirmités donnent les mêmes droits lorsqu'elles sont graves et incurables et qu'elles sont reconnues provenir des fatigues ou des accidents de service (1). Les blessures ou infirmités provenant des causes énoncées en l'article précédent ouvrent un droit immédiat à la pension, si elles ont occasionné la cécité, l'amputation ou la perte absolue de l'usage d'un ou plusieurs membres (2) ; dans les cas moins graves elles ne donnent lieu à la pension que sous les conditions suivantes : 1° pour l'officier, si elles le mettent hors d'état de rester en activité et lui ôtent la possibilité d'y entrer ultérieurement; 2° pour le sous-officier, caporal, brigadier et soldat, si elles le mettent hors d'état de servir et de pourvoir à sa subsistance (3). Les blessures ou infirmités qui occasionnent la perte absolue de l'usage d'un membre ou qui y sont reconnues équivalentes donnent droit au minimum de la pension d'ancienneté, quelle

1. Art. 12.
2. Art. 13.
3. Art. 14.

que soit la durée du service. Chaque année de service, y compris les campagnes, ajoute à cette pension un vingtième de la différence du minimum au maximum d'ancienneté : le maximum est acquis à 20 ans de service, campagnes comprises (1). Pour les blessures ou infirmités qui mettent le militaire dans une des positions prévues par l'art 14, les pensions sont fixées pareillement au minimum d'ancienneté, mais elles ne sont augmentées dans la proportion fixée par l'article précédent que pour chaque année de service au delà de 25 ou 30 ans, campagnes comprises; le maximum est acquis à 45 ou 50 ans de service, y compris les campagnes (2). Pour l'amputation d'un membre, ou la perte absolue de l'usage de deux membres, les officiers, brigadiers, caporaux et soldats ainsi que leurs assimilés reçoivent le maximum de la pension qui leur est attribuée par la présente loi ou par la loi du 26 avril 1855. En cas d'amputation de deux membres ou de la perte totale de la vue, ce maximum est augmenté, pour les officiers et les assimilés, de 20 p. 100 ; et pour les sous-officiers, caporaux, brigadiers et soldats et assimilés, de 30 p. 100. Cette dernière disposition appartient à la loi du 25 juin 1861 qui modifie celle du 11 avril 1831 sur les pensions de l'armée de terre; c'est l'art. 5.

3° La veuve, lorsque le mariage est antérieur de deux années à la cessation du service et s'il n'y a pas eu séparation de corps prononcée contre elle (3), et, à défaut de la veuve, les enfants considérés même au cas de séparation comme orphelins , ont droit par réversibilité à une quotité de la pension du mari et du père : elle est fixée au quart du maximum d'ancienneté par les lois de 1831, et élevée, par la loi du 26 avril 1856, à la moitié au cas de mort sur le champ de bataille, de mort à l'armée par suite d'événements de guerre, et de mort dans le délai d'une année par suite des blessures reçues dans les mêmes circonstances.

§ III. Toute liquidation de pension est soumise à la section des finances du conseil d'Etat et à l'avis du ministre des finances. Elle est préparée par le ministre dans le département duquel le fonctionnaire qui réclame la pension se trouve placé, et concédée par décret inscrit au Bulletin des lois. Le refus de pension ou une mauvaise liquidation constituent la violation d'un droit et donnent à l'arrêté mi-

---

1. Art. 16. Loi de 1831.
2. Art. 17.
3. Art. 6.

nistériel le caractère contentieux que lui reconnaît aujourd'hui la jurisprudence du conseil d'Etat, qui peut être saisi des recours sans frais. La perte de la pension doit être prononcée pour cause de détournement, malversations reconnues, démission donnée à prix d'argent, condamnation à une peine afflictive et infamante.

Les pensions ont un caractère alimentaire qui a motivé les règles suivantes : payement des arrérages par trimestre au porteur, quel qu'il soit, du brevet d'inscription, nanti d'un certificat de vie des pensionnaires ; — déchéance des pensions rayées des livres du Trésor après trois ans de non-réclamation, sans que leur rétablissement puisse donner lieu à aucun rappel d'arrérages ; — prohibition du cumul de la pension de retraite avec une autre pension de retraite ou traitement d'activité, à moins que la pension et le traitement dans un service différent ne dépassent pas quinze cents fr., ou que les deux pensions cumulées n'excèdent pas six mille fr., pourvu qu'il n'y ait pas double emploi dans les services qui forment la base de la liquidation : la prohibition ne s'applique pas si l'allocation constitue une indemnité. Contrairement à la logique qui admettrait à la rigueur que deux pensions payées sur des fonds de retenue puissent se cumuler, mais non le cumul de n'importe quelle pension avec une autre payée sur des fonds généraux, les militaires ne sont pas soumis à cette troisième règle. Viennent maintenant les règles favorables : il n'y en a que deux ; en revanche ils bénéficient de chacune d'elles. Elles se rapportent à l'art. 1598 du Code Napoléon ainsi conçu : « Tout ce qui est dans le commerce peut être vendu lorsque des lois particulières n'en ont pas prohibé l'aliénation. » On peut dire encore que la dernière est une exception à l'art. 2092 du même Code, par lequel tous les biens mobiliers et immobiliers d'un débiteur sont dits être la garantie du payement de son obligation au créancier. Leur importance fait que nous leur consacrons un paragraphe spécial.

§ IV. Les pensions militaires et leurs arrérages sont incessibles et insaisissables, excepté en cas de débit envers l'Etat ou dans les circonstances prévues par les art. 203 et 205 du Code civil. Dans ces deux cas les pensions militaires sont passibles de retenues qui ne peuvent excéder le cinquième de leur montant pour cause de débet, et le troisième pour cause d'aliment (1). Les dispositions ci-contre, en ce qui concerne les retenues pour aliment, s'appliquent

____

Art. 28 de la loi du 11 avril 1831.

à l'égard des femmes des pensionnaires par l'art. 214 du Code civil et par le décret du 11 janvier 1808.

On ne pouvait pousser la condescendance pour les glorieux débris de nos armées jusqu'à leur permettre d'éluder des obligations naturelles : 1° *Nourrir, entretenir et élever leurs enfants.* Au reste, pour que cette obligation existe, il faut que les enfants ne puissent trouver dans leur travail, leur éducation et leur position sociale des ressources suffisantes pour subvenir à leur subsistance. Cette obligation pèse aussi sur le père naturel en faveur de l'enfant qu'il a reconnu, le Code, art. 203 , ne s'exprime pas, mais elle résulte *a fortiori* des droits d'aliments accordés aux enfants incestueux par l'art. 762 ; elle se déduit d'ailleurs de la nature (1). 2° *Fournir des aliments à ses père et mère et autres ascendants qui sont dans le besoin,* c'est-à-dire tout ce qui est nécessaire à la vie, le logement, la nourriture, les vêtements. L'obligation de fournir des aliments à quelqu'un s'acquitte ordinairement par une pension fixée par les tribunaux. Le gendre doit également et dans les mêmes circonstances des aliments à ses beau-père et belle-mère, mais cette obligation cesse lorsque la belle-mère a convolé en secondes noces, ou que l'époux qui produisait l'affinité et les enfants issus de son union sont décédés. (2) Cette obligation existe lors même que le beau-père ou la belle-mère seraient liés au mari militaire par la parenté naturelle uniquement (3). 3° *Fournir à sa femme tout ce qui est nécessaire pour les besoins de la vie selon ses facultés et son état* (4), puisqu'il lui doit protection, secours et assistance (5) même hors du domicile conjugal, si, par le fait de son mari, elle ne pouvait y habiter avec sûreté et bien qu'elle n'eût pas formé préalablement demande en séparation de corps.

Passons maintenant au second cas pour lequel les pensions militaires sont incessibles. Lorsque la Cour des comptes fait l'examen des comptes des préposés à la recette, elle recherche s'ils ont fait rentrer dans le délai voulu la totalité des rôles ou des états de produits qu'ils étaient chargés de recouvrer ; lorsqu'elle fait l'examen des comptes des préposés à la dépense, elle recherche si la

1. Avis du conseil d'Etat du 22 décembre 1807, approuvé par l'empereur le 2 janvier 1808. Bulletin des lois, 4° série, n° 174, page 14.
2. Art. 206, C. N.
3. C'est-à-dire lorsque la femme du débiteur serait une fille naturelle reconnue.
4. Art. 214 C. N.
5. Art. 212, C. N.

dépense a été faite et si elle l'a été régulièrement ; aussi toute dépense doit-elle être appuyée des pièces justificatives propres à prouver la réalité et la légalité de la dette. La cour peut rendre trois sortes d'arrêts définitifs : le comptable est quitte, en avance ou en débet : dans le dernier cas il est condamné à solder son débet dans le délai voulu par la loi. Quatre articles du décret du 31 mai 1862 portant règlement général sur la comptabilité publique traitent de cette question. Nous en allons mettre sous les yeux les dispositions.

Les débets avoués par les comptables hors de la présentation de leurs comptes ou constatés, soit administrativement soit judiciairement, produisent intérêt à 5 p. 0|0 l'an au profit de l'État à partir du jour où le versement aurait dû être effectué. Cette disposition s'exécute ainsi qu'il suit : si les débets proviennent de soustractions de valeurs ou d'omission de recettes ou d'un déficit quelconque dans la caisse, les intérêts courent à dater du jour où les fonds ont été détournés de leur destination par le comptable. S'ils proviennent d'erreurs de calcul qui ne peuvent être considérées comme des|infidélités, les intérêts ne courent qu'à dater du jour de la notification de l'acte qui en a constaté le montant. S'ils ont pour cause l'inadmission ou la non-production de pièces justificatives dont la régularité ou l'omission engage la responsabilité des comptables , les intérêts ne commencent à courir que du jour où ces comptables ont été mis en demeure d'y pourvoir. Pour les débets constatés à la suite de circonstances de force majeure, les intérêts ne courent que du moment où le montant en a été mis, par l'administration, à la charge des comptables (1).

Les débets définitivement constatés au profit du Trésor par les divers ministères sont notifiés au ministère des finances dans le délai de 15 jours qui suit la liquidation. Il ne peut être procédé à aucune révision de la liquidation lorsque les débets résultent des comptes acceptés par la partie ou définitivement réglés par des décisions administratives ayant acquis l'autorité de la chose jugée (2).

Aucune remise totale ou partielle de débet ne peut être accordée à titre gracieux que par l'empereur en vertu d'un décret publié au *Moniteur* sur le rapport du ministre liquidateur et sur l'avis du ministre des finances et du conseil d'État (3).

1. Art. 368, décret du 31 mai 1862.
2. Art. 369.
3. Art. 370. — Substituer à *Moniteur, Journal officiel.*

Un état des remises de débets accordées à titre gracieux dans le cours de l'exercice est annexé à la loi du règlement définitif dudit exercice (1).

APPENDICE.

La dotation de l'armée, créée par les lois des 26 avril 1855 et 24 juillet 1860 et qui n'était souvent qu'un emprunt déguisé, était également incessible et insaisissable ; mais depuis la loi du 1er février 1868, les rengagements donnent lieu, après 5 ans de service sous les drapeaux, à une haute paye, mais non plus à une prime.

CHAPITRE IX.

ADMINISTRATION MILITAIRE.

§ 1. — *France.*

L'art. 6 de la Constitution du 14 janvier 1852 reconnaît à l'empereur le commandement des forces de terre et de mer, le droit de déclarer la guerre, celui de faire des traités de paix. Disons, en passant, que les souverains modernes portent le costume militaire avec autant d'affection que les rois de l'ancien régime se revêtaient des insignes juridiques. Or, d'après l'art. 3 de la même Constitution, l'empereur gouverne au moyen des ministres. Le ministre au moyen duquel il exerce cette partie de sa souveraineté est le ministre de la guerre. Il marche le cinquième dans les questions de préséance.

Ses agents auxiliaires généraux, simples employés qui n'ont ni initiative ni responsabilité quoique l'objet de leur administration soit l'exécution de la loi et l'utilité publique, sont : au ministère de la guerre, les chefs de l'*administration générale et centrale de l'armée de terre* ; dans chaque *division militaire*, un *intendant divisionnaire* avec plus ou moins de *sous-intendants* et de *sous-intendants adjoints*. Le corps de l'intendance a sous ses ordres les officiers des divers services administratifs, tels que les vivres, les hôpitaux militaires.

Mais il ne suffit pas que l'administration active ait des agents

1. Art. 371.

directs responsables et des agents directs auxiliaires. Pour que la responsabilité ne soit pas illusoire, il convient que l'administration active soit surveillée, et que des agents d'inspection et de surveillance soient répandus sur tout le territoire. Le ministère de la guerre comprend les inspections suivantes : *services administratifs*, *inspecteurs généraux* (*hôpitaux*, *vivres*, *etc.*).

L'administration consultative est celle qui est placée auprès de chacun des degrés de l'administration active pour l'éclairer de ses avis. C'est la loi du 28 pluviôse an VIII qui a, pour la première fois, séparé d'une manière nette etprécise la *délibération* de *l'action*. Elle a fondé l'action sur *l'unité* et la délibération sur le *nombre*. Ces conseils administratifs qui sont collectifs, et qui ne lient pas les agents de l'administration active, sont en matière militaire : auprès de l'empereur, le conseil des *maréchaux*; auprès du ministre, le comité central de toutes les directions de l'administration centrale, les comités spéciaux de l'infanterie, la cavalerie, l'artillerie, les fortifications, l'administration, l'état-major, la gendarmerie, le conseil de santé ; près du préfet, le conseil de révision.

Indépendamment des agents directs et indirects ou auxiliaires de l'administration générale, il y a un certain nombre d'agents se rattachant à divers ministères, qui n'appartiennent pas par la nature de leurs attributions à l'ordre administratif proprement dit : ce sont les membres du clergé, les magistrats, les professeurs, les représentants de la France à l'étranger, les chefs de l'armée de terre et de mer. Ces derniers sont les officiers. Dans l'armée de terre on distingue : les *sous-officiers*, caporaux, brigadiers, fourriers, sergents et maréchaux-des-logis, dits autrement *bas officiers*, *officiers à brevet* ou *à baguette*; — les *officiers* proprement dits, les lieutenants et capitaines ; — les *officiers supérieurs*, chefs de bataillon ou d'escadron, majors, lieutenants-colonels et colonels ; — les *officiers généraux;* généraux de brigade et de division.

Les troupes placées dans l'intérieur de la France ont donné lieu à la formation de divisions territoriales, commandées par un général de division. Le nombre des *divisions militaires* a plusieurs fois changé : on en compte aujourd'hui 21 qui se composent d'autant de subdivisions qu'il y a de départements. Ces subdivisions sont commandées par des généraux de brigades.

La France, en y comprenant l'Algérie, est partagée en sept grands *commandements* placés sous les ordres des maréchaux. Les chefs-lieux des commandements continentaux sont : Paris,

Lille, Nancy, Lyon, Toulouse, Tours. Le maximum des maréchaux, différent en temps de paix et en temps de guerre, est fixé par la loi. Ils sont, grâce à la Constitution de 1852, sénateurs de droit.

Pour l'entretien et la conservation des places fortes, les zones du territoire des frontières sont partagées en 21 *directions du génie*, et pour la conservation du matériel de l'artillerie en 33 directions d'artillerie.

Les écoles qui doivent pourvoir aux différents services de l'armée sont : l'*école d'application de l'artillerie et du génie*, à Metz ; l'*école d'application du corps d'état-major*, à Paris ; l'*école polytechnique*, à Paris, d'où sortent des officiers élevés destinés à l'artillerie et au génie ; l'*école spéciale militaire* à Saint-Cyr, qui fournit des officiers à l'infanterie, à la cavalerie et à l'état-major ; l'*école de cavalerie*, à Saumur ; le *Prytanée* de la Flèche ; l'*école de tir* au camp de Châlons ; l'*école vétérinaire* à Alfort.

Les hôpitaux militaires y compris les établissements hospitaliers thermaux sont au nombre de 54 ; il existe en outre à Paris une *école d'application de la médecine et de la pharmacie militaires*, et à Strasbourg une *école de service de santé militaire*.

Enfin il y a 17 dépôts de remonte et 20 succursales.

§ II. — *Angleterre.*

Il nous a semblé qu'aujourd'hui où la mode reprend de vanter les institutions Anglaises au détriment de celles de États-Unis, il ne serait pas inutile de jeter un léger coup-d'œil de l'autre côté de la Manche.

Les caractères distinctifs de l'administration anglaise sont : pas de centralisation, pas de hiérarchie, pas de traitement, initiative absolue accordée à l'action individuelle ou collective des citoyens, intervention très-restreinte de l'autorité publique.

Le département de la guerre est le 6e... Il est précédé par la trésorerie, les comités du commerce et de l'éducation du conseil privé, le département des affaires étrangères, celui des colonies. Viennent après, l'Inde, l'amirauté, le bureau de la loi des pauvres.

Le département de la guerre est confié à un secrétaire d'État, chargé de toutes les questions politiques et financières relatives à l'armée. Le secrétaire d'État de la guerre prépare le budget des services qu'il dirige, surveille les dépenses et s'occupe spécialement *de protéger les sujets civils contre les militaires.* Il a sous ses ordres tous les officiers en demi-solde et les sous-officiers retraités ; il dirige le service des prisons militaires, des hôpitaux et du personnel des médecins et chirurgiens. Il contrôle la gestion financière des payeurs des régiments, qui ne peuvent être nommés qu'avec son approbation ; il doit approuver préalablement tout mouvement de troupes ordonné par le commandant en chef. C'est le commandant en chef de l'armée qui exerce au nom du roi le commandement en chef de toutes les troupes du royaume.

Service ressortissant à l'administration de la guerre : Département des fortifications. — Service des plans et département topographique. — Direction générale du service médical. — Surintendance des pensionnaires. — Département du Chapelain général. — Équipements et approvisionnements. — Direction des contrats et marchés. — Commissariat général en chef. — Comptabilité générale. — Département du sollicitor.

LIVRE DEUXIÈME.

EXCEPTIONS AU CODE NAPOLÉON

INSCRITES DANS LE CODE NAPOLÉON LUI-MÊME.

CHAPITRE PREMIER.

DU SERVICE MILITAIRE DANS SES RAPPORTS AVEC LA QUALITÉ DE FRANÇAIS.

§ Ier. — *Acquisition.*

Art. 9 C. N. ; — l. du 22 mars 1849).

Tout individu né en France d'un étranger pourra, dans l'année qui suivra l'époque de sa majorité, réclamer la qualité de Français, pourvu que, dans le cas où il résiderait en France, il déclare que son intention est d'y fixer son domicile et que, dans le cas où il résiderait en pays étranger, il fasse sa soumission de fixer en France son domicile, et qu'il s'établisse dans l'année à compter de l'acte de soumission.

L'individu né en France d'un étranger sera admis, même après l'année qui suivra l'époque de sa majorité, à faire la déclaration prescrite par l'art. 9, s'il s'est trouvé dans l'une des conditions suivantes : 1° s'il sert ou s'il a servi dans les armées de terre ou de mer ; 2° s'il a satisfait à la loi du recrutement sans exciper de son extranéité.

La naturalisation, pourvu qu'elle ait lieu avant la trentième année de l'étranger, en conférant la qualité de Français, donne seule en principe l'aptitude à servir dans l'armée française (1). Toutefois les

---

1. Art. 2. Loi du 22 mars 1831.

individus nés en France d'un père étranger participent à cet avantage onéreux s'ils réclament la qualité de Français dans l'année qui suit la majorité fixée par la loi française ou la loi étrangère suivant quelques auteurs, conformément à l'article 9 du Code Napoléon.

La loi du 29 mars 1849, qui a étendu la disposition de cet article 9, déroge aux principes de 1832 en ce qu'elle admet implicitement l'enfant né en France d'un étranger à contracter un engagement volontaire, mais n'autorise pas à le porter au tableau de recensement. Au contraire l'enfant né en France d'un étranger né lui-même en France, que la loi du 7 février 1851 déclare Français à moins qu'il ne réclame la qualité d'étranger dans l'année qui suit l'époque de sa majorité fixée par la loi française, pourra être compris dans les opérations de recrutement, mais seulement après l'époque où il ne lui sera plus permis de répudier la qualité de Français (1). Cette restriction introduite après coup dans un intérêt de réciprocité très-exagéré en vue du sort de nos nationaux en pays étranger a détruit, disent les semi-libéraux, l'effet que le législateur s'était promis de la loi de 1851. Interpellé, dans la discussion de la loi militaire par les organes de ce parti à la Chambre, le ministre a promis de mettre à l'étude un projet de loi pour empêcher qu'à l'avenir une suite indéfinie de générations puissent profiter des avantages de la qualité de Français sans être soumises aux charges qui l'accompagnent.

L'enfant de l'étranger naturalisé Français que la même loi du 7 février 1851 autorise, quoiqu'il soit né en pays étranger, à obtenir la qualité de Français lorsqu'il la réclame dans l'année de la naturalisation de son père s'il était majeur, ou dans l'année de sa propre majorité s'il était mineur à cette époque, doit, au moment où il devient Français, être soumis au recrutement.

Il en est de même des individus nés, en pays étranger, de Français qui ont perdu cette qualité, auxquel l'art. 10 du C. N. permet de redevenir Français en la réclamant à quelque époque que ce soit.

Toutefois ces divers individus ne seraient assujettis au recrutement qu'autant qu'ils deviendraient Français avant leur trentième année, par application de l'art. 9 de la loi de 1832, qui fixe à 30 ans l'âge passé lequel on ne peut plus inscrire sur les tableaux de recrutement les jeunes gens omis jusque-là.

L'existence des corps spéciaux se recrutant exclusivement de volontaires et dont la formation est autorisée sous le nom de *légion*

---

1. Circul. minist., 15 novembre 1854.

étrangère par la loi du 9 mars 1831, ne porte aucune atteinte au principe de la nationalité militaire puisqu'ils ne peuvent être employés qu'en dehors du territoire continental de la France et incorporés aux troupes françaises (1).

§ II. — *Privation.*

(Art. 21 C. N.)

Le Français qui, sans autorisation de l'Empereur, prendrait du service militaire chez l'étranger ou s'affilierait à une corporation militaire, perdra sa qualité de Français.

Il n'y a pas à distinguer si ce service militaire a été pris contre la France ou un autre pays. Dans le premier cas, sa conduite a été odieuse, et il doit être traité avec défaveur. Dans le second, il s'est exposé à porter les armes contre la France, et sa conduite est également répréhensible. La Cour de cassation a décidé que le certificat d'un officier étranger n'établit pas d'une manière certaine la preuve du service d'un Français dans les armées étrangères et, par suite, la perte de sa qualité (2). La Cour de Metz a jugé que le Français qui a pris du service militaire à l'étranger pendant sa minorité et qui a continué à servir après sa majorité ne perd pas pour cela la qualité de Français (3).

Quelle que soit la cause qui lui ait fait perdre sa qualité, le Français qui a cessé de l'être n'encourt donc en principe aucune peine. S'il a acquis une nationalité nouvelle en perdant la sienne, sa capacité est régie en France par la loi du pays sous l'autorité duquel il s'est placé. Que s'il a cessé d'être Français sans se donner une autre patrie, sa capacité, de même que celle des étrangers qui n'ont point conservé leur nationalité, est régie par la loi française. De même qu'un étranger de naissance, il peut, conformément à la loi du 14 janvier 1819, acquérir ou transmettre par succession, donation ou legs. Toutefois, nous rappelons que le droit de succéder ne lui appartient qu'autant qu'il a demandé et obtenu, avant de se faire naturaliser, l'autorisation de son gouvernement. Dans le cas contraire, il ne peut succéder en France ni comme Français, puisqu'il ne l'est plus, ni même comme étranger. Il perd cette faculté parce qu'il s'est

1. Décrets du 16 avril 1856, 30 juin 1859, 14 décembre 1861.
2. 5 janvier 1847.
3. 25 avril et 10 juillet 1849.

rendu coupable envers son pays en portant sans autorisation ses services à l'étranger (1); or, la faute qu'il a commise et par suite la déchéance qu'elle entraîne ne sont effacées que lorsque le gouvernement lui en a fait la remise en le réintégrant en sa qualité.

Ce décret subsiste encore, car aucune constitution ou loi postérieure n'en a prononcé l'abrogation expresse et générale ; mais, bien entendu, il n'est resté en vigueur qu'en ce qui concerne celles de ses dispositions qui ne sont pas incompatibles avec la législation nouvelle. Ainsi la confiscation des biens qu'il prononçait contre le Français naturalisé sans autorisation n'est plus possible aujourd'hui. Cette peine a été en effet abolie par la charte de 1814, et elle n'a jamais été rétablie. Il est enfin, comme tout autre étranger, soumis à toutes les dispositions de rigueur que la loi a consacrées contre les étrangers en faveur des Français.

Le Français qui a cessé de l'être est sous certains rapports, mais à l'égard seulement des ci-devant Français de l'article 21 , moins favorablement traité qu'un étranger ordinaire. Un étranger peut , quand bon lui semble, et sans autorisation préalable, entrer en France et s'y établir sauf pour le gouvernement faculté de l'expulser s'il le juge à propos (2). La même règle est applicable aux Français qui ont perdu leur qualité par la naturalisation acquise en pays étranger, par l'acceptation, non autorisée du chef de l'État, de fonctions publiques conférées par un gouvernement étranger , par tout établissement fait en pays étranger sans esprit de retour (3), par le mariage d'une femme française avec un étranger (4). Mais la loi s'est montrée plus rigoureuse à l'égard de ceux qui ont cessé de l'être en vertu du premier alinéa de l'article 21 sus-énoncé : ceux-ci ne peuvent rentrer en France qu'avec l'autorisation du gouvernement.

Ajoutons que le ci-devant Français qui porte les armes contre sa patrie est puni de mort (5), tandis que l'étranger qui combat contre elle n'encourt aucune peine. Il est bien entendu que le gouvernement n'invoquera pas cette peine contre le Français auquel il permettrait de rester en France, mais bien contre ceux qui rentreraient sans cette permission.

1. Décret du 26 août 1814.
2. Loi du 11 septembre 1849.
3. C. N., art. 17.
4. C. N., art. 19.
5. Art. 75, C. P.

CHAPITRE II.

DES ACTES DE L'ÉTAT CIVIL CONCERNANT LES MILITAIRES HORS DU TERRITOIRE DE L'EMPIRE.

(Code Napoléon, liv. I, tit. 2, chap. V.)

§ I. — *Exposé des motifs.*

« Le chapitre V des actes de l'état civil concernant les militaires hors du territoire est une création nouvelle. L'accroissement que notre état militaire a pris, la loi qui appelle tous les jeunes Français sans exception ont dû la déterminer. Quand on soignait avec une attention si scrupuleuse l'état civil au dedans du territoire, il ne fallait pas l'abandonner au dehors à l'égard de ces nombreux bataillons qui vont soutenir au delà des frontières la gloire des armes et du nom français. La patrie pour laquelle ils combattent sera toujours avec eux dans leurs camps et sous leurs drapeaux : s'ils lui prodiguent leur sang elle leur prodiguera tous ses soins. Ils préfèrent la gloire à la vie, l'Etat à leur famille ; ils affrontent la mort : la loi recueillera tout ce qui concerne leur état civil dont ils s'occupent trop peu dans leurs immenses sacrifices, elle veillera à ce que leur honorable trépas ne reste pas inconnu dans la poussière d'un champ de bataille et sur la terre étrangère. . . . . .

« Cette institution est pleine d'avantages. D'abord elle protége et assure mieux qu'il ne l'avait jamais été l'état civil des militaires et les intérêts de leur famille. Elle oppose un frein nécessaire au tumulte et à la licence des camps. Elle met obstacle à des mariages abusifs et à la supposition de ceux qui n'existaient même pas abusivement. Elle fournit de meilleurs moyens de constater et les décès nécessairement si multipliés et les naissances aussi, car on en rencontre quelquefois dans les camps comme ces fleurs rares dont la nature égaye les monuments funèbres et couronne les arcs-de-triomphe ».

Ainsi s'exprimait le 17 ventôse an 11 le tribun Siméon dans le rapport fait au nom de la section de législation à l'assemblée dont il était membre, sur la loi relative aux actes de l'état civil qui devait devenir le titre II du 1er livre du code Napoléon. On sait alors quele Corps législatif était muet, mais le tribun Chabot, de l'Allier, l'un des orateurs chargés de présenter le vœu du Tribunat à l'assemblée qui devait voter la loi précitée, prit trois jours après la parole en ces termes : « Le chap. V fixera particulièrement votre attention, il intéresse nos braves militaires. Leur état civil ne peut plus être constaté comme celui des autres citoyens lorsque les armées dans lesquelles ils sont employés se trouvent hors du territoire de la république : il fallait donc à leur égard un mode particulier. Devait-on les soumettre aux lois du pays pour faire constater les actes de leur état civil ? Pouvait-on les autoriser à contracter mariage dans un pays où ils n'auraient pas eu un domicile de 6 mois ? Le premier magistrat de la république a tranché la difficulté par une idée infiniment heureuse et qui porte tout à la fois le caractère de la grandeur et de la vérité. *Le drapeau, dans quelque endroit qu'il se trouve*, a dit le premier consul, *fixe la véritable résidence du militaire français : lorsqu'il est sous ce drapeau il n'est pas à l'étranger*. Ce principe politique, dont la conception appartenait naturellement au héros qui tant de fois a conduit nos armées triomphantes sur le territoire ennemi, va recevoir son application. Ainsi la qualité prééminente de citoyen français accompagnera toujours nos militaires aux armées, quelque part qu'elles se trouvent, elle les suivra partout pour les protéger, sans cesse elle les fera jouir sur la terre étrangère de tous les droits dont ils jouissaient dans leurs foyers. »

§ II. — *Règles générales.*

Les actes de l'état civil faits hors du territoire de l'empire, concernant des militaires ou autres personnes employées à la suite des armées, sont rédigés dans les formes prescrites pour les cas ordinaires, sauf les exceptions dont il va être question. Il résulte, soit de l'article 88, soit de la discussion qui a eu lieu au Conseil d'Etat, que les dispositions concernant les militaires hors du royaume font exception à l'art. 47 ; qu'ainsi les militaires hors de France ne peuvent faire constater l'acte de leur état civil dans les pays où ils se trouvent, mais qu'ils sont rigoureusement astreints à suivre les formes spéciales que la loi a créées pour eux seuls (1). Mais M. Demolombe, n° 315, regarde les art. 88 et suivants comme facultatifs et non établissant une compétence exceptionnelle absolue, de

1. Merlin, repert. t. 10. Etat civil, § 3, n° 1.—Rieff, pag. 672.— Duranton, t. 1, n° 232. — Valette sur Proudhon, t. 1, p. 231. — Dalloz, mariage. — Rogron, sur 88.

manière à enlever aux militaires hors du territoire français le bénéfice du droit commun.

L'exception contenue dans les art. 88 et suivants ne subsiste que pendant que les militaires sont sous les drapeaux ; le militaire prisonnier rentre sous l'empire de la loi commune. Les modifications que les art. 88 et suivants apportent aux règles générales concernant la rédaction des actes de l'état civil sont les seules que les juges puissent admettre.

Le quartier-maître (1), dans chaque corps d'un ou de plusieurs bataillons et escadrons, et le capitaine commandant les autres corps rempliront les fonctions de l'état civil. Ces mêmes fonctions seront remplies pour les officiers sans troupe et pour les employés de l'armée par l'inspecteur aux revues attaché à l'armée ou au corps d'armée. Ce ne sont pas les intendants seuls, mais chacun des officiers composant le corps des intendants ou sous-intendants qui sont chargés de remplir les fonctions d'officiers de l'état civil. La loi ne leur assigne pas un territoire déterminé. Tous les actes qu'ils dressent en cette qualité, avec les formalités requises, sont légaux et valables. Si un événement donnant lieu à la rédaction d'un acte de l'état civil se passait à une distance telle que les témoins fussent dans l'impossibilité de se rendre auprès de l'officier de l'état civil le plus à portée, ou ne pussent pas le faire dans les délais prescrits, le sous-intendant, ou à défaut l'officier présent le plus élevé en grade, recevrait par écrit la déclaration des témoins, en dresserait procès-verbal qu'ils signeraient avec lui, et l'enverrait à l'officier de l'état civil, qui transcrirait cette pièce sur son registre et l'y annexerait.

Les dispositions relatives aux militaires hors du territoire français sont applicables, non-seulement à ceux réunis en corps d'armée au delà des frontières du royaume, ou qui y sont employés dans les corps détachés, mais aussi aux corps qui dans un cas d'invasion ou de révolte se trouveraient dans l'impossibilité de recourir aux officiers publics ordinaires pour constater le décès des militaires qui seraient morts sur le champ de bataille, ou faire divers actes relatifs à l'état civil. Par les mots : employés de l'armée, on entend tout individu appartenant à une entreprise d'un service administratif d'armée, d'une administration militaire, porteur d'une commission du ministre de la guerre, ou du moins commissioné par l'entrepreneur et compris dans le tableau fourni par cet entrepreneur et approuvé

1. D'après un arrêté du 1er vendémiaire, an XII, c'est le major qui remplit ces fonctions.

par le ministre; les vivandières, domestiques, cantiniers, etc., qui n'ont point de commission ministérielle, mais qui sont autorisés à suivre les armées par le major général ou le grand-prévôt.

Il est tenu dans chaque corps de troupes un registre pour les actes de l'état civil relatifs aux individus de ce corps et un autre à l'état-major de l'armée ou d'un corps d'armée pour les actes relatifs aux officiers sans troupes et aux employés. S'il est ouvert un registre particulier pour une division détachée, le sous-intendant doit être autorisé à le tenir par le chef d'état-major au corps d'armée dont cette division faisait partie, et l'inspecteur ou celui qui le remplace doit en être prévenu. La tenue de ces registres militaires remplace celle des registres civils des maires; le droit commun y est applicable quant à la faculté et au mode de suppléer à la preuve qui en résulte. Il faut donc suivre les principes de l'art. 46 du Code civil, à moins d'exception expresse insérée dans quelque loi spéciale. Les registres sont cotés et paraphés dans chaque corps par l'officier qui le commande, et à l'état-major par le chef de l'état-major général. Bien que le Code civil ne dispense pas ces registres de la condition du timbre, on sent qu'elle ne peut être prescrite ici parce que dans le fait son accomplissement serait impossible aux armées. Les registres sont conservés de la même manière que les autres registres des corps et états-majors, et déposés aux archives de la guerre à la rentrée des corps ou armées sur le territoire de l'empire. L'Instruction générale de 1809-1823 prescrit des mesures de détail pour l'exécution de cet article. L'officier de l'état civil du domicile des parties, auquel il aurait été envoyé de l'armée expédition d'un acte de l'état civil, sera tenu de l'inscrire tout de suite sur les registres.

§ III. — *Naissances.*

Les déclarations de naissance à l'armée seront faites dans les dix jours qui suivront l'accouchement. On a fixé pour ce cas un délai plus long parce que les communications peuvent être plus difficiles. Il y a lieu de croire que l'art. 346 du Code pénal, qui punit d'un emprisonnement de 6 jours à 6 mois et d'une amende de 16 à 300 fr. toute personne qui ayant assisté à un accouchement n'aura pas fait la déclaration à elle prescrite par l'art. 56 C. Nap. dans les délais fixés par l'art. 55 du même Code, ne s'applique pas ici. La naissance des enfants venus au monde dans les camps n'est constatée par les chefs de corps et les intendants militaires que lorsqu'ils sont nés de femmes de militaires et d'employés. L'officier chargé de la tenue des registres de l'état civil doit, dans les 10 jours qui suivent l'inscription d'un acte de naissance au registre, en adresser un extrait à l'officier de l'état civil du dernier domicile du père de l'enfant, ou de la mère si le père est inconnu. Cet envoi se fait par l'intermédiaire des ministres de la guerre, de la justice, et des préfets. La signature de l'officier doit être légalisée par le ministre de la guerre, et celle de ce ministre par le garde des sceaux. Les officiers de l'état civil peuvent, comme ceux de l'intérieur du royaume, recevoir des actes de reconnaissance d'enfants naturels.

§ IV. — *Mariages.*

Les publications de mariage des militaires et employés à la suite des armées seront faites au lieu de leur dernier domicile ; elles seront mises en outre, 25 jours avant la célébration du mariage, à l'ordre du jour du corps pour les individus qui tiennent à un corps et à celui de l'armée ou du corps d'armée pour les officiers sans troupe et pour les officiers qui en font partie (1). Immédiatement après l'inscription sur le registre de l'acte de la célébration du mariage, l'officier chargé de la tenue du registre en enverra une expédition à l'officier de l'état civil du dernier domicile des époux (2).

§ V. — *Décès.*

Les actes de décès sont dressés dans chaque corps par le quartier-maître et, pour les officiers sans troupes et les employés, par l'intendant militaire sur l'attestation de trois témoins (3). L'officier de l'état civil doit requérir les témoins qu'il sait exister, s'ils ne se présentent volontairement, et en cas de refus de comparaitre, il doit avoir recours à l'autorité supérieure pour les y contraindre.

Pour le nombre des témoins, les détails ou les termes de l'acte, on ne doit pas moins le dresser en y indiquant les irrégularités qui s'y trouvent, et les motifs qui se sont opposés à ce que la loi fût complétement suivie. Ces espèces d'actes ne valent, pour ainsi dire, que comme commencement de preuve par écrit, et les

1. C. N., art. 91.
2. C. N., art. 95.
3. C. N., art. 96.

tribunaux fixent le degré de valeur qu'on doit y donner. (1) Un extrait des registres de décès tenus dans chaque corps sera envoyé dans les dix jours à l'officier de l'état civil du dernier domicile du *décédé*.

En cas de décès dans les hôpitaux militaires, l'expédition est adressée par le quartier-maître ou l'intendant militaire qui a reçu l'acte du directeur des *hôpitaux* (2). Quant aux militaires morts prisonniers de guerre, les actes de décès sont rédigés selon les formes usitées dans le pays où ils décèdent (3). Il est prescrit au conseil d'administration des corps de recevoir la déclaration des prisonniers de guerre rentrant sur le sort de leurs compagnons de captivité, et ordonné de dresser procès-verbal de ces déclarations pour chaque militaire dont on connaîtra ainsi le décès (4). En cas de décès dans les hôpitaux militaires ambulants ou sédentaires, l'acte en sera rédigé par le directeur de ces hôpitaux et envoyé au quartier-maître du corps ou à l'intendant militaire de l'armée ou du corps d'armée dont le décédé faisait partie (5) ; d'après le texte précis de l'art. 97 . ce n'est jamais le directeur de l'hôpital qui adresse les actes de décès à l'officier civil du dernier domicile ; il les envoie au quartier-maître ou à l'état-major, et c'est de là qu'il sont adressés au dernier domicile.

Pour les militaires tués sur le champ de bataille, l'officier de l'état civil se fait rendre compte, à la suite de chaque action, par les sergents-majors des compagnies, des noms des militaires manquants. Il fait appeler ensuite par chaque individu trois témoins qui attestent la cause de l'absence. Il constate par des actes séparés la mort ou la prise par l'ennemi des hommes absents. Les officiers de l'état civil relatent le genre de mort dans les actes de décès relatifs aux individus morts sur le champ de bataille ou des suites des blessures reçues en combattant l'ennemi, ou des maladies provenant des fatigues de la guerre, ou enfin morts de maladies ordinaires ; tout cela sera spécifié par des officiers de santé. Les événements de la guerre empêchent souvent qu'on puisse se conformer à toutes les dispositions prescrites par la loi.

1. Art. 90, C. N.
2. Art. 97, id.
3. Duranton, t. 1, n° 332.
4. Lettre du ministre de la guerre, 23 fructidor, an IX.
5. C. N., art. 97.

§ VI. — *Appendice.*

Les guerres soutenues par la France de 1792 à 1815 avaient multiplié les difficultés qui s'opposaient à la constatation du décès d'un grand nombre de militaires ou employés des armées, qui avaient cessé de paraître. A leur égard des mesures particulières devenaient indispensables : elles se trouvent dans les art. 3, 5, 10 et 12 de la loi du 13 janvier 1817. Les dispositions de cette loi avaient été violées, et l'on faisait un abus dangereux des certificats délivrés par le ministre de la guerre que les officiers de l'état civil considéraient comme des actes de décès faisant pleine foi : d'où il est résulté, par exemple, que des femmes s'étaient remariées sur la présentation de pareils certificats et que leur premier mari avait reparu après une captivité prolongée. Pour prémunir les familles contre les dangers de cette nature, le garde des sceaux a envoyé, le 19 mai 1823, aux procureurs généraux une circulaire qui classe les différentes espèces de certificats et le degré de foi qui est dû à chacune d'elles.

CHAPITRE III.

DIMINUTION ET ACQUISITION DE LA PUISSANCE PATERNELLE

---

§ I. — *Diminution par l'enrôlement volontaire.*

374 C. N.

L'enfant ne peut quitter la maison paternelle sans la permission de son père, si ce n'est pour enrôlement volontaire après 18 ans révolus.

L'article 108 du Code Napoléon décide que le mineur n'a pas d'autre domicile que celui de ses père et mère. Cependant l'enfant pourrait quitter la maison dans laquelle son père l'aurait placée, par exemple, une maison d'éducation.

Fénelon a dit quelque part : « J'aime mieux ma famille que moi-même, ma patrie que ma famille et l'humanité que ma patrie. » On serait tenté d'appliquer ici cette pensée et d'applaudir à cette disposition. Mais on n'a qu'à se souvenir qu'elle fut rendue sous l'inspiration d'un homme qui *a trop aimé la guerre* (1), et qui pen-

---

1. Mot de Louis XIV mourant au duc d'Anjou.

sait être le modèle de ses successeurs, pour changer d'avis et supposer transitoire un moyen d'avoir des soldats, malgré la volonté des familles, pour des expéditions ruineuses et personnelles.

La loi du 21 mai 1832, suur l'organisation de l'armée, paraît avoir compris le mauvais côté de la règle inscrite dans le Code Civil, et son article 32 exige que, si l'engagé a moins de vingt ans, il justifie du consentement de ses père, mère et tuteur: ce dernier autorisé du conseil de famille.

Une autre modification indirecte a été faite à l'article 374 du Code Napoléon par le décret du 10 juillet 1848, qui a abaissé d'un an l'âge où l'on est capable de s'engager.

Sous l'empire de la législation nouvelle qui en apparence paraît revenue aux principes de la révolution, en imposant à tous le service militaire, le nombre des engagés est fortement restreint; celui des rengagés par la force des choses serait plutôt, au contraire, sur le point d'augmenter que sur celui de diminuer; mais nous n'avons point à nous occuper de cette classe de soldats qui par son âge est libérée de la puissance paternelle.

§ II. — *Adoption rémunératoire.*

L'adoption est un contrat judiciaire. Elle a été instituée comme une consolation offerte à ceux qui n'ont pas eu le bonheur d'avoir des enfants, ou qui ont eu le malheur de perdre ceux qu'ils ont eus. C'est en outre une institution de secours pour les orphelins et cette classe nombreuse d'enfants, que leurs père et mère ne peuvent pas élever. En procurant aux célibataires les jouissances d'une paternité légitime, l'adoption, si elle eût été trop facile, aurait pu altérer l'institution du mariage. La loi a su éviter cet écueil par les sages précautions qu'elle a prises. L'adoption n'était pas en usage dans notre ancienne jurisprudence, elle a été introduite en France par une loi de notre droit intermédiaire (1). Lors de la confection du Code, le premier consul soutint que l'adopté devait, sorti de la famille, y laisser tous ses biens, et entrer tout nu, dans la famille de l'adoptant, auquel devaient appartenir désormais tous les droits que le père naturel avait, tels que les droits de puissance paternelle et de successibilité: l'adopté devait en un mot avoir dans sa famille fictive la condition qu'il perdait dans sa famille naturelle, c'est-à-dire la condition complète et absolue d'un enfant légitime; mais cette théorie

1. Lois 18 janv. 1702, 25 germinal, an XI.

ne prévalut pas. Toutefois le Code renferme quelques vestiges du système qui a été abandonné.

L'adoption rémunératoire est celle qui a sa source dans un sentiment de reconnaissance inspiré par le dévouement de l'adopté, qui au péril de sa vie a sauvé celle de l'adoptant, par exemple, en venant à son secours dans un combat. C'est le cas qui fait l'objet du présent chapitre. L'adoption rémunératoire est encore dite privilégiée, parce qu'à raison de la noblesse et de la pureté du sentiment qui l'inspire, elle est affranchie de certaines conditions auxquelles est subordonnée l'adoption ordinaire.

De la règle qui veut que l'adoptant soit âgé de cinquante ans, il suffit qu'il soit majeur; de celle qui exige que l'adoptant ait au moins 18 ans de plus que l'adopté, il suffit qu'il soit, ne fût-ce que d'un jour, plus âgé que lui, et de celle suivant laquelle l'adoption n'est permise qu'autant que l'adoptant a donné à l'adopté, pendant que celui-ci était mineur, des soins et des secours pendant six ans, le service qu'a reçu l'adoptant est une garantie de son attachement pour l'adopté. Sauf ces trois différences l'adoption rémunératoire est soumise aux autres conditions de l'adoption ordinaire. Il faut que l'adoptant n'ait au moment de l'adoption ni enfants ni descendants légitimes; qu'il obtienne lorsqu'il est marié le consentement de son conjoint, car il ne faut pas perdre de vue que l'enfant adoptif devenu le fils légitime de l'un des époux n'est qu'un étranger dans les rapports avec l'autre époux, et que la présence de l'enfant adoptif sans cette formalité serait une cause incessante de troubles et de discussions entre les époux. L'adoptant doit encore jouir d'une bonne réputation. De son côté l'adopté doit être majeur, n'avoir pas été adopté par une autre personne, si ce n'est pas le conjoint de celle qui se propose de l'adopter, et obtenir s'il n'a pas encore vingt-cinq ans accomplis le consentement de ses père et mère, et s'il a plus de vingt-cinq ans, qu'il requère au moins leur conseil.

Les termes de l'adoption sont au nombre de trois : consentement des parties manifesté en présence d'un juge de paix qui en dresse acte; — homologation du contrat d'adoption par la justice; — inscription de l'adoption sur les registres de l'état civil. L'adopté n'entre point dans la famille de l'adoptant, aucun lien de parenté ne l'unit aux parents de ce dernier. L'adoption n'établit aucun lien de parenté entre l'adoptant et les parents de l'adopté. L'adopté reste dans sa famille naturelle : il y conserve tous ses droits et tous ses devoirs. L'adopté ajoute à son nom de famille le nom de l'adoptant. Toutefois lorsque l'adoption a été faite par une femme mariée ou une veuve, ce n'est pas le nom de son mari, c'est le sien propre, son nom de fille qui est transmis à l'adopté. Le mariage est prohibé entre l'adoptant, l'adopté et ses descendants, entre les enfants adoptifs du même individu, entre l'adopté et les enfants qui peuvent survenir à l'adoptant, entre l'adopté et le conjoint de l'adoptant, et réciproquement entre l'adoptant et le conjoint de l'adopté.

L'adopté a sur la succession de l'adoptant tous les droits qu'y aurait un enfant légitime; et il en est ainsi alors même qu'il existe des enfants légitimes survenus à l'adoptant depuis l'adoption. L'adoptant et ses parents n'ont aucun droit à la succession de l'adopté. Toutefois les biens que l'adopté a reçus de l'adoptant ou qu'il a recueillis dans sa succession, ne passent point à la famille de l'adopté : ils font retour à l'adoptant ou, s'il est mort, à ses descendants.

CHAPITRE IV.

EXEMPTION DE LA TUTELLE.

(C. N., art. 428, 436.)

1° Toute personne est tenue d'accepter et de gérer la tutelle qui lui est déférée, si elle n'a pas une cause d'excuses pour se dispenser de l'accepter, ou pour s'en faire décharger. Les causes d'excuses sont au nombre de sept. Celles qui résultent de certaines fonctions ou services publics et du nombre d'enfants font seuls l'objet de notre examen, qui a de l'analogie avec celui qu'on a pu remarquer en droit romain.

Quelle que soit la nature de l'excuse, il est toujous permis d'y renoncer. La renonciation n'est soumise à aucune condition de forme, elle peut donc être expresse ou tacite. Ainsi le tuteur qui a accepté la tutelle ne peut pas s'en faire décharger en invoquant des excuses dont la cause existait déjà quand il a consenti à se charger de la tutelle, car, par son acceptation, il a tacitement renoncé au bénéfice des excuses qu'il aurait pu faire valoir et qu'il n'a pas invoquées.

Les excuses sont de plusieurs sortes; les unes produisent leur effet, quelle que soit leur date. Existent-elles déjà quand la tutelle est ouverte, le tuteur auquel elle est déférée peut les invoquer pour se dispenser de l'accepter ; surviennent-elles après qu'il a accepté, il peut les proposer pour s'en faire décharger, excusant *a suscipienda* et *a suscepta tutela*. D'autres au contraire ne sont efficaces qu'autant qu'elles sont antérieures à la tutelle, elles dispensent d'accepter la tutelle *a suscipienda tutela*, mais elles ne suffisent point pour se faire décharger d'une tutelle acceptée *a suscepta tutela*. Ainsi la loi est moins favorable à la décharge d'une tutelle acceptée, qu'à la non-acceptation de la tutelle. C'est que la décharge d'une tutelle acceptée a un inconvénient qu'il importe d'éviter le plus possible, le changement du tuteur. Car outre que ce changement fait obstacle à la bonne administration des biens, il occasionne des frais qui restent à la charge du mineur. Enfin quelques-unes sont perpétuelles et d'autres temporaires.

C'est à la personne qui invoque une excuse à la prouver. Elle doit donc, lorsque la mission qu'elle remplit n'est pas authentique et qu'elle est constatée, en faire la preuve par la représentation du certificat du ministre dans le département duquel se place la mission invoquée comme excuse.

2° Parmi ceux qui sont exempts des charges de la tutelle, parce qu'ils remplissent certaines fonctions ou services publics, sont les militaires en activité de service. Cette excuse est fondée sur l'intérêt général, la loi n'a pas voulu que l'intérêt particulier des mineurs pût entraver le service de l'État. Toutefois elle s'en rapporte aux fonctionnaires eux-mêmes du soin de décider s'ils peuvent, sans préjudice pour l'État, suffire au double devoir de fonctionnaires publics et de tuteurs. Ainsi elle les laisse maîtres d'invoquer les excuses qu'elle met à leur disposition.

Toutes les autres excuses ont pour fondement l'intérêt du tuteur. Les fonctions ou services publics excusent *a suscipienda* et *a suscepta tutela*. Ainsi le tuteur était-il déjà fonctionnaire public quand la tutelle lui a été déférée, il peut refuser de la prendre ; mais bien entendu il doit, sous peine de déchéance, invoquer son excuse avant de s'immiscer dans la gestion des biens, et dans un bref délai, autrement il serait réputé avoir renoncé au bénéfice de son excuse. Est-ce depuis la tutelle acceptée qu'il a été investi des fonctions ou services publics qui lui servent d'excuses, il peut se faire décharger de la tutelle pourvu qu'il le demande dans le mois ; passé ce délai il est non recevable. Les fonctions ou services publics appartiennent à la classe des excuses temporaires. Ainsi lorsque le militaire cesse de l'être, alors que dure encore la tutelle qu'il a refusé de prendre ou dont il s'est fait décharger, le conseil de famille peut la lui rendre s'il la demande, ou même quoiqu'il ne la demande pas, si le nouveau tuteur nommé à sa place demande sa décharge. Le conseil de famille est investi à cet égard d'un pouvoir discrétionnaire et souverain, la loi s'en rapporte à sa sagesse ; c'est à lui de voir s'il convient mieux de laisser la tutelle au tuteur en exercice ou de la rendre à l'ancien (1).

3° Ceux qui ont cinq enfants légitimes actuellement existants sont dispensé de toute tutelle autre que celle des dits enfants. Les enfants naturels quoique reconnus et les enfants adoptifs ne comptent point ; il faudrait au contraire compter les enfants légitimés, car la loi elle-même les assimile aux enfants légitimes (2). On ne met pas au nombre des enfants, pour servir d'excuse, ceux qui ne sont pas encore nés quoiqu'ils soient conçus ; la règle *infans conceptus pro nato habetur* ne s'applique qu'au cas où il s'agit directement de l'intérêt de l'enfant : *quoties de commodis ejus agitur*. Toutefois et par exception, la loi veut qu'on compte : les enfants décédés en activité de service dans les armées de l'Empire (il n'y a pas à cet égard à distinguer par quel genre de mort ils ont cessé de vivre : qu'ils soient morts en combattant ou autrement, qu'importe, il suffit que la mort les ait frappés alors qu'ils étaient au service de l'Empire ; les enfants décédés qui ont laissé des enfants légitimes actuellement vivants. Les petits-enfants, en quelque nombre qu'ils soient, ne comptent que pour l'enfant dont ils sont issus.

Lorsque le nombre de cinq enfants ne s'est complété que depuis l'acceptation de la tutelle, il n'y a plus lieu à notre excuse, le nombre d'enfants excuse *a suscipienda tutela* mais non *a suscepta*.

4° Si le tuteur nommé est présent à la délibération qui lui défère la tutelle, il devra sur-le-champ et sous peine d'être déclaré non recevable dans toute réclamation ultérieure proposer ses excuses, sur lesquelles le conseil de famille délibérera (3).

Il est urgent pour le pupille que le tuteur soit déféré d'une manière certaine. Si le tuteur nommé n'a pas assisté à la délibéra-

1. Arg. tiré du mot *peut* de l'art. 431, C. N.
2. Art. 333, C. N.
3. Art. 438, C. N.

tion qui lui défère la tutelle, il pourra faire convoquer le conseil de famille pour délibérer sur ses excuses (1). Il faut appliquer cette disposition au tuteur légitime et au tuteur testamentaire. Tous les deux doivent faire convoquer le conseil de famille pour proposer leurs excuses dans les trois jours où ils ont eu la connaissance de l'évènement qui a donné lieu à la tutelle. Passé ce délai, le conseil ne sera plus dans l'obligation d'admettre des excuses. La disposition s'appliquerait encore à celui qui s'étant fait représenter par un mandataire aurait été nommé tuteur, car il n'a pas assisté réellement à la délibération, et d'ailleurs il pourrait ignorer qu'il serait nommé. Le délai sera augmenté d'un jour par trois myriamètres de distance du lieu de son domicile à celui de l'ouverture de la tutelle.

Si ses excuses sont rejetées, il pourra se pourvoir devant les tribunaux pour les faire admettre, mais il sera pendant le litige tenu d'administrer provisoirement (2). Dans ce cas il pourra former sa demande contre les membres qui auront été d'avis de rejeter les excuses (3).

S'il parvient à se faire exempter de la tutelle, ceux qui auront rejeté l'excuse pourront être condamnés aux frais de l'instance : s'il succombe, il sera condamné lui-même (4). Si des motifs blâmables ont poussé les membres du conseil de famille à contester les excuses des tuteurs, ils seront condamnés aux dépens, mais si c'est l'affection qu'ils portent au mineur et l'utilité qu'ils croyaient entrevoir pour lui, c'est le tuteur qui paiera les frais conjointement avec les autres frais de tutelle. Quant à lui tuteur, ses excuses étaient mal fondées puisqu'elles sont rejetées, et il a eu tort de les présenter ; il doit donc toujours être condamné aux frais.

1. Art. 439, § 1, C. N.
2. Art. 440, C. N.
3. Art. 883, C. P. C.
4. Art. 441, C. N.

CHAPITRE V.

TESTAMENT MILITAIRE.

(C. N., liv. III, tit. II, chap. v.)

---

§ 1. — *Historique.* — *Divergences dés pays de droit écrit et de droit coutumier.*

Loisel dans ses Institutes coutumières, comparant le système successoral de son pays à celui usité à Rome, écrit : « Les Français comme *gens de guerre* ont reçu divers patrimoines et plusieurs sortes d'héritiers d'une seule personne ». Un tel peuple, qui avait pris une exception écrite dans le droit romain en faveur des soldats pour règle de son droit civil, devait se laisser aller aux testaments militaires. Faits de vive voix et sans formalités, ils étaient alors approuvés et reçus dans toutes les cours souveraines du royaume, dit Maynard (D. 5, chap. 03, N° 5). Froissart a conservé un exemple assez curieux d'un testament militaire valablement fait en 1388 (1).

« Vous savez si comme il est contenu ci-dessus en notre histoire
« comment messire Guillaume de Lignac et messire Jean de Bonne
« Lance et plusieurs autres chevaliers et écuyers d'Auvergne et de
« Limousin avaient asstégé le chastel de Ventadour et Geoffroy
« Tête Noire dedans......

« Or avint qu'à une escarmouche qui y fut Geoffroy Tête Noire
« s'avança si avant que du trait d'une arbalète tout outre le bas-
« sinet et la coëffe ils furent percés et fut navré d'un carrel en tête
« tant qu'il lui en convint gésir au lit......

(*Relation de ses imprudences.*) « Mais avant que la mort le prit,
« il en eut bien connaissance : il lui fut dit qu'il s'était mal gardé
« et qu'il était et gisait en grand péril car sa tête était apostumée
« et qu'il voulait penser à ses besognes et à ses ordonnances ; il y
« pensa et fit ses legs sur telle forme et par telle ordonnance que
« je vous dirai.

---

1. Les chroniques, l. III, ch. 132. Comment Geoffroy Tête noire, ayant été blessé par la tête en une escarmouche, fit quelque excés qui le mena mourir, et du testament qu'il fit par avant ayant substitué deux autres capitaines en sa place.

« Tout premièrement il fit venir devant lui et en sa présence
« tous les souverains compagnons de la garnison et qui le plus
« étaient usés d'armes, et quand il les vit, il s'assit en my son lit
« et puis il leur dit ainsi......

« (*Il prend des dispositions pour la défense de la place et se nomme*
« *un successeur.*) « Quand toutes ces choses furent faites, Geof-
« froy Tête Noire parla encore et dit : Or bien seigneurs vous
« avez obéi à mon plaisir. Si vous en sais gré et pour ce je veuil que
« vous partissiez à ce que vous avez aidé à conquérir. Je vous dis
« que en cette arche que vous viez là (et lors la montra tout à son
« droit) a jusques à la somme de 30000 fr. J'en veuil ordonner,
« donner et laisser en ma conscience et vous accomplirez loyale-
« ment mon testament; dites oui : et ils répondirent tous : Sire,
« Oui. Tout premier, je laisse à la chapelle de Saint-Georges qui
« sied au clos de céans pour les réfections dix mille et cinq cents
« francs. — En après à ma mie qui loyaument m'a servi, deux
« mille cinq cents francs. — Et puis à Alain Roux votre capitaine
« quatre mille francs, — et à Pierre Roux son frère deux mille francs,
« — et à mes varlets de chambre cinq cents francs. — A mes offi-
« ciers mille et cinq cents francs. — Item le plus je laisse et
« ordonne ainsi que je vous dirai. Vous êtes, comme il me semble,
« tous trente compagnons d'un fait et d'une entreprise ; et devez
« être frères, et d'une alliance sans débat et viotte, ni est vif avoir
« entre vous. Tout ce que je vous ai dit, vous trouverez en l'arche.
« Si départez entre vous trente le surplus bellement; et si vous ne
« pouvez être d'accord et que le diable se tenaille entre vous,
« viez là une hache bonne et forte et bien taillant et rompez l'ar-
« che ; puis ne ait qui ne pourra avoir.

« A ces mots répondirent-ils tous et dirent : Sire et maître, nous
« serons bien d'accord; nous avons tant douté et aimé que nous ne
« romprons mie l'arche et ne briserons ja chose que vous avez
« ordonnée et commandée.

« Ainsi que je vous conte alla et fut du testament Geoffroy Tête
« Noire et ne resquit depuis que deux jours et fut enseveli en la
« chapelle de Saint-Georges de Ventadour. Tout ce fut accompli, et
« les 30000 fr. départis à chacun ainsi que dit et ordonné l'avait et
« demeurèrent capitaine de Ventadour Alain Roux et Pierre Roux. »

Le grand Coutumier de France établit qu'en 1409 (1). les testa-

<hr>

ments militaires étaient en usage. Il y a des écrits d'Henri III (1) qui décident que les testaments militaires faits pendant les troubles de la Ligue seront valables.

En ce temps-là on admettait bien, d'après Justinien, que le seul militaire en expédition pouvait profiter de ce droit et, disait-on, le militaire est en expédition, lors même que le fait du combat n'est pas imminent, lors même que le soldat est simplement en marche ou en garnison, pourvu que l'état de guerre soit certain. Aussi, aux fêtes de Noël 1578, fut déclaré valable par privilége militaire le testament d'un écolier qui, enrôlé pour aller en guerre, avait déclaré ses dernières volontés en présence de son capitaine et de son sergent-major (2).

Nous trouvons encore un arrêt rendu par le parlement de Toulouse, le 13 avril 1627, dans une espèce non moins curieuse. Un homme, venant de s'enrôler dans cette ville, se rend aux Cordeliers et reçoit le Saint-Sacrement : puis il appelle deux religieux dont l'un était son frère et il leur remet un écrit scellé et cacheté, qu'il leur dit renfermer ses dernières dispositions, et les prie de témoigner, en cas de mort, que cet écrit contient sa dernière volonté. Huit jours après cet homme fut tué à l'assaut, et, comme le testament avait été fait sur le départ, il fut déclaré valable à titre de testament militaire, bien qu'il fût fait en ville, et qu'il manquât, du reste, des formalités du droit commun.

Mais, en cette matière comme partout, des divergences ne devaient pas tarder à s'élever entre les pays situés au Nord de la Loire et ceux du Midi. L'Ordonnance d'Orléans 1560, ordonnant que les testaments fussent signés des testateurs, et celle de Moulins 1566, due à l'initiative du grand chancelier Michel de l'Hôpital, rejetant la preuve par témoins des choses qui excédaient 100 livres, furent les points de départ saillants de cette séparation de mœurs et de jurisprudence. Fidèle aux traditions romaines, la 2e chambre des requêtes du parlement de Toulouse, en 1580, valida, quoique fait à l'encontre des ordonnances précitées, le testament d'un soldat qui n'avait fait que déclarer ses dernières volontés à ses compagnons au moment d'aller à l'assaut de Puylaurens, où incontinent il périt sur la brèche (3). Aux grands jours de Clermont, le 22 novembre 1582, une fille fut reçue à faire preuve

1. 1576 et 1577.
2. Maynard, l. 5, quæst. 17.
3. Maynard, l. 5, ch. 93, nos 11, 12, 13.

par témoins du testament militaire de son père (1) ; la doctrine était d'accord avec la jurisprudence, et Bretonnier (2) cite ce testament d'un certain comte d'Albou qui fut tué en 1702 dans la guerre d'Italie, sous Vendôme, testament fait en cette forme et dont la validité ne paraît pas avoir été contestée. La déclaration du major du régiment de carabiniers auquel le mort appartenait, va nous montrer en pareil cas comment les choses se passaient.

A Monsieur le grand prévôt de l'armée d'Italie. « Sur ce que nous
« avons appris que Messire Claude d'Albou, capitaine des carabi-
« niers de la brigade d'Aubeterre, aurait été blessé à l'escorte des
« fourrages le 30 juin dernier, à la tête d'une troupe de carabiniers
« qu'il commandait, et qu'avant de mourir il avait déclaré sa der-
« nière volonté, en présence de plusieurs personnes, par laquelle il
« dispose de tous ses biens ; et comme en ma qualité de major
« des carabiniers il est de mon devoir de mettre en sûreté les effets
« des carabiniers après leur mort et de faire mettre en règle
« leurs dernières volontés, je m'adresse à vous, Monsieur, pour vous
« prier d'entendre les personnes qui étaient présentes lors de la
« mort dudit sieur d'Albou, qui sont dépositaires de ses dernières
« volontés. » .....

Le parlement de Paris au contraire condamnait tous les testaments nuncupatifs et n'admettait aucune exception en faveur du testament militaire, malgré les protestations de quelques jurisconsultes. Dans les autres pays de droit coutumier (3), Basnage nous apprend qu'on suivait à peu près les mêmes traces. En l'audience de la Grande Chambre du parlement de Paris, il fut rendu, au mois de juin 1619, sur les conclusions de Lebret, un arrêt qui déclara nul, comme ayant été fait sans écrit, le testament du sieur Landry, capitaine, qui avait été tué au siége de Soissons (4). C'est pourquoi Henrys (5), quoique écrivant en pays de droit écrit, mais dans une province soumise à la juridiction du parlement de Paris, pensait que si la disposition n'était que verbale et nuncupative, la preuve n'en pouvait plus être reçue. Toutefois on admettait que le testament d'un militaire pouvait être dispensé des formalités ordinaires (6) : arrêt du 19 mai 1592 qui confirme un testament fait par

1. Louet, test. mil. somm. 7.
2. Bretonnier, observations sur Henrys, l. 5, ch. 4, quæst. 37, 13.
3. La Normandie, a t. 413, pag. 201, col. 2.
4. Décisions, l. 3, ch. 4.
5. L. 5, ch. 37.
6. Ricard, part. 1, n° 1633

un officier, en la Coutume de Sens, bien que la solennité prescrite n'ait pas été observée; testament mutuel que s'étaient fait deux officiers au siége de Dôle, déclaré valable sur les conclusions de l'avocat général Talon; arrêt du parlement de Rouen du 6 avril 1628 qui valide le testament d'un militaire en expédition, reçu par un Cordelier, en présence de deux soldats, et non signé du testateur (1). L'Ordonnance de 1633 a mis fin à ces divergences : elle a exigé que toutes les dispositions testamentaires fussent écrites, et il n'a plus été permis aux militaires de tester de vive voix. L'art. 27 prescrit, sur les testaments de cette classe de personnes, des dispositions sur lesquelles l'art. 981 a été en partie calqué.

§ II. — *Quels sont ceux qui jouissent de ce bénéfice. En quelles formes sont reçues les dernières volontés des militaires en campagne hors de France, des blessés ou de ceux qui défendent le pays envahi, et comment ce testament devient caduc ; à quelles règles il est néanmoins soumis.*

C. N. art. 981, 982, 983, 984, 998.

« La loi serait incomplète si elle privait une partie nombreuse des citoyens, et ceux surtout qui ne sont loin de leurs foyers que pour la défense de leur patrie, d'un droit aussi naturel et aussi précieux que celui de disposer par testament », a dit Bigot-Préameneu dans son exposé des motifs de la loi relative aux donations entre vifs et aux testaments, présentée aux Chambres le 2 floréal an 11. Après lui, M. Joubert, au nom de la section de législation, s'est exprimé en ces termes devant le Tribunat (2) : « La législation de tous les peuples civilisés a établi des règles particulières sur les testaments militaires. Le Code civil aurait-il pu se montrer indifférent envers nos guerriers, lorsqu'il s'agit de leur assurer la plus grande consolation que l'homme puisse avoir en quittant la vie ? Aussi le projet multiplie autant qu'il est possible les moyens en faveur des militaires et des individus employés dans les armées ». Sur ce, le Corps législatif a voté le 3 mai 1803 la section 2° du chap. v du Titre II du Livre III du Code civil, dont les quatre premiers articles autorisent et réglementent au IX° siècle le testa-

____

1. Basnage sur Normandie, art. 113, p. 201, col. 1.
2. 0 Floréal an 11.

ment militaire que nous avons vu fonctionner à Rome et survivre même aux révolutions sociales, suites des grandes invasions.

Art. 081.— Quelles sont les personnes qui peuvent tester militairement ? Aux termes de l'art. 081, ce sont les militaires et les individus employés aux armées. Malgré Marcadé (1), nous pensons d'après l'art. 31 de l'Ordon. de 1735, avec MM. Duranton (2) et Troplong (3), que ces mots « individus employés aux armées » doivent être entendus dans un sens assez large. Nous croyons qu'il faut accorder le testament militaire à ceux qui exercent une fonction, un emploi, qui rendent un service quelconque dans les armées, pourvu que ce soit à titre public, avec une commission du gouvernement ou du commandant supérieur. Mais celui qui, sans appartenir aux cadres de l'armée, servirait un militaire, par exemple le domestique personnel d'un général, n'aurait pas le même droit. Dans cette dernière classe de personnes, (celle qui a été assimilée aux militaires), il n'est pas nécessaire comme à Rome, pour la validité de leur testament *jure militari*, que ceux qui en font partie soient enveloppés dans un danger pressant et y succombent. C'est ce qu'on peut inférer d'un arrêt de la Cour de Liége, du 20 prairial, an XII, qui valida le testament du comte de Mercy d'Argenteau, ministre plénipotentiaire d'Autriche, attaché à l'armée pour traiter suivant les circonstances avec les parties belligérantes. Ce testament avait été fait militairement à Bruxelles, le 6 mars 1794, à 30 lieues du théâtre de la guerre, et le testateur était mort à Londres, le 25 août de la même année. Il n'émanait pas, disaient ses héritiers maternels, d'un militaire, et il avait été fait dans une ville tranquille et loin du théâtre des hostilités.

Par qui l'acte est-il reçu ? Le notaire du testament ordinaire est remplacé par un chef de bataillon ou d'escadron ou tout autre officier supérieur, ou par un commissaire des guerres, aujourd'hui sous-intendant militaire ; deux témoins doivent les assister, ou même deux commissaires de guerre peuvent instrumenter sans témoins. D'après le texte rigoureux, mais très-clair de la loi, le chef de bataillon ou d'escadron ne peut jamais recevoir le testament qu'avec deux témoins : deux chefs de bataillon ne pourraient pas procéder sans témoins.

1. Sur l'art. 981, n° 1. Marcadé.
2. T. 9, n° 147. Duranton.
3. N° 1696. Troplong.

Art. 082.—Dans le cas où le testateur est malade ou blessé, la loi offre au soldat encore plus de facilité pour tester. Outre les personnes précédemment désignées, l'officier de santé en chef assisté du commandant militaire chargé de la police de l'hospice pourra recevoir son testament. De la discussion qui eut lieu au conseil d'État il résulte que cet article, quoique ne parlant pas de l'hospice, s'applique à plus forte raison au malade qui est à l'ambulance. Dans ce cas, c'est l'officier chargé de commander le détachement près de cette ambulance qui, suivant M. Troplong, assistera l'officier de santé.

Art. 983. — L'Ordonnance de 1735, dans son art. 30, et l'art. 983 du Code Napoléon ont limité les cas dans lesquels on peut tester militairement, plus strictement qu'à Rome, où on concluait que partout où le soldat se trouvait pour un service de guerre se rattachant à une expédition contre l'ennemi il pouvait tester militairement. Divers arrêts des parlements avaient, sous les rois de notre troisième race, admis cette interprétation. Aujourd'hui ce privilége n'est accordé qu'à ceux qui sont en expédition militaire, ou en quartier, ou en garnison *hors du territoire de l'Empire* ou *prisonniers chez l'ennemi* (1). Ceux qui sont en quartier ou en garnison à l'intérieur ne peuvent en profiter, à moins qu'ils ne se trouvent dans une place assiégée ou dans une citadelle ou autres lieux dont les portes seraient fermées et les communications interrompues à cause de la guerre.

L'art. 983 s'applique au cas où, une partie du territoire français étant envahie comme dans les désastres de 1814, l'armée française y serait à l'état de guerre et combattrait tous les jours pour la défense du pays. Mais Napoléon n'a pas prévu directement un cas dont il devait être la cause.

M. Troplong (2) croit qu'à une place assiégée il faut assimiler une ville en état de siége, parce que le soldat y est exposé à des dangers pareils à ceux du champ de bataille, et que d'un autre côté il est soumis à des consignes exceptionnelles et rigoureuses qui le mettent en dehors des communications journalières au moyen desquelles s'accomplissent les actes de la vie civile.

1. Cette faveur suppose qu'ils ont pour compagnons de captivité des officiers du grade et de la qualité de ceux dont l'art. 982 fait mention. Conformément au droit des gens on ne regarde comme prisonniers de guerre que ceux qui sont pris par une puissance régulière et non, par exemple, par des pirates.
2. Troplong, 653, sur l'art. 983.

Le militaire qui se trouvait en service actif à l'étranger et qui a reçu son congé définitif, ayant cessé d'être militaire et d'appartenir à l'armée, nous ne pensons pas qu'il puisse jouir du bénéfice du testament militaire, pendant son voyage pour revenir en France. Le commandant supérieur d'une armée ou tout autre officier auquel le commandement est retiré et qui reçoit du gouvernement une autre destination ne cesse pas pour cela d'être militaire.

Il importe peu que le testament fait dans une place assiégée l'ait été dans un moment où une suspension d'hostilités avait été conclue, et où les communications étaient assez libres pour permettre au testateur d'employer le ministère d'un notaire. En 1814, le général de division Gratien commandait la ville de Plaisance assiégée par les Autrichiens. Le 25 avril, veille de sa mort, il fit son testament dans les formes voulues par le Code Napoléon. Mais la dame Pélissier, son héritière légitime, prétendit que la ville italienne n'était pas assiégée au moment de la confection du testament, s'appuyant sur un certificat du podestat qui portait que pendant le cours de l'année 1814 les notaires n'avaient pas été empêchés dans sa juridiction d'exercer leurs fonctions par la présence des armées étrangères, et qu'ils avaient continué à recevoir tous les actes pour lesquels ils étaient requis ; qu'à la vérité les Autrichiens étaient, les 23 et 24, aux portes de la ville; mais que la nouvelle des changements survenus en France avait fait cesser les hostilités ; que les armées avaient même passé une convention et étaient restées fort tranquilles, et que d'ailleurs il n'y avait eu aucun obstacle à la circulation intérieure. La Cour de Paris, par un arrêt du 15 mars 1815, déclara le testament valable, et entre autres motifs elle établit que la discontinuation des attaques n'a jamais été prise pour la fin d'un siége, parce qu'il y a nécessairement des intervalles dans les opérations des assiégeants.

Art. 984.— Le testament militaire est nul six mois après que le testateur est revenu dans un lieu où il a la liberté d'employer les formes ordinaires. Si avant l'expiration des six mois le militaire était obligé de se rendre dans un autre endroit où il y avait lieu aussi à jouir du privilége militaire, ses dispositions n'auraient pas été annulées. Sous la loi romaine où le délai était d'un an, on validait le testament d'un militaire qui avait pris son congé, mais qui était rentré au service avant l'expiration de cette année.

Art. 998. — Les testaments militaires doivent néanmoins être signés par le testateur, à moins qu'il ne déclare la cause qui l'empêche de signer, auquel cas il en est fait mention. Celui qui reçoit le testament est tenu de le signer ; et dans le cas où la présence de deux témoins est requise, l'un d'eux au moins devra le signer, et il sera fait mention de la cause pour laquelle l'autre n'a pas signé.

Cependant il ne sera pas nécessaire que le testament du soldat soit dicté comme le testament reçu par acte public dans la forme ordinaire. La pensée du disposant pourra être communiquée à l'officier instrumentaire au moyen d'un écrit ou même de signes. Le droit romain permettait aux soldats de tester par gestes, et cette manière si souvent éloquente est approuvée par le droit naturel et par la raison ; il est même reconnu qu'une donation entre vifs peut se faire par gestes.

Les fonctionnaires que, dans ces cas spéciaux, la loi charge de recevoir les testaments pourront se dispenser de les écrire eux-mêmes. Le sens du mot *reçu* qu'elle a employé n'est pas strict ; et en prescrivant expressément, dans l'article que nous commentons, la signature des fonctionnaires chargés de recevoir les testaments spéciaux, elle semble ne rien demander de plus. Il n'est pas indispensable que l'officier instrumentaire constate que le testament a été lu.

La capacité des témoins n'ayant pas été réglée par le Code, une grande controverse s'est élevée. M. Marcadé (1), qui professe que le testament militaire existe indépendamment du testament ordinaire, qu'il ne se rattache en rien au droit commun, soutient que des personnes qui ne pourraient être témoins d'après l'article 975, peuvent assister en cette qualité au testament d'un militaire. M. Coin Delisle, qui avait pris le contre-pied de cette doctrine et qui aurait désavoué nos trois décisions précédentes, conséquent avec son enseignement, a soutenu sur la capacité des témoins l'empire des règles générales. Ce qu'il y a de certain, c'est qu'ne Instruction donnée par le ministre de la guerre du 24 brumaire an XII rappelle qu'ils doivent être mâles et majeurs. MM. Vazeille (2) et Troplong (3) sont d'un avis moyen. Ils sont bien d'avis d'étendre l'application des dispositions du Code *spécial* aux testaments militaires, mais lorsque la volonté du législateur est sur un point important

1. Marcadé, s. l'art. 998, n° 2.
2. Vazeille s. l'art. 981, n° 3.
3. Troplong, n° 1731.

complètement muette, il faut avoir recours aux principes généraux. Nous tenons pour l'opinion de M. Marcadé : ainsi s'il y avait parmi les témoins un légataire, un parent, ou un allié du légataire au degré prohibé, la forme privilégiée du testament couvrirait la nullité.

Cependant ce serait aller bien loin que de décider que ces testaments ne doivent pas être datés à peine de nullité et que l'on pourrait juger aujourd'hui, comme le faisait le parlement de Toulouse le 15 juillet 1654, que les témoins d'un testament reçu en temps de peste pourraient être du sexe féminin, à l'encontre de l'art. 980.

Évidemment encore, l'art. 967, qui dispense le testament de contenir une institution d'héritier, et l'art. 968, qui prohibe les testaments mutuels conjonctifs, sont applicables.

L'interprétation, surtout de la rédaction des testaments reçus par les officiers de l'armée de terre, doit être faite largement. On ne peut admettre d'eux la connaissance des formules et des expressions techniques, auxquelles les notaires sont accoutumés, mais que les militaires ne comprennent pas.

Les notaires ont-ils le droit de recevoir les testaments privilégiés sans se soumettre aux règles qu'ils doivent suivre pour les testaments passés dans les circonstances ordinaires ? Nous avons maintes raisons pour soutenir la négative, bien que MM. Marcadé (1), Troplong (2), Vazeille se soient rangés à l'opinion contraire, sous prétexte qu'il en était ainsi sous l'empire de l'Ordonnance de 1735.

1. Marcadé, s. l'art. 998, n° 3.
2. Troplong, n° 1733.

CHAPITRE VI.

RAPPORT DES DONATIONS FAITES EN VUE DU SERVICE MILITAIRE.

(C. N., art. 851, 852.)

L'expression *rapport*, à proprement parler, ne désigne que la remise dans la masse partageable des biens dont le défunt a disposé par acte entre vifs. Toutefois, comme les règles qui régissent le vrai rapport sont, à peu de chose près, applicables à la défense faite à l'héritier de réclamer le legs dont le défunt l'a gratifié, la loi a cru pouvoir employer le mot rapport pour désigner aussi le *maintien* dans la masse des biens qui ont été légués.

Le fondement sur lequel repose l'idée de rapport est, d'une part, le désir qu'a la loi de maintenir l'égalité entre les cohéritiers, et, d'autre part, la présomption légale que le *de cujus* n'a pas eu l'intention de déroger à cette égalité, en faisant une libéralité à l'un des successibles.

Quels avantages sont sujets à rapport, quels avantages n'y sont pas soumis ? Le Code Napoléon, dans les art. 851 et 852, tranche cette question pour les donations faites en vue du service militaire.

1° *Sommes employées par le* de cujus *à libérer du service militaire l'un des successibles.* — Le successible libéré doit le rapport de ces sommes : il le doit soit comme donataire, si le *de cujus* a entendu lui faire une libéralité, soit comme débiteur, s'il n'a voulu que lui avancer la somme nécessaire à sa libération. — Il est bien entendu, au reste, que le rapport n'est pas dû si le père, trouvant dans son fils un travailleur utile, l'a libéré pour son propre avantage. Dans ce cas, en effet, le père n'a fait que gérer sa propre affaire.

2° *Frais ordinaires d'équipement.* — Ces frais ne sont pas rapportables. Pourquoi ? L'auteur de ces dépenses a, en les faisant, accompli une obligation *purement naturelle* ; or, le paiement d'une dette n'a aucune base dans la loi civile que le législateur confie à la conscience de chacun, constitue précisément une donation (1). On a dit : Ces dépenses ont, à la vérité, profité aux successibles dans

1. C. N., art. 1235.

l'intérêt duquel elles ont été faites, mais elles n'ont pas nui aux autres héritiers : il est en effet probable que le *de cujus* les a faites *sur ses revenus* : or, s'il n'eût pas employé ainsi ses revenus, il les eût dépensés d'une autre manière : il aurait eu plus de luxe dans sa maison, *lautius vixisset*. Cette considération a bien pu entrer pour quelque chose dans les dispositions que nous expliquons : mais je ne pense pas qu'elle en ait été la raison essentielle et déterminante. Les frais d'équipement, que la loi met sur la même ligne que ceux d'apprentissage et d'éducation, ne sont pas rapportables alors même qu'ils sont pris sur le *capital* : la loi, en effet, ne fait aucune distinction ; donc il n'est pas exact de dire que si les frais d'équipement, ainsi que ceux d'entretien et d'éducation, ne sont pas soumis au rapport, c'est *uniquement* parce qu'ils sont présumés pris sur les revenus. Si la loi a fait cette exception, c'est surtout, je crois, parce qu'il eût été trop dur pour le successible de rapporter des sommes qui ont été, il est vrai, dépensées à son profit, mais qui ne se trouvent pas dans son patrimoine, qu'il n'a pas capitalisées.

LIVRE TROISIÈME.

EXCEPTIONS AU CODE NAPOLÉON

INSCRITES DANS LES LOIS PARTICULIÈRES ET SURTOUT DANS LE DROIT ADMINISTRATIF.

CHAPITRE PREMIER.

PRIVATION DES DROITS POLITIQUES.

§ I. — Si le législateur a accordé aux soldats quelques priviléges, il les leur a fait payer cher. Sous presque toutes les constitutions qui ont gouverné la France depuis 1789, ils ont été privés de leurs droits politiques, en fait, sinon en droit : ne pouvant voter que dans la commune où ils étaient domiciliés au moment de leur départ pour l'armée. C'est un des immortels honneurs de la révolution de 1848, d'avoir brisé cette chaîne dorée, quoiqu'en disent les partisans de l'obéissance passive. La loi électorale des 8-28 février, 15-18 mars 1849 prévoyait le mode de votation des soldats.

Art. 17. — « Dès que les listes seront devenues définitives, le préfet en enverra à l'intendant militaire un extrait contenant les noms de tous les électeurs en activité de service militaire. L'intendant militaire adressera aux conseils d'administration, aux chefs de corps, copie officielle de la partie de cet extrait concernant les hommes sous leurs ordres. » .....

Art. 19. — « Quinze jours avant l'élection, le préfet fera publier dans le recueil des actes administratifs du département le tableau des corps auxquels appartiennent les électeurs du département en activité de service militaire et l'indication des lieux où les corps se trouvent. Ce tableau sera en même temps déposé au secrétariat de la préfecture, pour y être communiqué à toute réquisition. »

Art. 62. — « Les militaires présents sous les drapeaux sont, dans chaque localité, répartis en sections électorales par départements.—

Chaque section est présidée par l'officier ou le sous-officier le plus élevé en grade, ou, à défaut, par le soldat le plus ancien assisté de quatre scrutateurs. — Ces quatre scrutateurs sont les deux plus âgés et les deux plus jeunes électeurs présents sachant lire et écrire....

« Le résultat est pour chaque département envoyé au préfet par le président de la section. — Le résultat, transmis par le préfet au président du bureau électoral du chef lieu, est compris dans le recensement général des votes du département. — Néanmoins, l'exercice du droit électoral est suspendu pour les armées en campagne..... »

L'empire est revenu à l'ancien système.

Il a été jugé que les gendarmes de la garde et les cent-gardes, par suite de la perpétuité de leur garnison à Paris, étaient électeurs.

Dès l'instant où les casernes deviennent des locaux de votes, elles sont par là même des lieux publics où chacun a le droit d'entrer. Cela a été jugé, lors de l'élection Ferry, en 1869, contre feu le général Lawœstine, dans la section des Invalides. La loi électorale dit, en effet, que tout vote accompli dans un local qui ne serait pas public, est nul.

§ III. D'un autre côté des pénalités occasionnées par les lois de recrutement sont venues grossir le nombre des incapacités militaires. Ce sont le cas des :

1. Jeunes gens omis sur les tableaux de recensement, par suite de fraude ou manœuvre; exclusion perpétuelle s'il y a eu emprisonnement (1).

2. Jeunes gens appelés à faire partie du contingent de la classe qui se sont rendus impropres au service militaire, soit temporairement, soit d'une manière permanente dans le but de se soustraire aux obligations imposées par la loi (2).

3. Substitution ou remplacement effectués, soit en contravention à la loi, soit au moyen de pièces fausses ou de manœuvres frauduleuses ; — complicité (3).

4. Médecins, chirurgiens ou officiers de santé, qui, déjà désignés pour assister au conseil de révision ou dans la prévoyance de cette désignation, ont reçu des dons ou des promesses pour être favorables aux jeunes gens qu'ils doivent examiner, ou qui ont reçu des dons

1. L. 21 mars 1832, art. 38, ibid., 14, § 13.
2. L. 21 mars, art. 41, ibid , 14, § 13.
3. L. 21 mars 1832, art. 43. — Décret 2 février 1852, art 15, § 13.

pour une réforme justement prononcée; exclusion perpétuelle s'il y a eu emprisonnement, quelle qu'en ait été la durée (1).

La justice veut qu'aucun de ces criminels ne soit électeur.

§ III. - Jusqu'à présent je n'ai parlé que des élections municipales, départementales et législatives. La ratification de tous les plébiscites qui intéressaient les changements de gouvernement ou de dynastie, a été soumise aux militaires comme aux autres citoyens. L'emploi de cette forme d'appel au peuple fut fréquent sous la première république. Napoléon I⁰ʳ l'employa après le 18 brumaire, après l'offre des grands corps de l'État de le nommer consul à vie, après celle de le nommer empereur, mais il n'eut pas à se réjouir de cette dernière, car deux millions et demi de suffrages se prononcèrent contre lui sur six millions de votants, et, parmi les opposants, on compta la majorité de l'armée et surtout de ses illustres chefs, qui avaient conservé intact l'héritage des doctrines conventionnelles. La grâce de Dieu suffit à la Restauration : la monarchie de juillet ne voulut pas davantage se retremper dans la volonté nationale. De 1848 à 1851, votant pour la nomination des conseillers municipaux, des conseillers généraux, des députés, *a fortiori*, l'armée était admise à l'élection présidentielle ou à des décisions équivalentes en importance. C'est la seule capacité électorale que lui avait laissée le coup d'État, encore ne paraît-elle pas pouvoir être l'objet d'une application fréquente, puisque l'hérédité est devenue la tête de notre système gouvernemental. Néanmoins le plébiscite du 8 mai a été soumis à sa ratification.

Art. 53. (L. 2, 21 février 1851). — «Pour l'élection du président de la République, une loi spéciale fixera le mode de votation de l'armée. »

§ IV. — Jamais électeurs, les militaires ne devinrent éligibles que sous le premier régime impérial dans la personne de leurs chefs ; et, comme fonctionnaires, domiciliés suivant la loi commune, au chef-lieu de leur commandement. Mais le principe reçut peu d'application, et la loi du 5 février 1817 rétablit aussitôt cette incapacité pour les officiers généraux commandant les divisions militaires, dans les départements où ils exercent leurs fonctions. Elle fut maintenue par la loi du 19 avril 1831, maintenue encore par celle de février et mars 1849. En haine du cumul qui avait été la plaie de la

1. L. 21 mars 1832, art. 45. — Décret 2 février 1852, art. 15, § 13.

chambre précédente, la république ne permit aux autres militaires d'être représentants du peuple, qu'autant qu'ils renonçeraient à leur situation d'activité : elle proscrivait même les officiers hors cadres, les soldats en congé temporaire (1). Le commandant supérieur des gardes nationales de la Seine pouvait seul conserver ses fonctions et siéger à l'assemblée (2). On sait l'usage qui fut fait de ces dispositions : les sergents Boichot et Ratier allèrent prendre place à côté des généraux Cavaignac, Lamoricière, Bedeau, Changarnier et le colonel Charras.

L'empire déclara tout d'abord incompatible avec la qualité de député n'importe quelle fonction rétribuée (3) : l'année dernière, quelques hauts fonctionnaires furent relevés de cette prohibition par un sénatus-consulte (4), mais le soldat est resté dans son état d'infériorité primitive. Deux de ses chefs, le commandant supérieur des gardes nationales de la Seine et les officiers généraux commandant les divisions et subdivisions militaires, qui, comme fonctionnaires résidant au chef-lieu de leur commandement, auraient pu être élus, virent leur incapacité prolongée encore de six mois après la sortie de leurs places (5).

CHAPITRE II.

DES MILITAIRES ABSENTS.

§ I. — *Historique.*

Ici l'ancienne jurisprudence française serait vainement consultée. C'est plutôt dans la législation romaine qu'on trouverait des précédents. Essentiellement conquérante, Rome devait être amenée par ses mœurs et par les nécessités mêmes de sa situation à s'occuper du sort des militaires absents et à l'entourer de protection : nous savons ce qu'elle fit.

Rien de semblable ou d'analogue dans l'ancienne jurisprudence française, et même, il faut le dire, s'il y avait une différence entre les militaires et les autres citoyens relativement à l'absence, elle était

1. Lois des 2-28 février, 15-18 mars 1849, art. 87.
2. Id. ibid., art. 85, art. 88.
3. Art. 29, décret du 2 février 1852.
4. Sénatus-consulte, 12 juillet 1869.
5. Art. 30, décret du 2 février 1852.

plus contraire que favorable aux militaires, dont l'absence et même le décès étaient plus facilement présumés à cause des dangers auxquels les exposait la profession des armes (1). Ainsi ils n'avaient aucun droit aux priviléges accordés aux soldats romains. C'est ce qu'atteste Mornac (2). *Militiæ romanæ privilegia*, dit-il, *militibus nostris, nimirum a vetere illa militari disciplina alienissimis, non competere*: et il cite à l'appui un ancien arrêt du parlement de Paris du 18 décembre 1598. C'est encore ce qui résulte d'autres arrêts. Dunod, *des Prescript*. part. I, chap. XII, en cite un du parlement de Besançon du 13 décembre 1706 qui jugea que la prescription avait couru contre un officier pendant qu'il était occupé au service. Enfin on peut consulter un arrêt du parlement de Provence du 2 juin 1710 et un autre du parlement de Paris du 7 décembre 1711, rapportés dans le nouveau Denisart (3), et rendus l'un et l'autre dans le même sens.

L'absence des militaires a donné lieu avant et depuis le Code Napoléon à des dispositions exceptionnelles formant pour eux une législation spéciale abrogée en partie, il est vrai, mais qu'il est cependant utile de connaître. Ces dispositions se trouvent dans quatre lois dont nous allons présenter ici une analyse succincte.

La première est du 11 ventôse an II, 1er mars 1794;

La deuxième du 16 fructidor an II, 2 septembre 1794:

La troisième de 6 brumaire an V, 27 octobre 1796;

La dernière du 13 janvier 1817.

Les trois premières de ces lois, antérieures à la publication du Code Napoléon et que cette publication n'a point abrogées selon nous, avaient pour but de protéger d'une manière toute particulière les militaires et autres citoyens attachés au service des armées.

§ II. — *Lois le ventôse et fructidor an II.*

D'après la loi du 11 ventôse an II, quand il s'ouvrait une succession à laquelle un militaire était appelé, le juge de paix qui avait mis les scellés était tenu d'en avertir ce militaire, s'il savait à quel corps il était attaché, et d'en instruire aussi le ministre de la guerre afin que celui-ci en fit parvenir la nouvelle au militaire (4). Si dans le délai d'un mois l'absent ne donnait pas de nouvelles et n'envoyait

1. V. Pothier, tit. 17, de la Cout. d'Orl., introd. sect. 5, art. 1, n° 36.
2. Sur la loi 40 ff. Ex quibus causis maj.
3. Continuation; v° Absence pour le service de l'État, n° 2.
4. Art. 1.

pas de procuration, l'agent national (1) de la commune où la succession s'était ouverte devait convoquer un conseil de famille à l'effet de nommer un curateur à l'absent. Ce curateur était chargé de faire lever les scellés et d'administrer les biens de la succession ou de la part de la succession échue au militaire absent, pour lui en rendre compte s'il revenait (2).

La loi du 16 fructidor an II ne fait qu'étendre ces dispositions de la loi de ventôse à tous les citoyens attachés au service des armées. Tout le monde n'est pas d'accord sur le sens de cette loi de ventôse an II, ni sur la question de savoir si elle est encore en vigueur. Voici les deux solutions que nous sommes prêts à soutenir :

1. Cette loi faisait bien taire la présomption de mort résultant des art. 135 et 136 C. N., mais elle n'établissait point un sens contraire, une présomption de survie; elle laissait régner l'incertitude et se bornait à empêcher ceux qui avaient recueilli la succession, à défaut du militaire absent, de prendre cette succession (3).

2 La loi de ventôse nous paraît encore en vigueur aujourd'hui.

§ III. — *Loi de brumaire an V.*

La loi du 6 brumaire an V, qui était toute de circonstance, comme son texte même l'indique, prescrivait, dans l'intérêt des militaires, diverses mesures tendant à la conservation de leurs droits et de leurs propriétés. Ainsi aucune prescription ni péremption d'instance n'a pu s'acquérir contre eux depuis leur départ jusqu'à l'expiration d'un mois, après la publication de la paix générale, ou l'obtention du congé absolu à eux accordé. Ce délai d'un mois augmentait et pouvait être étendu jusqu'à deux ans, suivant les lieux où se trouverait le militaire au moment de la publication de la paix (4).

Les jugements prononcés contre ces militaires ne pouvaient donner lieu à aucune expropriation ni dépossession, et ne devaient du reste être mis à exécution qu'à la charge, par le poursuivant, de donner caution, le cas échéant (5).

Ces mesures extraordinaires ont cessé, bien entendu, dans les

1. Aujourd'hui le maire.
2. Art. 3 et 4.
3. En ce sens, Rouen, 20 juin 1817. — Nancy, 1er mars 1827. — Bordeaux, 22 mai 1827. — Contra, Cassation, 9 mars 1810.
4. Art. 2.
5. Art. 4 et 5.

délais prescrits par la loi même qui les ordonnait, c'est-à-dire un mois (ou tout au plus, et pour quelques-uns seulement, deux ans) après la paix générale, laquelle, comme on sait, a été conclue à Paris le 30 mai 1814. Toutefois le délai que cette loi de brumaire avait fixé a été prorogé par celle du 21 octobre 1814 jusqu'au 1er avril 1815, pour tous les militaires non rentrés en France à cette époque du 21 décembre 1814.

§ IV. — *Loi de 1817.*

Le grand nombre de militaires qui avaient disparu dans les guerres qui ont eu lieu depuis 1702 jusqu'en 1815 avait jeté les familles et les biens dans un état d'incertitude et de suspension qui devait appeler l'attention toute spéciale du législateur. La loi du 13 janvier 1817 est venue permettre de faire prononcer avec des formalités moins difficiles que celles du Code, et sous un bref délai, leur déclaration d'absence.

D'après le Code, la déclaration d'absence d'un individu ne peut être demandée qu'après quatre ans ou même dix ans depuis son départ ou ses dernières nouvelles, selon qu'il a ou non laissé une procuration (1) ; et elle ne peut être prononcée qu'un an plus tard (2). Au contraire, d'après la loi qui nous occupe, les héritiers d'un militaire en activité de service, ayant cessé avant le 20 novembre 1815 de paraître à son corps, au lieu de son domicile ou de sa résidence, ont pu se pourvoir tout de suite en déclaration d'absence (3).

Il fallait cependant qu'il ne s'agît pas d'un militaire ayant appartenu à un corps ou à un équipage servant hors d'Europe : dans ce cas en effet la déclaration ne pouvait être prononcée qu'après quatre ans depuis la disparition (4). Dans le cas d'une procuration, les envoyés en possession seraient tenus, si l'absent reparaissait, de restituer *la totalité* des fruits perçus pendant les dix premières années d'absence (5).

Les enquêtes exigées par le Code Napoléon (6) ne sont, d'après ce même art. 4 de la loi de janvier 1817, que facultatives pour le tribunal à l'égard des militaires dont cette loi s'occupe.

La publicité par insertion au *Moniteur* (7) qu'exige l'art. 118 du

---

1. Art. 115 et 121, C. N.
2. Art. 116 et 119, C. N.
3. Art. 1, loi 13 janv. 1817.
4. Art. 4, loi 13 janv. 1817.
5. Art. 9, id.
6. C. N., art. 119.
7. Aujourd'hui *Journal officiel.*

Code pour le jugement qui prononce l'absence n'est point exigée par la loi de 1817; elle ne l'est pas non plus pour le jugement qui aurait ordonné des enquêtes si le tribunal avait trouvé bon d'en faire, mais elle est exigée (1) pour la *demande* en déclaration, tandis que le Code ne l'impose point quant à cette demande.

Des auteurs ont vu une dérogation apportée au Code Napoléon par cette loi de janvier 1817, dans la faculté que donne son art. 5 de prouver *par témoins* le décès des militaires dont cette loi s'occupe; nous ne partageons pas cette manière de voir. Cette loi n'était relative, comme on l'a vu, qu'aux militaires qui avaient disparu avant le 20 novembre 1815; ceux donc qui ont pu disparaître postérieurement sont restés et restent soumis au droit commun, c'est-à-dire aux dispositions du Code quant à la déclaration d'absence. Nous disons *quant à la déclaration d'absence*, car tant qu'ils ne seraient qu'absents présumés, c'est la loi du 11 ventôse an II, comme on l'a dit plus haut, qu'il faudrait appliquer.

CHAPITRE III.

DOMAINE MILITAIRE.

(C. N., liv. II, titre I, ch. III)

On appelle *domaine national* la réunion de tous les biens corporels ou incorporels, meubles ou immeubles, qui appartiennent à la nation française. C'est à la loi des 22 novembre et 1er décembre 1790 qu'on doit la disparition de cette expression *domaine de la couronne*, qui avait le même sens sous l'ancienne monarchie, lorsque l'État était Louis XIV ou ses successeurs, et la fortune du roi confondue avec celle de l'universalité de la nation. Ce domaine comprend trois sortes de biens : ceux du domaine public, ceux du domaine de l'État, ceux du domaine de la couronne.

Art. 538.—L'État n'est pas propriétaire de cette première partie du domaine national, appelée le domaine public; il n'en a que la garde et la charge de veiller à sa conservation. Les biens qui composent ce domaine se trouvent placés hors du commerce, suivant la définition de l'art. 538 du Code Napoléon : *les portions du territoire*

---

1. Art. 28, loi 13 janv. 1817.

français qui ne sont pas susceptibles de propriété privée. Leur caractère commun consiste dans une affectation spéciale et permanente à un service d'intérêt général et public.

Art. 540. — Dans la composition du domaine public, entrent pour une bonne partie des biens employés par l'État à la satisfaction des besoins généraux. L'art. 13 de la loi des 8-10 juillet 1791 en contenait l'énumération. Le Code Napoléon, art. 540, a, douze ans après, mais plus brièvement, indiqué les éléments de ce qu'on nomme domaine militaire.

« Tous terrains de fortification des places de guerre ou postes militaires, tels que remparts, parapets, fossés, chemins couverts, esplanades, flaques ou étangs dépendant des fortifications, et tous autres objets faisant partie des moyens défensifs des frontières du royaume, tels que : lignes, redoutes, batteries, retranchements, digues, écluses, canaux et leurs francs-bords lorsqu'ils accompagnent les lignes défensives ou qu'ils en tiennent lieu, quelque part qu'ils soient situés, soit sur les frontières de terre, soit sur les côtes et dans les îles qui les avoisinent, sont déclarés propriétés nationales ; en cette qualité leur conservation est attribuée au ministre de la guerre, et dans aucun cas les corps administratifs ne pourront en disposer ni s'immiscer dans leurs manutentions, d'une autre manière que celle prescrite par la suite du présent décret, sans la participation dudit ministre, lequel, ainsi que ses agents, demeureront responsables en tout ce qui les concerne de la conservation des dites propriétés nationales (1). »

Un décret du 23 avril 1810 constate l'exclusion du domaine militaire des casernes, hôpitaux, corps de garde, magasins, etc., appartenant soit aux communes, soit à l'État. Il n'en faudrait pas cependant conclure que la disposition précitée doit être entendue dans un sens limitatif, et la cour de Douai (2) a fait bénéficier des termes de l'art 538 les casernes défensives et arsenaux qui se rattachent d'une manière immédiate et directe au service défensif de la place.

Art. 537. — « Les biens qui n'appartiennent pas à des particuliers sont administrés, et ne peuvent être aliénés que dans les formes et suivant les règles qui leur sont particulières.

Ce sont les ministres qui, en raison de la nature des services compris dans le département de chacun d'eux, sont investis de la

---

1. Loi des 8-10 juillet 1791, art. 13.
2. 21 août 1865. Baes c. préfet du Nord.

mission qui incombe à l'État de garder et conserver le domaine public.

Voici un aspect de la mission de conserver : « La jurisprudence « du conseil d'État, confirmée par de nombreuses décisions du tri-« bunal des conflits, a fini par triompher sur le point capital : le « droit de fixer les limites du domaine public. Mais jusqu'où va le « droit de délimiter ? Quelle est la nature et l'étendue du droit de « l'administration ? On l'aperçoit clairement, si on se reporte au « texte qui est le fondement de la jurisprudence (1). C'est du « devoir de conserver les chemins, rivières et autres choses com-« munes, qu'on tire le droit de délimiter les chemins, rivières, etc. ; « donc l'administration n'a que le pouvoir de constater un fait. « Elle a le droit de dire : la route, d'après les anciens plans, d'après « les travaux exécutés, s'étend jusqu'à tel point ; le lit du fleuve, « c'est-à-dire le terrain couvert par les plus hautes eaux naviga-« bles, avant tout débordement, s'étend jusqu'à tel point » (2).

Sauf une exception très-restreinte au profit des biens dits du *petit domaine* (3), l'*inaliénabilité* (4), depuis l'ordonnance de Moulins ren-due sous Charles IX dans une assemblée de notables et de grands du royaume, et enregistrée le 13 mai de la même année 1566 par le parlement de Paris, frappait sous l'ancien régime non seulement ce que nous appelons le domaine public, mais aussi la plus grande partie des biens du domaine privé de l'État; sous la Révolution, la nation étant rentrée en possession d'elle-même, ce principe fut con-sidéré comme n'ayant plus sa raison d'être (5). Mais deux mois avant de se séparer, la Constituante (6) renouvela la distinction entre les propriétés nationales aliénables et celles inaliénables, entre le domaine privé qu'il est bon de pouvoir aliéner dans de certaines circonstances, et au profit de l'État lui-même, et le domaine public que son affectation à l'usage de tous doit rendre inviolable.

Art. 541. — L'art. 538 du Code Napoléon consacre le principe en proclamant les dépendances du domaine public non susceptibles de propriété privée, tandis que l'art. 541, se référant malgré une erreur manifeste de rédaction à une dépendance du domaine privé

1. Lois des 22 décembre 1789, 8 janvier 1790, art. 2, sect. 3.
2. Observat. de M. Aucoc, commissaire du gouvernement, aff. de la soc. la *Gazette*, 15 décembre 1866.
3. Édit de février 1566.
4. Sacra sancta lex quæ reges ipsos adstringit (d'Argentré).
5. Loi des 22 novembre — 1 décembre 1790.
6. Loi des 8-10 juillet 1791, tit. IV, art. 1 et 2.

de l'État, porte que cette seconde sorte de biens lui appartient (ex. les terrains, les fortifications et remparts des places qui ne sont plus places de guerre), s'ils n'ont été valablement aliénés ou si la propriété n'a pas été prescrite contre lui.

Art. 2226. — La loi de 1790, en appliquant dans le passé la loi de l'inaliénabilité contre les concessionnaires de biens aux droits domaniaux, atteignait aussi les détenteurs à titre de proscription, et de même qu'elle rendait les biens aliénables pour l'avenir, de même elle les rendait prescriptibles par 40 ans (1).

Le Code Napoléon (art. 2227) a ramené à 30 ans la prescription du domaine privé de la nation; l'art. 2226, disposant qu'on ne peut prescrire le domaine des biens qui ne sont pas dans le commerce, régit le domaine public.

CHAPITRE IV.

EXPROPRIATION MILITAIRE.

(C. N. art. 545; — loi du 3 mai 1841.

§ I. — *Droit à l'indemnité.*

L'art. 17 de la Déclaration de l'homme et du citoyen disait : « La propriété est un droit inviolable et sacré; nul ne peut en être privé, si ce n'est lorsque la nécessité publique légalement constatée l'exige *évidemment*, et sous la condition d'une juste et préalable indemnité ». C'est le Code Napoléon qui a commencé à tenir compte de la seconde partie d'une disposition qui, en 1789, n'avait pas d'ailleurs été admise sans contestation, mais à un autre point de vue. Art 545. « Nul ne peut être obligé à céder sa propriété, si ce n'est pour cause d'utilité publique et moyennant une juste et préalable indemnité. »

La loi du 3 mai 1841 fait un autre pas dans cette voie, mais on doit dire qu'elle limita le langage des lois de 1810 et 1833, qu'elle prescrivit des formes de haute utilité et qu'elle fut contemporaine de la création des chemins de fer. Enfin, le 26 mars 1852, un décret législatif ouvrit la porte à ces grands travaux parisiens, si discutés depuis 1860.

1. Art. 36.

Il y a trois classes d'expropriants: l'État, les département, les communes ; — leurs concessionnaires ; — les associations syndicales autorisées.

Les servitudes militaires n'emportant la dépossession d'aucune partie de terrain et ne constituant pas, par conséquent, une expropriation dans le sens de la loi du 3 mai 1841, les propriétaires ne sont pas fondés à prétendre que les servitudes ne peuvent pas être appliquées sans une indemnité préalable (1). La jurisprudence et la doctrine sont du même avis sur ce point, mais la loi est silencieuse. Bien plus, en dehors de cas déterminés, tout fait de guerre n'ouvre aucun droit à indemnité (2).

Dans un ordre d'idées analogue, les faits de pillage, d'exaction de l'ennemi ne peuvent également ouvrir aucun droit, à indemnité contre l'État, le département, la commune (3).

Le texte, qui reconnaît aux propriétaires qui subissent des dommages par suite de l'établissement ou de la défense des places fortes le droit de réclamer des indemnités, est le décret du 10 août 1853 (4). Tels sont les cas d'incorporation d'une propriété privée au domaine public militaire : dommage causé par occupation temporaire de terrain pendant l'état de paix et pendant la guerre, les cas de démolition des édifices construits, ou la destruction des arbres plantés dans la zone des servitudes légales avant la fixation du rayon de défense et d'occupation temporaire, par suite de travaux ou opérations relatifs à la défense d'une place.

§ II. — *Procédure.*

Dans ces diverses hypothèses l'indemnité est réglée par les formes établies dans la loi du 3 mai 1841, sur l'expropriation pour cause d'utilité publique. La procédure peut se scinder en cinq périodes :

1. — La déclaration d'utilité publique qui, depuis l'art. 4 du sénatus-consulte du 25 décembre 1852, peut être faite par décret impérial rendu en conseil d'État.

2. — La désignation des terrains : les localités peuvent être fixées par le décret qui déclare l'utilité publique, et, lorsque le décret garde le silence, par le préfet. Les parcelles dont l'emprise est néces-

1. Conseil d'État, arrêté du 21 juillet 1856.
2. Id. ibid., 29 mars 1823, 22 janv. 1821, 11 juil. 1840.
3. 9 juin 1830, 30 août 1812.
4. Art. 35 à 39, inclusivement.

saire à l'exécution des travaux sont toujours indiquées par arrêté préfectoral.

3. — Ces parcelles peuvent devenir la propriété de l'administration soit par l'effet de traités amiables, soit par l'effet d'un jugement d'expropriation rendu par le tribunal civil de l'arrondissement de l'immeuble.

4. — Dans la deuxième hypothèse l'expropriant doit ensuite signifier ses offres aux divers ayants-droit, propriétaires titulaires de servitudes réelles ou personnelles, locataires, etc.,. Le Jury d'expropriation, chargé à défaut d'acceptation des offres de fixer judiciairement les indemnités, procède sous la direction d'un magistrat désigné dans le jugement de l'expropriation. Une liste de 36 à 72 personnes est dressée chaque année par le conseil général pour chaque arrondissement, sur laquelle la première chambre du tribunal du chef-lieu judiciaire ou de la cour impériale, si ce chef-lieu est la résidence d'une juridiction de cette classe, choisit 16 jurés titulaires et quatre supplémentaires. Le jury de jugement est composé des 12 jurés premiers présents et non récusés, mais il peut statuer à 9 aux termes de l'art. 39 § 5. L'indemnité allouée par le jury ne peut en aucun cas être inférieure aux offres de l'administration, ni supérieure à la demande de la partie intéressée.

5. — La décision du jury, signée des membres qui y ont concouru, est immédiatement rendue exécutoire par une ordonnance du magistrat directeur, qui statue sur les dépens et envoie l'administration en possession, à la charge par elle d'effectuer le payement préalable de l'indemnité. Si les ayants-droit refusent de la recevoir, la prise de possession aura lieu après offres réelles et consignation.

§ III. — *Exception à cette procédure.*

Il est fait exception à cet égard au système de la loi, en ce qui concerne les travaux militaires, pour lesquels les art. 75 et 76 combinent les dispositions de la loi de 1841 avec celles de la loi du 30 mars 1831, sur l'occupation temporaire des terrains nécessaires pour les travaux de fortification.

Art. 75. — Les formalités prescrites par les titres I et II de la présente loi ne sont applicables, ni aux travaux militaires, ni aux travaux de la marine royale. Pour ces travaux, une ordonnance royale détermine les terrains qui sont soumis à l'expropriation.

Rappelons qu'avant 1852 il fallait une loi, dans la plupart des cas, pour déclarer une expropriation d'utilité publique.

Art. 76. — L'expropriation ou l'occupation temporaire, en cas d'urgence, des propriétés privées qui seront jugées nécessaires pour des travaux de fortification, continueront d'avoir lieu conformément aux dispositions prescrites par la loi du 30 mars 1831. Toutefois, lorsque les propriétaires ou autres intéressés n'auront pas accepté les offres de l'administration, le règlement définitif des indemnités aura lieu, conformément aux dispositions du titre IV ci-dessus. Seront également applicables aux expropriations poursuivies en vertu de la loi du 30 mars 1831 les art. 16, 17, 18, 19 et 20, ainsi que le titre VI de la présente loi. En conséquence, nous allons transcrire les dispositions susdites dans leur ordre pratique.

La loi du 30 mars 1831 prévoit, dans ses passages saillants, les époques connues vulgairement sous le nom de *désignation des terrains et de transmission de propriété*, ou du moins le commencement de cette dernière qui est la troisième. Nous verrons immédiatement après, que la fin en est régie par le droit commun......

Le préfet, dans les 24 heures, transmet cette ordonnance au maire de la commune qui la publie de suite, et au procureur du roi de l'arrondissement. Sur la réquisition de ce magistrat, le tribunal nomme un expert, avec qui il ordonne que l'un des juges se transporte sur les lieux au jour fixé, huit jours au moins et dix jours au plus après la signification faite par le maire. Averti par l'agent militaire chargé des travaux, le maire prévient au moins cinq jours à l'avance tous les intéressés qui peuvent se faire assister d'un expert et avec qui, au jour indiqué, sont présents, un agent de l'administration des domaines, un expert, ingénieur, architecte ou arpenteur désigné par le préfet, le juge-commissaire, le maire, l'agent militaire et l'expert du tribunal, dont le juge-commissaire reçoit le serment ainsi que les deux autres experts. En leur présence, l'agent militaire détermine le périmètre des terrains, et il est immédiatement procédé à la levée du plan parcellaire, indiquant les limites et les superficies des propriétés dont l'occupation est demandée. Procès-verbal est dressé par l'expert des juges, et contradictoirement avec l'expert du domaine et les parties intéressées, sur tous les détails de valeurs foncière et locative, indemnité pour récolte, déménagement, etc...... propres à servir de base à l'appréciation ultérieure du tribunal. En cas de désaccord, toutes observations et réquisitions y sont insérées et signées de chacun des réclamants...... Le tribunal, aussitôt après le retour du juge-commissaire, détermine, en procédant comme en matière sommaire et sans frais sur les procès-verbaux de ce magistrat et de l'expert, les indemnités de déménagement et celles approximatives et provisionnelles de dépossession, qui, sauf règlement définitif, devront être consignées avant la prise de possession. Le même jugement autorise le préfet à mettre en possession, à la charge que l'indemnité de déménagement soit payée sans délai, et que l'acte de consignation de l'indemnité personnelle, dont l'acceptation n'influera en rien sur la fixation de l'indemnité définitive, soit signifié avec ce jugement, qui fixera en outre le délai dans lequel les lieux devront être abandonnés, délai qui ne pourra excéder cinq jours pour les propriétés non bâties, et dix jours pour les propriétés bâties (1).

Art. 14. — Si, dans le cours de la 3ᵉ année d'occupation provisoire, le propriétaire ou son ayant-droit n'est pas remis en possession, ce propriétaire pourra exiger, et l'État sera tenu de payer l'indemnité pour la cession de l'immeuble qui deviendra dès lors la propriété publique. L'indemnité sera réglée sur l'état de la propriété au moment de l'occupation, tel qu'il aura été consacré par le procès-verbal des experts.

Voici le texte des autres articles auxquels les dispositions précédentes nous renvoient. Les cinq suivants ont leur place dans la troisième période, après le jugement d'expropriation rendu par le tribunal civil de la situation de l'immeuble. Nous y avons fait allusion.

Art. 16. — Le jugement sera, immédiatement après l'accomplissement des formalités prescrites par l'art. 15 de la présente loi, transcrit au bureau de la conservation des hypothèques de l'arrondissement, conformément à l'art. 2181, du Code Napoléon (2).

Art. 17. — Dans la quinzaine de la transcription, les priviléges et les garanties conventionnelles, judiciaires ou légales, seront inscrits. A défaut d'inscription l'immeuble exproprié sera affranchi de tout privilége et hypothèque de quelque nature qu'ils soient, sans préjudice du droit des femmes, mineurs et interdits, sur le montant de l'indemnité, tant qu'elle n'a pas été payée ou que l'ordre n'a pas été réglé définitivement entre les créanciers. Les créanciers inscrits

1. Rapport de M. le comte de Villegontier à la chambre des représentants présidée par M. le baron Pasquier le vendredi 25 mars 1831.
2. L'art. 15 ordonnant l'affichage, la publication par la voie des journaux et la signification aux parties intéressées du jugement susdit.

n'auront dans aucun cas la faculté de surenchérir, mais ils pourront exiger que l'indemnité soit fixée conformément au titre IV.

Art. 18. — Les actions en résolution, en revendication et toutes autres actions réelles ne pourront arrêter l'expropriation, ni en empêcher l'effet. Le droit des réclamants sera transporté sur le prix, et l'immeuble en demeurera affranchi.

Art. 19. — Les règles posées dans le premier paragraphe de l'art. 15, et les art. 16, 17, 18 sont applicables dans le cas de conventions amiables passées entre l'administration et les propriétaires. Cependant l'administration peut, sauf le droit des tiers, et sans accomplir les formalités ci-dessus tracées, payer le prix des acquisitions dont la valeur ne s'élèverait pas au-dessus de 500 fr. Le défaut d'accomplissement de la purge des hypothèques n'empêche pas l'expropriation d'avoir son cours, sauf pour les parties intéressées à faire valoir leur droit ultérieurement, dans les formes déterminées par le titre IV de la présente loi.

Art. 20. — Le jugement ne pourra être attaqué que par voie de recours en cassation, et seulement pour incompétence, excès de pouvoir ou vice de forme du jugement. Le pourvoi aura lieu au plus tard dans les trois jours à dater de la notification du jugement par déclaration au greffe du tribunal. Il sera notifié dans la huitaine, soit à la partie au domicile indiqué par l'art. 15, soit au préfet ou au maire suivant la nature des travaux, le tout à peine de déchéance. Dans la quinzaine de la notification du pourvoi, les pièces seront adressées à la Chambre civile de la Cour de cassation qui statuera dans le mois suivant. L'arrêt, s'il est rendu par défaut à l'expiration de ce délai, ne sera plus susceptible d'opposition.

Le titre IV renferme, chapitres I et II, les dispositions que nous avons brièvement indiquées sous la dénomination de 4º période de la procédure exigée par la loi du 3 mai 1841, pour arriver à l'expropriation d'un terrain. Voici maintenant le chapitre III qui contient, à proprement parler, les règles à suivre pour le règlement des indemnités.

Art. 48. — Le jury est juge de la sincérité des titres et de l'effet des actes qui seraient de nature à modifier l'évaluation de l'indemnité.

Art. 49. — Dans le cas où l'administration contesterait au demandeur exproprié le droit à une indemnité, le jury, sans s'arrêter à une contestation dont il renvoie le jugement devant qui de droit, fixe l'indemnité comme si elle était due, et le magistrat directeur du jury en ordonne la consignation, pour la dite indemnité rester déposée jusqu'à ce que les parties se soient entendues ou que le litige soit vidé.....

Art. 51. — Si l'exécution doit procurer une augmentation de valeur immédiate et spéciale au montant de la propriété, cette augmentation sera prise en considération dans l'évaluation du montant de l'indemnité.

Art. 52.— Les constructions, plantations et améliorations ne donnent lieu à aucune indemnité lorsque, à raison de l'époque où elles auraient été faites, ou de toute autre circonstance dont l'appréciation lui est abandonnée, le jury acquiert la conviction qu'elles ont été faites dans la vue d'obtenir une indemnité plus élevée.

Le titre VI contient des dispositions de diverse nature, et se rapportant à des moments différents de la procédure.

Art. 56. — Les contrats de vente, quittances et autres actes relatifs à l'acquisition des terrains peuvent être passés dans la forme des actes administratifs : la minute sera déposée au secrétariat de la préfecture, expédition en sera transmise à l'administration des domaines.

Art. 57.— Les significations et notifications mentionnées en la présente loi sont faites à la diligence du préfet du département de la situation des immeubles. Elles peuvent être faites, tant par huissier que par tout agent de l'administration dont les procès-verbaux font foi en justice.

Art. 58.— Les plans, procès-verbaux, certificats, significations, jugements, quittances, contrats, et autres actes faits en vertu de la présente loi, seront visés pour timbre et enregistrés gratis, lorsqu'il y aura lieu à la formalité de l'enregistrement. Il ne sera perçu aucun droit pour la transcription des actes au bureau des hypothèques. Les droits perçus sur les acquisitions amiables, faites antérieurement aux arrêtés du préfet, seront restitués lorsque, dans le délai de deux ans à partir de la perception, il sera justifié que les immeubles acquis sont compris dans ces arrêtés. La restitution des droits ne pourra s'appliquer qu'à la portion des immeubles qui aura été reconnue nécessaire à l'exécution des travaux.

Art. 59.— Lorsqu'un propriétaire aura accepté les offres de l'administration, le montant de l'indemnité devra, s'il l'exige et s'il n'y a pas eu contestation de la part des tiers dans les délais prescrits par les art. 24 et 27, être versé dans la caisse des Dépôts et

Consignations, pour être remis ou distribué à qui de droit, selon les règles du droit commun.

Ce délai est de quinze jours : il est porté à un mois, s'il s'agit de l'État, des départements, des communes, des femmes mariées sous le régime dotal, des mineurs, des absents et des incapables.

Les art. 60, 61, 62 organisent au profit de l'ancien propriétaire le droit de rédemption ou de préemption, à l'aide duquel il pourra reprendre son terrain, acquis pour des travaux publics, s'il ne reçoit pas cette destination.

Art. 63. — Les concessionnaires des travaux publics exerceront tous les droits concédés à l'administration et seront soumis à toutes les obligations qui lui sont imposées par la présente loi.

Le dernier article du présent titre n'a plus d'application depuis la chute du régime consulaire.

CHAPITRE V.

SERVITUDES MILITAIRES OU DÉFENSIVES.

§ 1. — *Des zones.*

L'article 639 du Code Napoléon est ainsi conçu : « Elle dérive (la servitude) ou de la situation naturelle des lieux, ou des obligations imposées par la loi, ou des conventions entre les propriétaires. » Parmi les plus importantes de la deuxième catégorie, il faut ranger les servitudes militaires ou défensives.

On appelle ainsi les charges imposées à la propriété foncière dans l'intérêt de la défense des places de guerre. Ces places sont divisées en deux séries dont la seconde comprend tous les postes militaires. La loi du 10 juillet 1831, relative au classement des places de guerre et aux servitudes militaires, et le décret portant règlement d'administration publique du 10 août 1853 ont abrogé la législation de 1791. L'importance de la servitude varie selon la série dans laquelle la place de guerre est classée. Les propriétés qui en sont grevées sont celles situées dans le rayon de défense divisé en trois zones ; elles commencent toutes à l'extrémité du terrain militaire et s'étendent respectivement :

La première, à 250 m.

La deuxième, à 487 m.

La troisième, à 974 m. pour les places de guerre et 584 pour les postes militaires.

Dans la première zone, il y a défense de faire aucune construction et plantation d'arbres, même de haies vives, et de faire aucune clôture autre qu'en haies sèches ou en planches à claire-voie ; cette défense s'applique indistinctement aux deux séries de places de guerre.

Dans la deuxième zone, on peut élever des constructions ou clôtures en terre ou en bois, avec obligation de les démolir sans indemnité à première réquisition de l'autorité militaire en cas de guerre : elle ne s'applique qu'aux places de la première série.

Dans la troisième zone on peut construire et se clore librement, mais il est défendu d'établir un chemin, une chaussée, une levée, un fossé, une fouille, un dépôt de matériaux sans que leur position ou leur alignement n'aient été concertés avec les officiers de génie (1). Elle s'applique aux places des deux séries et par suite à tous les postes militaires compris dans la seconde, sauf la différence d'étendue ci-dessus indiquée.

§ II. — *Juges compétents.*

La compétence du Conseil de préfecture revêt ici, comme en nature de grande voirie, un double caractère : elle est contentieuse pour prononcer sur les réclamations formées par les propriétaires intéressés contre l'application des limites légales aux zones des servitudes défensives ; elle est répressive pour prononcer les peines encourues pour contravention constatée, jusqu'à inscription de faux, par les procès-verbaux des gardes du génie, et pour ordonner la démolition de l'œuvre nouvelle aux frais des contrevenants.

§ III. — *Paris n'est pas place de guerre.*

Le 15 juillet 1868, la question de savoir si Paris est une place de guerre, et, comme telle, soumet les terrains voisins des fortifications au régime des servitudes militaires, a été discutée. Après des discours de MM. A. Jubinal, Pelletan, Bethmont et maréchal Niel, suivant

1. Ou le ministre de la guerre qui peuvent rejeter purement et simplement la demande sans que la décision ministérielle puisse être déférée au conseil d'État délibérant au contentieux. Toute opération de topographie est interdite sans la permission de l'autorité militaire.

une habitude commune à trop de nos législatures contemporaines, aucun vote sérieux n'est venu donner raison à l'une ou à l'autre de ces opinions si diverses. Il est vrai qu'aucun amendement n'avait été présenté.

Négative. — Dans la loi de 1841 sur les fortifications de Paris, M. Thiers et M. le maréchal Soult, c'est-à-dire l'auteur et le défenseur de la loi, avaient dit et répété qu'on n'établirait de zone militaire autour de Paris que par une loi spéciale qui déclarerait Paris ville de guerre. Cette loi n'a jamais été faite. C'est un arrêté du Conseil d'État qui par un certain subterfuge a glissé dans le budget, par une porte fort modeste, la qualification de place forte appliquée à Paris, et encore pour mémoire. Puis, en 1855, lors de l'annexion de la banlieue, Paris a été, sans aucune loi, déclaré ville de guerre, et l'on a établi autour une zone de 250 m. On ne pouvait prétexter d'erreur et d'ignorance : car de 1841 à 1855, quoique les fortifications fussent achevées, le génie n'avait gêné ni les plantations ni les bâtisses. Un magistrat...... qui possédait des terrains dans ce rayon ayant pressenti la création de la zone et s'étant adressé aux tribunaux, les tribunaux avaient répondu : Il n'y a pas de zone ; plantez, bâtissez : vous ne pouvez être exproprié sans indemnité (1).

Affirmative. — A l'époque où les fortifications de Paris ont été érigées, il se présentait une objection d'une grande valeur. L'état de siége ne pouvait être prononcé que dans les villes de guerre, et on se demandait si Paris devait être classé au nombre des places de guerre. La question n'est plus la même aujourd'hui. Une loi rendue sous la République décida que toute commune en France pourrait être mise en état de siége. La question, à l'époque dont j'ai parlé, avait un intérêt considérable. Paris ne fut pas alors classé parmi les places de guerre ; mais la loi disait expressément que les fortifications de la capitale comprenaient une zone d'au moins 250 mètres. C'est pour faciliter l'adoption de la loi sur les fortifications de Paris qu'on a fait cette distinction ; mais vous ne trouverez pas dans la législation des places de guerre un seul cas où la loi détermine la nature de la zone, parce qu'il y a une loi générale qui la régit. Dans la loi sur les fortifications de Paris, on a déterminé la zone afin de n'avoir pas besoin d'un classement qui eût soumis Paris à l'état de siége pour faire adopter ces servitudes. Dans la loi

<hr>

1. Discours du député de la Seine. — Budget ordinaire de 1869. — Ministère de la guerre, 1ᵉ section. (Compte-rendu analytique).

du 10 juillet 1851, Paris n'est classé que pour mémoire. Qu'est-ce que cela veut dire ? Qu'on reconnaissait ainsi que, quoique n'étant pas place de guerre, Paris pouvait être soumis à des servitudes dans la zone de ses fortifications (1).

Nous qui sommes d'avis que Paris n'est pas place de guerre, nous reprendrons avec le premier orateur : « Une ville n'est pas classée comme ville fortifiée uniquement parce qu'elle peut être mise en état de siége, mais parce qu'elle peut être soumise à bien d'autres obligations encore, telles que ouverture et fermeture des portes à une certaine heure. On n'a pas voulu d'un pareil régime pour Paris, et l'on a introduit dans la loi certaines garanties : car on sentait parfaitement qu'on ne pourrait assimiler Paris aux simples villes fortifiées. » Plus haut le député de la Seine avait encore dit : « Avec les nouveaux engins de guerre, votre zone de 250 mètres est devenue puérile. C'était bon pour le temps des mousquets à silex. »

Par décret du 26 juin 1867, rendu suivant une décision impériale du 23 mai de l'année précédente, 18 places ont été abandonnées et aliénées. 11 déclassées et 30 débarrassées de leurs servitudes En outre le rapport du ministre qui l'a précédé prouve que l'on s'occupe d'une quatrième pensée du chef de l'État, la réduction des zones militaires de 34 places.

CHAPITRE VI.

RESPONSABILITÉ ET GARANTIE ADMINISTRATIVES DES FONCTIONNAIRES MILITAIRES.

(1322 C. N. ; art. 75 Const. 22 frim. an VIII.)

La première Assemblée constituante, à laquelle il faut toujours remonter pour trouver quelques grands principes introduits dans nos lois, a écrit : La société a le droit de demander compte à tout agent public de son administration. En ce sens ont été rédigés le chapitre II du Titre I du Livre III du Code Pénal et plusieurs articles répressifs du même Code. D'autre part l'art. 1. § 2, et l'art, 3, § 1, du Code d'instruction criminelle, enfin l'art. 1382 du Code Napoléon, sous le patronage duquel nous mettons cette section,

---

1. Discours du ministre de la guerre dans la même séance et sur le même paragraphe.

ouvrent aux citoyens l'action civile en dommages-intérêts à l'occasion des faits qui leur sont préjudiciables.

Mais avec l'époque de la codification arriva celle des restrictions. Cette déclaration si haute et si large aurait tenu difficilement dans le nouveau cadre légal. On lui fit l'opération que Procuste faisait à ses hôtes ; je me trompe, il leur coupait les pieds, et non la tête. Il en résulta le trop fameux article 78 de la Constitution de frimaire an VIII ainsi conçu : « Les agents du gouvernement, autres que les ministres, ne peuvent être poursuivis pour des faits relatifs à leurs fonctions qu'en vertu d'une décision du Conseil d'État : en ce cas la poursuite a lieu devant les tribunaux ordinaires. » Le décret législatif du 30 janvier 1852, art. 13, § 10, maintient cette législation sous le second Empire.

Sous l'empire de la Charte de 1814, sous Louis-Philippe, pendant le peu de mois où la Constitution de 1848 a été observée dans sa pureté, cette disposition n'a pas été moins attaquée qu'aujourd'hui. Voici les considérations historiques et politiques, sinon philosophiques, par lesquelles les conservateurs tentent de l'excuser : Ce texte est puisé dans les décrets des 7-14 octobre 1790 qu'il faut rapprocher de l'article 13 *in fine* (1) du titre de la loi d'organisation judiciaire des 16-24 août 1790. C'était, sous la Constituante, une idée nouvelle étrangère à l'ancien droit de la France, qui soumettait les dépositaires de l'autorité publique à des juridictions exceptionnelles ; elle devenait nécessaire dans une législation plus équitable, qui, tout en protégeant la fonction administrative, soit contre les poursuites abusives des particuliers, soit contre les excès de pouvoir et les entreprises des magistrats de l'ordre judiciaire, laisse juger le fonctionnaire présumé coupable par les tribunaux de droit commun. Le principe de l'indépendance mutuelle de l'autorité judiciaire et de l'autorité administrative comporte cette sanction avec l'institution des conflits.

Le moindre défaut de cette argumentation, c'est qu'elle a vieilli, et que, soit dit sans regrets et sans désirs, nous ne sommes plus en 80 où cette façon de raisonner était tirée de l'humeur de la nation française.

---

1. Les fonctions judiciaires sont distinctes et *demeureront toujours séparées des fonctions administratives.* Les juges ne pourront à peine de forfaiture troubler de quelque manière que ce soit les opérateurs de corps administratifs, ou citer devant eux les administrateurs à raison de leurs fonctions. — Voir encore Constitution, 3 septembre 1791, tit. III, chap. V, art. 3. — Décret de la convention nationale, 17 fructidor, an III. — Arrêté du directoire exécutif, 2 germinal, an V.

Pour que l'art. 75 soit applicable, il faut le concours de trois conditions : 1° Qu'il s'agisse d'un acte de poursuite par action publique ou par action civile portée devant un tribunal de l'ordre judiciaire, civil, correctionnel ou criminel ; 2° que les faits qui donnent lieu à la poursuite soient relatifs aux fonctions publiques dont le défendeur est revêtu ; 3° que la poursuite soit dirigée contre un fonctionnaire public ayant la qualité d'agent du gouvernement c'est-à-dire un dépositaire d'une portion de l'autorité gouvernementale administrative, qui, agissant au nom du gouvernement sous sa direction médiate et immédiate, fait ainsi partie de la puissance publique.

Nous voici arrivé à notre sujet ; mais un si long préambule était indispensable. Le Conseil d'Etat et la Cour de Cassation sont d'accord pour refuser la garantie administrative aux militaires de tous grades, parce qu'ils sont les agents de la force publique, et non les dépositaires de l'autorité administrative sans les réquisitions de laquelle ils ne peuvent agir. Il en serait autrement au cas d'état de siége pour l'officier qui réunirait à ce titre les pouvoirs militaires et administratifs. La garantie ne s'applique pas davantage aux officiers attachés à l'armée comme administrateurs.

La demande d'autorisation de poursuivre est formée soit par la partie en forme de lettre ou de pétition au Conseil d'Etat, soit par le procureur impérial. L'instruction de l'affaire est confiée, par l'Ordonnance du 18 sept. 1830, à la section de législation, à qui est remis l'avis du ministre au département duquel appartient le fonctionnaire inculpé ; l'assemblée générale du Conseil d'Etat, sur le rapport de la section, statue *sans publicité ni débat oral* (1). Les décrets préparés par le Conseil d'Etat en cette matière peuvent contenir trois sortes de décisions : refus d'autorisation, autorisation accordée, non-lieu à statuer. La nullité doit être prononcée même d'office et en tout état de cause de tous actes et décisions intervenus sans qu'il ait été satisfait à cette formalité d'ordre public. La *forfaiture et la dégradation civique* et une amende de 100 à 500 fr. (2) attendant chacun des officiers de police judiciaire ou du ministère public et des juges qui, après réclamation de la partie poursuivie, auront volontairement méconnu la prescription de l'art. 75.

1. Loi des 16-24 août 1790 ; — 127, C. P.
2. 120. C. P.

CHAPITRE VII

ACTIONS EN RESPONSABILITÉ CONTRE LES COMMUNES. — ATTROUPEMENTS.

(C. N. 1382.)

Loi du 10 vendémiaire an IV.

L'action en dommages-intérêts, que nous allons examiner ici, n'est qu'une extension de la responsabilité édictée par l'art. 1382 du Code Napoléon, quoique la première idée qui vienne soit qu'elle est complétement en dehors des règles ordinaires. L'Assemblée constituante, par le décret du 23 février 1790, rendait la commune tout entière responsable des dommages causés sur son territoire par des attroupements. La loi du 10 vendémiaire an IV développa ce principe. Certaines dispositions de cette loi, incompatibles avec l'ordre de choses actuel, ont été implicitement abrogées. Mais notre avis sur celles qui visent le point en question est qu'elles sont encore en vigueur. Elles sont parfaitement compatibles avec un état régulier, elles sont conformes à la logique et à la raison, la jurisprudence de la Cour de cassation les maintient. C'est donc mal à propos que la minorité des auteurs attaque leur autorité.

Chaque commune est responsable des délits commis à force ouverte, ou par violence, sur son territoire, par des rassemblements armés ou non armés, soit envers les personnes soit envers les propriétés, ainsi que des dommages-intérêts auxquels ils donneront lieu (1).

Il résulte de ce texte qu'il s'agit, non de faits individuels, mais de faits ayant un caractère public. Tous les habitants sont sous le coup d'une présomption de faute ; ceux qui n'ont pas commis l'attentat l'ont laissé commettre. La communauté réparera donc les intérêts lésés parce qu'elle a, soit contribué à la perpétration du dommage, soit manqué au devoir légal de protéger ces intérêts et de les défendre. Les habitants restés étrangers aux attroupements peuvent exercer un recours contre les auteurs et complices des

1. Art. 1, tit. IV.

faits dommageables, parce que ceux qui n'ont eu que le tort de ne pas empêcher le mal sont moins en faute que ceux qui l'ont commis; malheureusement, ce recours est le plus souvent illusoire.

La loi ne se départ de sa présomption de faute que dans deux cas :

1. Lorsque la commune justifie qu'elle a fait usage de tous les moyens en son pouvoir pour prévenir les rassemblements ;

2. Lorsque les auteurs ou complices du délit qui ont fait irruption sur son territoire sont presque tous étrangers à la commune.

La jurisprudence a doublé le nombre de ces exceptions :

1. Lorsque les dommages ont été causés par une attaque dirigée contre le gouvernement ; la Cour de cassation s'est ainsi prononcée après les insurrections du cloître Saint-Merry et de la rue Transnonnain sous Louis-Philippe, et les mouvements contemporains des Lyonnais : on ne peut dans ce cas reprocher à l'administration municipale, dont la sphère d'action est restreinte, de n'avoir pas prévenu et combattu une attaque dirigée contre le gouvernement, qui, au contraire, devait protéger la commune de tels dangers ;

2. Lorsqu'il s'agit de la ville de Paris, dont la position est exceptionnelle en sa qualité de capitale de la France et siége du gouvernement.

La doctrine conteste cependant les deux dernières solutions.

CHAPITRE VIII.

ENTRAVES A LA LIBERTÉ DU COMMERCE, DU TRAVAIL ET DE L'INDUSTRIE.

(C. N. 1598.— De la Vente.)

Le principe de liberté de la production et des transactions avait été méconnu, avant la Révolution, par l'établissement des jurandes et des maîtrises. Turgot, en 1776, essaya vainement par l'édit de février de leur porter un coup mortel ; elles reparurent à sa chute du ministère. Ce fut encore une des gloires de la Constituante de la fixer irrévocablement par la loi du 2 mars 1791 ; désormais il fut libre à toute personne de faire tel négoce, d'exercer telle profession ou tout autre métier qu'elle trouva bon, en se pourvoyant d'une patente et *se conformant aux règlements de police.*

C'est en vertu de cette dernière disposition que de nombreuses restrictions ont été apportées au principe. Dans l'ordre économique, elles tendent néanmoins à disparaître de jour en jour.

Les nécessités de prévenir la guerre civile ont maintenu les prohibitions dans l'ordre qui nous occupe, et, en vue des intérêts de la société, la loi du 24 mai 1834 défend et punit la fabrication et la vente des armes, poudre et munitions de guerre, art. 1, 2, 3. La présente disposition n'est pas applicable aux professions d'armurier et de fabricant d'armes de commerce, lesquelles resteront seulement assujetties aux lois et règlements particuliers qui les concernent, ajoute le dernier article en finissant. Mais en revanche, les dispositions des art. 222, 223, 224, 225 de la loi du 28 avril 1816 sont applicables à la fabrication, illicite, au colportage et à la vente des poudres à feu sans permission (1). L'art. 222 prononce une amende de 300 fr. à 1000 fr., indépendamment de la confiscation (2).

Le décret du 22 décembre 1852 avait confirmé ces restrictions, mais la loi du 14 juillet 1860, sur la fabrication et le commerce des armes de guerre, le règlement d'administration publique du 6 mars 1865 les ont partiellement levées. D'un autre côté elles ont été augmentées par la loi de sûreté générale du 27 février 1858, dont on réclame depuis si longtemps l'abrogation. Cette loi d'exception, qui faisait partie d'un ensemble de mesures politiques prises après le fameux attentat du patriote italien Orsini, par son art. 3, interdit de fabriquer, débiter ou détenir des machines meurtrières ou de la poudre fulminante. On se rappelle, en effet, que ce sont des projectiles de cette espèce qui avaient distribué 511 blessures, dont plusieurs mortelles, à 156 innocents.

<hr>

CHAPITRE IX.

TRAVAUX PUBLICS.

(C. N., livre III, t. VIII.)

§ 1. On reconnaît aujourd'hui, après une longue résistance de la Cour de cassation encore justifiable et qui n'a cessé que le 28 juin 1853,

1. L. 25 juin 1841. art. 2.
2. Voir encore Loi du 13 fructidor an V, art. 27.

que cette dénomination de *travaux publics* appartient non-seulement aux travaux nationaux et départementaux, mais aussi aux travaux communaux et à ceux des établissements publics (1).

Les principales règles relatives aux marchés de travaux publics considérés en eux-mêmes sont actuellement rassemblées, pour les travaux qui intéressent l'Etat, dans les art. 68 à 81 du décret impérial portant règlement général sur la comptabilité publique du 31 mai 1862.

Les relations juridiques que l'exécution des travaux publics crée entre les tiers et ceux qui les font sont réglées par la loi du 16 septembre 1807, incomplétement nommée loi relative au desséchement des marais.

§ II.—Il y a cinq modes d'exécution des travaux publics, donnant lieu à autant de sortes de marchés : l'exécution à la journée, l'exécution en régie ou par économie, l'exécution en régie intéressée, la concession ou traité de gré à gré, et l'exécution par entreprise au rabais, que l'on appelle aussi l'adjudication de travaux publics et qui est soumise aux règles de la concurrence et de la publicité. Les quatre premiers modes sont exceptionnels; le dernier forme au contraire le mode usuel et normal prescrit par la loi.

Les conditions du marché sont insérées dans un cahier des charges qui peut contenir deux sortes de clauses : celles particulières à chaque marché et celles qui, devant être rendues obligatoires dans toutes les entreprises, forment le droit commun des travaux publics.

Le génie militaire, comme celui de la marine, comme le génie civil, comme certains départements, comme l'administration des ponts-et-chaussées, a son cahier déterminant les conditions auxquelles les entrepreneurs doivent satisfaire pour être admis d'une manière générale à soumissionner les entreprises de travaux militaires.

Le marché d'entreprises de travaux publics est un contrat de louage d'ouvrage dont les effets généraux sont réglés par le Code Napoléon, sauf les modifications que l'administration introduit dans le cahier des charges qui, connu à l'avance de l'entrepreneur et accepté par lui lorsqu'il soumissionne, forme la loi des parties.

§ III. — Le conseil de préfecture prononcera :

. . . .

2° Sur les difficultés qui pourraient s'élever entre les entrepreneurs

1. L. 16, sept. 1807, art. 30, 3 mai 1841, art.3.

de travaux publics et l'administration concernant le sens ou l'exécution des clauses de leur marché ;

3° Sur les réclamations des particuliers qui se plaindront de torts et dommages procédant du fait personnel des entrepreneurs, et non du fait de l'administration ;

4° Sur les demandes et contestations contenant les indemnités dues aux particuliers à raison des terrains pris ou fouillés pour la confection des chemins, canaux et autres ouvrages publics (1).

Les *torts* se réfèrent aux préjudices corporels causés aux personnes, et ce mot permet au Conseil de préfecture l'application de l'art. 1384 du Code Napoléon contre l'entrepreneur..... Le mot *dommage* embrasse les préjudices causés aux propriétés , sans distinction entre les dommages temporaires et les dommages permanents , si l'on en croit la jurisprudence du Conseil d'État à laquelle s'est rangée, le 20 mars 1852, la Cour de cassation jusque-là obstinée dans la voie contraire. Dans tous les cas il faut que le dommage soit direct pour donner lieu à une indemnité.

La disposition du § IV, qui donne au Conseil de préfecture le droit de statuer sur les indemnités de terrains pris pour la confection des travaux publics, a été abrogée par les lois successives de 1810, 1833 et 1841 relatives à l'expropriation pour cause d'utilité publique. Il en est autrement de la partie de ce § IV qui traite de la fixation des indemnités dues à raison des terrains fouillés, dont ces Conseils ont toujours été investis. Cette dernière disposition se réfère à la servitude de fouille et d'extraction de matériaux. Son exercice est subordonné à trois conditions : la désignation des terrains par arrêté préfectoral, l'absence de clôture des terrains , l'obligation d'avertir les propriétaires des fouilles que l'entrepreneur ou les agents de l'administration sont autorisés à effectuer dans leurs terrains (2).

Les terrains occupés pour prendre des matériaux nécessaires aux routes ou aux constructions publiques pourront être payés aux propriétaires comme s'ils eussent été pris pour la route même. Il n'y aura lieu à faire entrer dans l'estimation la valeur des matériaux à extraire que dans les cas où l'on s'emparerait d'une carrière déjà en exploitation : alors les dits matériaux seront évalués d'après leur prix courant , abstraction faite de l'existence

1. Loi du 28 pluviôse, an VIII, art. 4.
2. Loi du 6 oct. 1791, tit. I, sect. VI, art. 1.

et des besoins de la route pour laquelle ils seraient pris, ou des constructions auxquelles on les destine (1).

§ IV. — Dans toutes ces hypothèses il est procédé au règlement de l'indemnité conformément au texte de la loi du 16 septembre 1807 sans que les Conseils de préfecture soient jamais liés, en matière de travaux publics, par le résultat d'une expertise par eux ordonnée ; mais il y a nécessité d'expertise, et, en cas de désaccord des experts, nécessité de tierce expertise. La prestation de serment des experts est considérée comme une formalité substantielle prescrite à peine de nullité de l'arrêté qui s'ensuivrait, sauf pour l'ingénieur en chef, tiers-expert de droit et ayant prêté le serment afférent à ses fonctions (2).

§ V. — Tout entrepreneur de travaux publics, pour être admis à soumissionner, est tenu, *à moins qu'il ne s'agisse de fournitures de matériaux pour les troupes*, ou de travaux de terrassement dont l'estimation ne s'élève pas à plus de 1,800 fr., de fournir un cautionnement de la valeur du trentième de l'estimation des travaux.

Une jurisprudence constante du Conseil d'État décide que la responsabilité décennale, édictée par les art. 1792 et 2270 du Code Napoléon contre les entrepreneurs et architectes, astreint les entrepreneurs de travaux publics, nonobstant le délai de garantie fixé selon les cas à défaut de stipulation expresse dans le devis à six mois ou un an par l'art. 47 du règlement du 16 novembre 1866, pendant lesquels ils sont tenus d'entretenir leurs ouvrages. Cette jurisprudence va même jusqu'à appliquer cette responsabilité de droit commun, non seulement aux édifices, mais encore aux travaux d'art tels qu'un pont.

Divers arrêts du même tribunal administratif fixent le point de départ du délai de 10 ans, non à la date de réception du procès-verbal des travaux, mais à celle de leur achèvement et de la prise de possession.

1. Loi du 16 sept. 1807, art. 55.
2. C. d'État, 21 juin 1866.

CHAPITRE X.

INOBSERVATION DU TAUX DE L'INTÉRÊT FIXÉ PAR L'ART. 1907 C. N. EN ALGÉRIE ET AUTRES COLONIES MILITAIRES.

§ I. —Le prêt est un contrat réel (1), c'est-à-dire qu'il ne peut se former que par la tradition, car l'obligation de rendre la chose qui est l'obligation principale du prêt, et qui forme son essence, ne peut pas naître avant que la chose ait été reçue. Ce n'est pas que la convention par laquelle je me serai obligé à livrer une chose soit nulle : vous auriez une action contre moi pour me forcer à livrer la chose, mais le prêt ne serait formé qu'après cette tradition. Il y a deux sortes de prêts : celui des choses dont on peut user sans les détruire, et celui des choses qui se consomment par l'usage qu'on en fait. La première espèce s'appelle prêt en usage ou commodat. La deuxième s'appelle prêt de consommation ou simplement prêt (2).

Ce dernier contrat est celui que les Romains nommaient *mutuum* (3). Il peut ne pas être purement gratuit, car, il est permis de stipuler des intérêts pour simple prêt, soit d'argent, soit de denrées ou autres choses mobilières (4), pourvu que ces dernières soient fongibles, sans cela le contrat serait un louage (5).

L'intérêt en général est tout ce que veut le prêteur au delà de la somme ou de la chose prêtée. C'est une indemnité qui lui est donnée pour la privation de sa chose. Comme l'argent monnayé est une chose stérile qui par elle-même ne peut servir en rien aux besoins de la vie, on a prétendu qu'il était injuste de demander des intérêts pour un prêt d'argent, mais il faut observer que l'argent ayant une valeur de convention et pouvant servir à acheter tous les objets nécessaires à la vie, celui qui prête une certaine somme se prive réellement de tous les objets qu'il aurait pu acheter et de tous les bénéfices qu'il aurait pu retirer de son argent.

L'emprunteur qui a payé des intérêts qui n'étaient pas stipulés ne peut ni les répéter ni les emprunter sur le capital (6) parcequ'il

1. Code Nap., art. 1102
2. Id., 1874.
3. Inst. L. III, tit. XIV, § 1.
4. Code Nap., art. 1905.
5. Code Nap., 1870.
6. Code Nap., 1906.

no peut avoir payé volontairement les intérêts que par un sentiment de justice, et parce qu'il juge lui-même qu'il fallait dédommager le prêteur de la privation qu'il avait supportée : cependant si les intérê s payés excédaient le taux légal il pourrait répéter l'excédant (1).

L'intérêt est légal ou conventionnel. L'intérêt légal est fixé par la loi. L'intérêt conventionnel peut excéder celui de la loi toutes les fois que la loi ne le prohibe pas. Le taux de l'intérêt conventionnel doit être fixé par écrit (2) : aussi l'on ne peut jamais être admis à prouver par témoins seulement qu'il a été stipulé des intérêts. L'intérêt conventionnel ne peut excéder 5 p. 0/0 en matière civile, ni en matière de commerce 6 p. 0/0. Lorsque l'intérêt excède ce taux, la stipulation n'est pas nulle en entier, elle est seulement réduite au taux légal et le prêteur doit rendre l'excédant, s'il l'a reçu. Quant à l'intérêt légal il est fixé aussi à ce taux.

Tout individu convaincu de se livrer habituellement à l'usure sera condamné à une amende qui ne pourra excéder la moitié des capitaux qu'il a prêtés à usure (3).

§ II. — Dans les possessions françaises au nord de l'Afrique la convention sur le prêt à intérêt fait la loi des parties.

L'intérêt légal, à défaut de convention et jusqu'à ce qu'il en soit autrement ordonné, sera de 10 p. 0/0 en matière civile et en matière commerciale (4).

CHAPITRE XI.

§ I. — *Priviléges du Trésor sur les biens des payeurs de l'armée.*

(Art. 7 de la loi du 5 sept. 1807.)

L'État est créancier des comptables lorsqu'ils sont en débet ; une protection efficace était due à l'élément de la fortune publique qui leur est confié. Aussi la créance de l'État contre les comptables est-elle quadruplement garantie par le versement d'un cautionnement en numéraire dans les caisses du Trésor et son affectation

1. Cour de cassation, 31 mars 1813.
2. Code Nap., art. 1007.
3. Loi du 3 sept. 1807.
4. Ordonn. des 7-18 décembre 1835.

par premier privilége à la garantie des condamnations pouvant être prononcées contre les comptables qui les ont encourues dans l'exercice de leurs fonctions, pour tous les faits résultant des diverses gestions dont ils sont chargés, quel que soit le lieu où ils exercent leurs fonctions.

Si le comptable reliquataire des deniers publics était poursuivi et condamné comme coupable d'un crime ou délit commis dans l'exercice de ses fonctions, les condamnations aux amendes, restitutions et dommages-intérêts prononcées contre lui au profit de l'État pourraient être ramenées à exécution par la contrainte par corps, maintenue en matière criminelle ou de simple police (1), par l'hypothèque légale de l'art. 2121 du Code Napoléon, par le privilége de l'art. 2098 du même code. Les articles 1 et 421 rapportés plus bas du décret réglementaire du 31 mai 1862 sur la comptabilité publique, modifient, au point de vue de la compétence, l'application en cette matière des art. 2159 et 2161 du Code Napoléon, sur la demande en radiation et en réduction d'inscriptions hypothécaires.

Dans le cas où la Cour des comptes a, par un arrêt définitif, déclaré un comptable quitte ou en avance, elle prononce sa décharge définitive ; et si le comptable a cessé ses fonctions, elle ordonne main-levée et radiation des oppositions et inscriptions hypothécaires mises ou prises sur ses biens à raison de la gestion dont le compte est jugé.

La cour prononce sur les demandes en radiation ou translation d'hypothèques formées par des comptables encore en exercice ou par ceux hors d'exercice dont les comptes ne sont pas définitivement apurés, en exigeant les sûretés suffisantes pour la conservation des droits du Trésor.

Ce dernier article a été emprunté à une loi du 16 septembre 1807, dont il était le 18e.

La radiation peut être aussi opposée en vertu d'une décision du ministre des finances, sur une main-levée par acte notarié signé de l'agent judiciaire du Trésor, relatant la date de la décision du ministre, ou sur un arrêté du préfet relatant la date de l'autorisation donnée par le ministre à cet effet (2).

La loi du 8 septembre 1807 a complété les articles susnommés

1. Loi du 22 juil. 1807, art. 2 et suiv.
2. Inst. minist. 6 juil. 1853, art. 55. — Id. 12 avril 1853.

du Code Napoléon en faisant la part de l'État. La voici :

Art. 2. — Le privilége du trésor public a lieu sur tous les biens meubles des comptables, même à l'égard des femmes séparées de biens pour les meubles trouvés dans les maisons d'habitation du mari, à moins qu'elles ne justifient légalement que lesdits meubles leur sont échus de leur chef, ou que les deniers employés à l'acquisition leur appartenaient. Ce privilége ne s'exerce néanmoins qu'après les priviléges généraux et particuliers exercés aux articles 2101 et 2102 du Code civil.

Art. 4. — Le privilége du trésor public a lieu : 1° sur les immeubles acquis à titre onéreux par les comptables postérieurement à leur nomination..... ; 2° sur ceux acquis au même titre et depuis cette nomination par leurs femmes même séparées de biens..... Sont exceptées néanmoins les acquisitions à titre onéreux faites par les femmes lorsqu'il sera loyalement justifié que les deniers employés à l'acquisition leur appartenaient.

Art. 5. — Le privilége du trésor public mentionné en l'article 4 ci-dessus a lieu conformément aux articles 2106 et 2103 du Code civil, à la charge d'une inscription qui doit être faite dans les deux mois de l'enregistrement de l'acte translatif de propriété. En aucun cas, il ne peut préjudicier : 1° aux créanciers privilégiés désignés dans l'article 2103 du Code civil lorsqu'ils ont rempli les conditions prescrites pour obtenir privilége ; 2° aux créanciers désignés aux articles 2101, 2104 et 2103 du Code civil, dans le cas prévu par le dernier de ces articles.... ; 3° aux créanciers du précédent propriétaire qui auraient sur le bien acquis des hypothèques légales existantes indépendamment de l'inscription, ou toute autre hypothèque valablement inscrite.

Art. 6. — A l'égard des immeubles des comptables qui leur appartenaient avant leur nomination, le trésor public a une hypothèque légale à la charge de l'inscription conformément aux articles, 2121 et 2134 du Code civil... Le trésor public a une hypothèque semblable et à la même charge sur les biens acquis par le comptable autrement qu'à titre onéreux postérieurement à sa nomination.

Art. 7. — A compter de la publication de la présente loi, tous receveurs généraux de départements, tous receveurs particuliers d'arrondissements, tous payeurs généraux et divisionnaires, ainsi que les payeurs des départements, des ports et des armées seront tenus d'énoncer leurs titres et qualités dans les actes de vente, d'acquisition, de partage, d'échange, translatifs de propriété, et autres qu'ils passeront, et ce à peine de destitution dans le cas d'insolvabilité envers le trésor public, et d'être poursuivis comme banqueroutiers frauduleux.

Les receveurs de l'enregistrement et les conservateurs des hypothèques seront tenus aussi, à peine de destitution et, en outre, de tous dommages-et-intérêts de requérir et de faire, au vu desdits actes, l'inscription au nom du trésor public, pour la conservation de ses droits, et d'envoyer, tant au procureur impérial du tribunal de première instance de l'arrondissement des biens qu'à l'agent du trésor public à Paris, le bordereau prescrit par les articles 2148 et suivants du Code Civil. Demeurent néanmoins exceptés les cas où, lorsqu'il s'agira d'une aliénation à faire, le comptable aura obtenu un certificat du trésor public, portant que cette aliénation n'est pas sujette à l'inscription de la part du trésor. Ce certificat sera énoncé et daté dans l'acte d'aliénation.

Art. 8. —En cas d'aliénation par tout comptable de biens affectés aux droits du trésor public par priviléges ou hypothèques, les agents du gouvernement poursuivront par voie de droit le recouvrement des sommes dont le comptable aura été constitué redevable.

Art. 9.—Dans le cas où le comptable ne serait pas actuellement constitué redevable, le trésor public sera tenu, dans trois mois, à compter de la notification qui lui sera faite aux termes de l'article 2183 du Code Civil, de fournir et de déposer au greffe du tribunal de l'arrondissement des biens vendus un certificat constatant la situation des comptables, à défaut de quoi, ledit délai expiré, la main-levée de l'inscription aura lieu de droit et sans qu'il soit besoin de jugement.

La main-levée aura lieu également de droit dans le cas où le certificat constatera que le comptable n'est pas débité envers le trésor public.

Art. 10.—La prescription des droits du trésor public établie par l'article 2227 du Code Civil court au profit des comptables du jour où leur gestion a cessé.

§ II — *Comptables en matières militaires.*

La Cour des comptes, organisée par la loi du 16 septembre 1807, a une double mission. Elle forme un tribunal administratif, chargé de la vérification et du jugement des comptes de gestion, et elle est un corps politique destiné, par son contrôle sur les comptes d'administration, à éclairer les pouvoirs exécutif et législatif. Elle rend des arrêts et des déclarations. Sa compétence dans ce deuxième ordre a été étendue par la loi du 6 juin 1843 art. 11, et l'Ordonnance du 26 août 1844. Elle rend une déclaration sur la conformité des résultats des comptes individuels des comptables en matières ayant le maniement des valeurs matérielles qui appartiennent à l'État et sont à la disposition des ordonnateurs, avec les comptes généraux du ministre dans le département duquel ils se trouvent placés. Ce sont principalement ceux de la guerre et de la marine.

Les règles de la comptabilité publique en matières, appartenant à l'État sont, comme celles de la comptabilité en deniers, codifiées dans le décret réglementaire du 31 mai 1862.

Art. 864. — Dans chaque chantier, magasin, usine, *arsenal* et autre établissement appartenant à l'État, et géré pour son compte, il y a un agent ou préposé responsable des matières y déposées. Cet agent est comptable de la quantité des dites matières, suivant l'unité applicable à chacune d'elles,

Art. 865. — Les dispositions générales concernant les comptables de deniers publics, et notamment celles des art. 18, 19,(1) et 29 sont applicables aux comptables en matières.

Art. 878. — La comptabilité des valeurs mobilières ou permanentes n'est point soumise au contrôle de la cour des comptes.

Art. 877. — La comptabilité des valeurs mobilières ou permanentes embrasse les mobiliers de l'État garnissant les hôtels, pavillons, *casernes, quartiers,* chapelles, hôpitaux et autres établissements, les machines, engins, outils et ustensiles d'exploitation, les gabarets, modèles, types et étalons, les bibliothèques, archives, cabinets et laboratoires, les dépôts de cartes et d'imprimés, les objets d'art et de science.

CHAPITRE XII.

FOURNISSEURS MILITAIRES.

§ I. — Les marchés de fournitures faites au gouvernement sont de deux sortes. Les uns ont pour objet les matériaux nécessaires à l'exécution des travaux publics : dans ce cas, on applique au marché de fournitures les règles du contentieux des travaux publics, et c'est

1. Relatif à l'hypothèque de l'État.

le Conseil de préfecture qui est compétent. Les autres sont destinés à procurer à l'État des objets de consommation, à l'effet de nourrir, équiper, remonter l'armée, etc..... Tous sont passés soit par le ministre dans les attributions duquel se trouve placé le service administratif dont les besoins motivent le marché, soit par les chefs de service avec l'autorisation du ministre.

Tous les marchés au nom de l'État sont faits par voie d'adjudication publique et au rabais, sauf la faculté réservée aux ministres de traiter de gré à gré dans certains cas limités. Il est dans l'esprit et la lettre de la législation administrative sur les marchés de fournitures, que toutes les affaires soient traitées au grand jour, que toutes les entreprises soient adjugées sous les yeux des populations et sous l'aiguillon de la liberté des enchères.

Aux seuls marchés de la deuxième classe s'applique, sauf recours au Conseil d'Etat, la juridiction contentieuse des ministres introduite par la loi du 12 vendémiaire.

§ II. — Des obligations contractées vis-à-vis de l'État dérivent des créances de l'État contre les fournisseurs, créances de même nature que celles qu'il possède contre les acquéreurs de biens domaniaux et leurs fermiers, contre les comptables de deniers publics, les entrepreneurs des travaux, les condamnés aux amendes et frais de justice, et celles qui ont pour objet le montant des impôts.

Ces créances ont une protection pénale et une protection civile.

1° Tous individus chargés, comme membres de compagnies ou individuellement, de fournitures, d'entreprises ou régie pour le compte des armées de terre et de mer, qui, sans y avoir été contraints par une force majeure, auront fait manquer le service dont ils sont chargés, seront punis de la peine de la réclusion et d'une amende qui ne pourra excéder le quart des dommages-intérêts, ni être au dessous de 500 fr. : le tout sans préjudice de peines plus fortes en cas d'intelligence avec l'ennemi (1). Lorsque la cessation du service proviendra du fait des agents des fournisseurs, les agents seront condamnés aux peines portées par le précédent article... Les fournisseurs et les agents seront également condamnés lorsque les uns et les autres auront participé au crime (2).

1. Code Pénal, liv. III, tit. II, sect. II, § 6, délits des fournisseurs, art. 430.
2. Id., art. 431.

Quoique le service n'ait pas manqué, si, par négligence, les travaux et les terrassements ont été retardés ou s'il y a eu fraude sur la nature, la qualité ou la quantité des travaux, la main-d'œuvre ou les choses fournies, les coupables seront punis d'un emprisonnement de 6 mois au moins et de 5 ans au plus, et d'une amende qui ne pourra excéder le quart des dommages-intérêts ni être moindre de 100 fr. Dans les divers cas prévus par les articles composant le présent paragraphe la poursuite ne pourra être faite que sur la dénonciation du gouvernement (1).

Cette dénonciation est exigée pour empêcher que l'exercice intempestif de l'action publique contre les fournisseurs n'entrave inopportunément un service. Aussi la dénonciation doit émaner sinon de l'empereur, du moins des ministres. L'inculpé poursuivi devant une juridiction pénale sans que ce préalable ait été rempli est recevable, soit en première instance, soit en appel, soit en cassation, pourvu que devant cette dernière juridiction il établisse la qualité de fournisseur sous laquelle il est poursuivi, à conclure à sa mise hors de cause immédiate et sans dépens (2).

2° Quelle que soit la catégorie des fournisseurs, l'État possède un cautionnement déterminé d'après l'importance du service, et qui consiste soit dans l'obligation personnelle d'un tiers, soit dans le versement d'une somme en numéraire ou en inscription sur le grand livre de la dette publique, avec faculté, pour les ministres, de recevoir à ce titre les créances sur leur département. Une hypothèque conventionnelle peut résulter, pour l'État, du marché de fournitures dans lequel elle a pu être régulièrement stipulée, bien qu'il fût passé en la forme administrative, et sans le ministère des notaires, dont les agents de l'État ont tous les pouvoirs pour la rédaction des contrats administratifs (3). L'art. 2127 du Code Napoléon fournit cependant un sujet de controverse.

CHAPITRE XIII.

LE PROTÊT ET L'INVASION DE L'ENNEMI.

(2251 C. N. ; 168 C. C.)

La prescription est un moyen d'acquérir ou de se libérer par un

1. Id., art. 433.
2. A contrario d'un arrêt de la chambre criminelle, 4 juillet 1862.
3. 1712 C. N.; 4 mars 1793, art. 3 ; 22-28 oct. 1790, art. 14. — Cassation, 12 janv. 1835, 3 mai 1843.

certain laps de temps et sous les autres conditions déterminées par la loi. (1)

La prescription court contre toutes personnes à moins qu'elles ne soient dans quelque exception établie par la loi (2).

La peste, *la guerre*, ou tous les autres fléaux qui momentanément interrompent le cours de la justice sont-ils une cause de suspension de la prescription ; ou, plus généralement, la prescription court elle contre ceux qui, par suite de circonstances de force majeure, se trouvent dans l'impossibilité de poursuivre leur droit ? Cette question revient à celle-ci : Le Code a-t-il ou non reproduit l'ancienne maxime : *Contra non valentem agere non currit præscriptio.*

Des auteurs soutiennent l'affirmative, mais je doute que leur opinion soit fondée. Cette disposition n'existait pas dans le premier projet du Code : on énumérait seulement les personnes contre lesquelles la prescription ne court pas ; c'est après coup qu'elle a été ajoutée. Cette circonstance révèle la pensée de la loi ; elle a considéré sans doute que si elle se bornait à énumérer les cas dans lesquels la prescription est suspendue, les commentateurs, dont l'ambition scientifique tend toujours à sortir des limites de la loi, ne manqueraient pas d'élargir par des arguments *a priori* ou *a fortiori* le cercle des exceptions : en conséquence, et afin de ne rien laisser à l'arbitraire, elle a fait aux juges défense d'admettre d'autres exceptions que celles qu'elle a elle-même établies. Si la règle consacrée dans notre article n'a pas le sens que j'indique, elle n'en a aucun.

Peut-être aurai-t-on bien fait d'ajouter aux causes de suspension les cas de guerre ou de peste ; mais on ne les a pas compris parmi les exceptions, et les exceptions ne se suppléent pas : ce n'est pas aux juges qu'appartient le droit de corriger l'œuvre imparfaite de la loi.

Le législateur a pu se dire que si de très-longues guerres ou autres circonstances extraordinaires le demandaient, il y aurait toujours lieu de rendre une loi spéciale et transitoire pour les besoins du moment, comme l'ont fait, au temps de la Ligue, l'édit de 1596 et le fameux édit de Nantes de 1598, et plus récemment les lois des 22 août 1793 et 23 frimaire an II pour les guerres de la Vendée, et que ce n'était pas au Code civil, à la législation générale de se préoccuper de semblables cas (3).

1. Art. 2219 C. N.
2. Art. 2251 C. N.
3. P. Coin-Delisle ; Marcadé ; Mourlon ; Duranton ; C. Troplong ; Merlin.

La loi du 6 brumaire an V contenait une exception en faveur des défenseurs de la patrie et des autres citoyens attachés au service des armées de terre et de mer ; mais cette loi n'était que transitoire, elle n'est plus en vigueur aujourd'hui.

Un arrêt du Conseil d'Etat du 25 janvier 1814, approuvé par le chef de l'Etat et inséré au Bulletin des lois le 27 du même mois, a décidé affirmativement la question de savoir si l'invasion de l'ennemi peut relever les porteurs de lettres de change de la déchéance, faute de protêt (1).

Les tribunaux et non l'administration apprécient sous le double rapport du fait et du droit les circonstances de force majeure Cette décision est assurément torf sage et fort juridique. On conçoit que les rédacteurs du Code de Commerce, traitant de matières spéciales qui requièrent partout la célérité, et s'occupant des protêts qui doivent se faire dans un délai si court, n'avaient pas pu suivre les principes du droit commun et que le retrait d'une déchéance pour force majeure, selon les cas et circonstances, devait leur paraître aussi juste, aussi nécessaire que les rédacteurs de notre Code l'avaient trouvé funeste en législation civile et pour les prescriptions ordinaires.

<hr>

CHAPITRE XIV.

EXCEPTIONS AU DROIT COMMUN EN MATIÈRE DE PRESSE.

§ I. — L'ancien régime interdisait d'imprimer aucun écrit, journal ou livre sans l'autorisation préalable de censeurs délégués par le chancelier et procédant au nom du *roi* (2). Vint l'Assemblée constituante, et le texte suivant fut inscrit dans la Déclaration des droits de l'homme et du citoyen (3) : « La libre communication des pensées et des opinions est un des droits les plus précieux de l'homme. Tout citoyen peut donc parler, écrire, imprimer librement, sauf à répondre de l'abus de cette liberté dans les cas déterminés par la loi ». La Constitution du 3 sept. 1791 renouvela cette garantie. Le 5 février 1810, l'Empire rétablit la censure. La Restauration

1. Voir, dans le même sens, une lettre de M. Duchâtel, *Moniteur* du 25 avril 1834 ; encore avis du conseil d'Etat, 12 nov. 1840.
2. Arrêts du Conseil, Paris, 23 fév. 1723. Provinces, 24 mars 1731.
3. 26 août 1789, art. 11.

feignit un instant de s'en passer, mais on revient toujours à ses premières amours (1). Depuis 1821, elle a disparu malgré la tentative
inverse de Charles X qui coûta le trône à sa dynastie.

Néanmoins les railleries de Figaro (2) sur la soi-disant liberté de
la presse sont toujours applicables D'abord la presse périodique,
composée des journaux et revues, a été distraite pour être soumise
à un régime exceptionnel qu'une loi de l'an passé a légèrement
modifié. Ensuite les condamnations judiciaires en vertu de délits
prévus par le Code pénal (3) n'ayant pas paru une garantie suffisante
de la stabilité du pouvoir, on y a ajouté les sept formalités suivantes : déclaration préalable du livre à imprimer au ministère de
l'intérieur à Paris, au secrétaire général de la préfecture dans les
départements ; dépôt aux mêmes lieux, et avant toute mise en
vente, de deux exemplaires ; indication du nom et de la demeure de
l'imprimeur sur tout exemplaire : inscription du titre de l'ouvrage
sur un registre coté et paraphé par le maire (4) ; dépôt au parquet du
tribunal du lieu de l'impression , 24 heures avant la publication,
d'un exemplaire de tout écrit traitant de matières politiques ou
d'économie sociale et ayant moins de dix feuilles d'impression ;
déclaration au parquet , dans le même cas, au moment du dépôt,
du nombre des exemplaires tirés (5) ; assujettissement à un droit
de timbre de quatre centimes par feuille pour écrits périodiques
ayant moins de six feuilles d'impression (6).

II. — Les exigences de la discipline militaire ont fait naître une
autre restriction. « Il est formellement interdit aux militaires de
tous grades et de toutes armes, en activité de service, de publier leurs
idées (7) ou leurs réclamations soit dans les journaux soit dans les
brochures, sans la permission de l'autorité supérieure. »

1. Scribe, vaudeville.
2. Beaumarchais. Mariage de Figaro, acte dernier.
3. Code Pénal, 283 à 289 inclus.
4. L. du 21 oct. 1814, art. 14, 15, 16, 17.
5. L. du 27 juil. 1849, art. 7.
6. L. de 1868.
7. Décret 1er mars 1854 sur la gendarmerie, art. 642.

CHAPITRE XV.

DE L'IMPÔT QUE LES SOLDATS FONT PAYER ET DE CELUI QU'ILS PAIENT

§ 1. — *Logement.*

Une augmentation d'impôts a été rendue obligatoire par l'entretien des grandes armées. Les changements de garnison sont aujourd'hui la source la plus fréquente de cette charge. Le droit pour les gens de guerre d'être logés chez l'habitant a été posé en principe par le décret du 23 janvier —7 avril 1790. La loi du 23 mai 1792 vint organiser la matière : les art. 10 à 27 traitent du logement chez l'habitant.

Art. 10. — Dans tous les cas où les troupes devront être logées chez l'habitant, les commissaires des guerres (1) donneront avis aux municipalités du jour de leur arrivée et du temps de leur séjour lorsqu'il sera fixé. Le commandant de la troupe préviendra d'ailleurs les commissaires des guerres et informera les officiers municipaux du moment de leur arrivée ainsi que de celui du départ. Ces officiers municipaux délivreront ensuite sur la présentation de la feuille de route les billets de logement, en observant de réunir autant qu'il leur sera possible dans le même quartier tous les hommes d'une même compagnie, afin d'en faciliter le rassemblement. Les chevaux des troupes à cheval devront en même temps être établis également, autant que faire se pourra, dans des écuries à portée du logement de chaque compagnie. Les officiers municipaux donneront connaissance au commandant de la place et aux commissaires des guerres de l'assiette du logement.

L'article suivant, suspectant la probité et la moralité des défenseurs de la patrie permet aux dépositaires des caisses publiques, aux veuves et filles de loger le soldat ailleurs que dans leur propre domicile.

L'art. 14 fixe la quotité de chambres dues, selon le grade du locataire.

La loi passe ensuite à l'examen de la garniture des lits, à la fourniture des ustensiles de cuisine.

---

1. Aujourd'hui intendants.

Art. 20. — Les hôtes ne seront jamais délogés de la chambre ou du lit où ils auront coutume de coucher. Il ne pourront néanmoins sous ce prétexte se soustraire à la charge du logement selon leurs facultés.

Art. 22. — Les troupes seront responsables des dégâts et dommages qu'elles auront faits dans leurs logements. En conséquence lors de leur départ elles seront tenues de faire réparer à leurs dépens ou de payer les dégradations portées à leur logement au aux fournitures.

Il est prévu ensuite au mode de réclamation. Enfin l'assemblée législative a voulu que, lorsque le séjour serait d'un mois, les officiers payassent aux habitants une somme convenue pour tout l'excédant des trois premières journées.

J'ai oublié de dire que les fonctionnaires militaires ne sont pas soumis à l'obligation de loger leurs semblables lorsqu'ils tiennent garnison.

§ II. — *Maires, Juges au contentieux.*

On appelle contentieux administratif l'ensemble des matières de la compétence des tribunaux administratifs. Ces matières se divisent en deux classes: celles qu'un texte formel a soumises à la juridiction contentieuse administrative ; celles qui relèvent de cette juridiction à raison de leur nature, pourvu que le litige soit suscité par un acte administratif proprement dit, et que la réclamation à laquelle il donne lieu soit fondée sur la violation d'un droit et non pas simplement sur la lésion d'un intérêt. Les deux conditions sont nécessaires. En l'absence de la première, il y a compétence de l'autorité judiciaire ; en l'absence de la deuxième, c'est la juridiction gracieuse ou discrétionnaire qui est compétente. L'Assemblée constituante, dans les lois des 7-11 septembre 1790 et 27 avril 24 mai 1791, conféra la connaissance des litiges administratifs aux municipalités, directoires de districts et de départements, au conseil des ministres. La législation consulaire de l'an VIII, en séparant l'action de la délibération, a fait aussi une part distincte à la juridiction.

La Constitution du 22 frimaire, art. 52, a créé le conseil d'État tribunal administratif supérieur ; la loi du 28 pluviôse a créé les conseils de préfecture investis par elle de la connaissance des litiges administratifs les plus nombreux ; la Cour des comptes date de

1807 ; le conseil de l'Université de 1808. Toutefois il est resté entre les mains des agents de l'administration active, maires, sous-préfets, préfets, ministres, certaines parties de la juridiction contentieuse. Je veux simplement indiquer ici une attribution des maires qui ont les moins nombreuses. Ils statuent sur les difficultés relatives à l'indemnité due par les officiers qui marchent sans troupes aux habitants tenus de les recevoir sur billet de logement (1).

Les procès administratifs ont un caractère d'urgence demandant des formes brèves ; ils exigent des connaissances spéciales. Il faut que le jugement de ces litiges, tout en sauvegardant d'une manière rigoureuse les droits privés, ne perde jamais de vue l'intérêt général et le droit de tous ; l'indépendance nécessaire à l'administration, par rapport à l'autorité judiciaire, eût été vainement proclamée si le contentieux administratif n'eût pas été confié à des magistrats de l'ordre administratif. Aucun des magistrats qui le composent ne jouissent du bénéfice de l'inamovibilité.

§ III. — *Des membres de l'armée qui sont imposables à la contribution personnelle et mobilière.*

La condition de l'armée relativement à la contribution personnelle et mobilière est réglée ainsi qu'il suit : les officiers de terre et de mer, ayant des habitations particulières soit pour eux, soit pour leur famille, les officiers sans troupes, officiers d'état-major, officiers de gendarmerie et de recrutement, les employés de la guerre et de la marine dans les garnisons et dans les ports, les préposés de l'administration des douanes, sont imposables à la contribution personnelle et mobilière, d'après le même mode et dans la même proportion que les autres contribuables (2).

D'après cette disposition, les soldats et sous-officiers, et ceux d'entre les officiers qui ayant avec eux des troupes se contentent du logement fourni par l'État, sont seuls exempts de l'impôt. On s'est demandé si l'officier ayant avec lui des troupes, qui occupe dans le lieu de sa garnison un logement qu'il paye avec l'indemnité allouée pour défaut de logement dans les bâtiments militaires, se trouve compris dans l'exemption, et l'affirmative a paru non douteuse (3). Il est de fait que dans ce cas l'officier ne peut être réputé avoir une

1. L. 23 mai 1792, 18 janv. 1793, art. 29 et 52.
2. Voy. l'art. 11.
3. Voy. ord. 23 avril 1837, Tessier ; décr. 17 mai 1851, Piedallu.

habitation *particulière*, dans le sens de la loi ; sa condition, sous le rapport de l'habitation, n'est bien que celle que lui fait l'État. A quel titre, d'ailleurs, le faire souffrir d'un arrangement tout à fait indépendant de sa volonté, et qui, en réalité, ne lui procure aucun avantage ?

La jurisprudence est même allée plus loin, elle a considéré que surtout dans les villes de guerre où les loyers sont élevés parce que les villes ne peuvent pas s'étendre suivant les besoins de leur population, l'indemnité de logement peut être insuffisante pour permettre aux officiers de se loger aussi convenablement en ville qu'ils le seraient dans les bâtiments militaires, et en conséquence elle a décidé qu'il n'y a pas lieu d'imposer les officiers à la contribution personnelle et mobilière, alors même que le loyer de l'appartement occupé en ville dépasse l'indemnité de logement qui lui est accordée. A moins cependant que l'importance du logement occupé en ville ne dépasse notablement celle du logement qui serait affecté à l'officier dans les bâtiments de l'État (1).

Les officiers qui ne sont détachés de leur régiment que pour un service temporaire, et ne cessent point de lui appartenir et de figurer sur ses contrôles, ne sauraient être évidemment assimilés aux officiers sans troupe, tels que les officiers d'artillerie et du génie attachés aux arsenaux (2) : on l'a jugé notamment au profit d'officiers de cavalerie attachés à un dépôt de remonte (3) ou aux compagnies de cavaliers de remonte (4), d'officiers d'artillerie temporairement détachés pour occuper l'emploi de commandant d'artillerie dans une place de guerre (5), ou pour procéder à l'inspection d'une raffinerie de salpêtre (6).

On a pensé que l'esprit de la loi leur donnait droit à l'exemption pourvu que leur logement n'excédât pas l'importance de celui qui leur eût été accordé dans les bâtiments militaires. Et c'est à cette circonstance seule qu'on a à s'attacher, et non au montant du loyer comparé avec l'indemnité de logement allouée (7).

Il faut remarquer la disposition relative aux officiers d'état-major ; qu'ils soient logés gratuitement dans les bâtiments de l'État des

1. Voy. décr. 23 juin 1849. — Rialland. 30 nov. 1852, Herpin ; 25 avril 1860, Santiaggy ; 13 avril 1867, de Vaucresson.
2. Ord. 27 février 1835. Joss.
3. Ord. 4 juil. 1838. Salse.
4. Décret, 5 août 1851. Massicot.
5. Décret, 23 mai 1850, Noizet-St-Paul.
6. Décret, 30 novembre 1852. De Baulincourt.
7. Décret, 3 mars 1864. Le Kreuser.

départements ou des communes, ou qu'ils se logent à leur frais, ils sont dans tous les cas passibles de la contribution. De là pour eux la nécessité de subir l'impôt mobilier dans le lieu de la résidence que leur assigne le service. Vainement un maréchal de camp, résidant dans une citadelle, opposerait-il que son habitation est ailleurs, et qu'il acquitte la taxe mobilière dans la commune où elle est fixée. La cotisation qu'il subit pour l'habitation qu'il garde à sa disposition ne le dispense pas de l'obligation d'en subir une autre dans la commune où son service l'appelle à résider et à occuper par suite une habitation (1).

1. Ord. 27 février 1835. Bugeaud. —Décret 14 janv. 1867. Bonnemain.

LIVRE QUATRIÈME.

DES DÉLITS ET DES PEINES.

PROLÉGOMÈNES.

DE L'OBÉISSANCE PASSIVE.

> Il n'y a ni crimes ni délits lorsque l'homicide,
> les blessures et les coups *étaient ordonnés par
> la loi et commandés par l'autorité légitime.*
> (C. P., art. 327).

Le chancelier d'Aguesseau a défini le droit naturel : « celui qui
consiste dans les lois primitives également reconnues par tous les
hommes, même par ceux qui les violent, et qui sont regardées comme gravées dans le fond de notre être par la raison de son auteur.»
Cicéron a consacré à sa description une des plus belles pages de son
Traité de la République (1). Ce droit, diversement apprécié mais in-
contestable, met en avant, entre autres principes, celui-ci : « Ne
léser personne. » Mais les nécessités sociales, incompatibles avec la
pure morale, ont fait admettre par quelques philosophes (2) des espèces où il était permis de s'en écarter. Les codes des différents pays
civilisés les ont même réglementées à des degrés différents. Ce sont
l'excuse de la légitime défense, celle de la nécessité, celle de la misè-
re, celle de l'obéissance passive, celle de la raison d'état (3). L'Église,
par l'organe de saint Ambroise (4) et de saint Cyprien (5), les a dès
leur naissance condamnées, Arhens (6) de nos jours s'est élevé contre elles, il faut encore courber la tête sous leur acceptation par le
vulgaire.

1. Liv. III, § 17.
2. Grotius, Droit de la guerre et de la paix, liv. II, chap. 1 ;— Puffendorf, liv. II,
chap. v ; — Bentham, législ. civ. et pén., t. II, p. 61.
3. Salus populi suprema lex est (Cicéron).—Sortir de la légalité pour rentrer dans
le droit (Napoléon III).
4. De off., l. III, chap. iv.
5. L. VI, 0, 18 et 20.
6. Droit naturel, t. I, p. 150.

Je ne veux traiter ici que la question de l'obéissance passive : elle est commune au bourreau et au soldat. Avant d'aborder la discussion du Code pénal militaire, il m'était impossible de ne pas me demander si, en dehors des crimes prévus par la loi, l'homme de guerre n'en commettait pas de prévus simplement par la morale, et si tous les faits licites au point de vue législatif méritent un pareil pardon au tribunal de la conscience absolue. En d'autres termes, l'obligation d'obéissance à la loi, les nécessités, par exemple, du service militaire, n'imposent-elles point une exécution exclusive de toute responsabilité et comparable à celle de l'homme privé de sa raison ? Des auteurs qu'on ne taxera pas d'un libéralisme exagéré n'ont admis l'affirmative qu'avec de sérieux tempéraments. On voit, par notre épigraphe elle-même, que le Code qui nous régit exige la réunion de deux circonstances pour qu'il n'y ait ni crime ni délit.

« L'obéissance à la loi est un devoir, dit Benjamin Constant,
« mais comme tous les devoirs il n'est pas absolu, il est relatif ; il
« repose sur la supposition que la loi part d'une source légitime et
« se renferme dans de justes bornes. Ce devoir ne cesse pas lorsque
« la loi ne s'écarte de cette règle qu'à quelques égards. Nous devons
« au repos public beaucoup de sacrifices ; nous nous rendrions
« coupables aux yeux de la morale si, par un attachement trop
« inflexible à nos droits, nous troublions la tranquillité, dès qu'on
« nous semble, au nom de la loi, leur porter atteinte. Mais aucun
« devoir ne nous lie envers des lois dont l'influence corruptrice
« menace les plus nobles parties de notre existence. Aucun devoir
« ne nous lierait envers des lois qui, non seulement restreindraient
« nos libertés légitimes et s'opposeraient à des actions qu'elles
« n'auraient pas le droit d'interdire, mais qui nous en commande-
« raient de contraires aux principes éternels de justice ou de piété
« que l'homme ne peut cesser d'observer sans démentir sa nature.
« La doctrine de l'obéissance illimitée à la loi a fait sous la tyran-
« nie et dans les orages des révolutions plus de maux, peut-être,
« que toutes les autres erreurs qui ont égaré les hommes. Les
« passions les plus exécrables se sont retranchées derrière cette forme,
« en apparence impassible et impartiale, pour se livrer à tous les
« excès. Voulez-vous rassembler sous un seul point de vue les
« conséquences de cette doctrine ? Rappelez-vous que les empe-
« reurs romains ont fait des lois, que Louis XI a fait des lois, que
« Richard III a fait des lois, que le Comité de Salut public a fait des

« lois. (1) *Rien n'excuse l'homme qui prête son assistance à la loi
« qu'il croit inique, le juge qui siége dans une cour qu'il croit illégale
« ou qui prononce une sentence qu'il désapprouve, le ministre qui
« fait exécuter un décret contre sa conscience, le satellite qui arrête
« l'homme qu'il croit innocent pour le livrer à ses bourreaux* (2) ».

Dans l'état de nos mœurs et de nos institutions, l'ordre du maître
ne serait jamais un fait justificatif à l'égard du domestique, ni l'ordre du mari à l'égard de la femme : l'ordre du père ne saurait non
plus justifier le crime commis par l'enfant. Quant à l'obéissance du
soldat, qu'elle soit passive en ce qui concerne le service ; que le
militaire soit entre les mains de ses chefs une machine animée dans
les limites de la discipline nécessaire aux armées : cela est discutable, mais je conçois que certains penseurs l'accordent. Le principe
est loin d'ailleurs d'être aussi absolu qu'on le croit communément.

« Même en présence de l'ennemi, dit M. Berriat-Saint-Prix, des
« circonstances imprévues et l'impossibilité de demander de nou-
« veaux ordres peuvent parfois justifier la désobéissance. *En dehors
« du service il est évident que le droit et la morale doivent l'emporter
« sur le caprice du chef.* Qui oserait soutenir que l'ordre d'un supé-
« rieur justifierait le meurtre, le vol, la violation des lois constitu-
« tionnelles ou secondaires? Les généraux ont reçu le pouvoir d'ex-
« poser la vie de leurs soldats, mais uniquement pour défendre la
« patrie et faire respecter la volonté nationale régulièrement mani-
« festée. (3) »

1. Charles IX en fit aussi et tout le monde a retenu pour l'honorer la réponse du
comte d'Orthez, gouverneur de Bayonne, convié à prendre part à la Saint-Barthélemy : « Employez nos bras à des choses faisables. J'ai trouvé des gens prêts à sa-
« crifier leur vie pour leurs devoirs, mais pas un assassin. »

2. Cours de politique constitutionnelle, t. I, page 352 et suiv., Benjamin Constant.

3. Berriat-Saint-Prix, Théorie du droit constitutionnel français, p. 561 ; — Tissot,
le Droit pénal étudié dans ses principes, t. I, p. 46 et suiv. ; — Boitard, Leçons sur
les Codes pénal et d'instruction criminelle, p. 104 ; — Ach. Morin, Répertoire de
droit criminel, vo Contrainte, no 4, t. I, p. 561. — Vattel, Droit des gens, t. II,
page 352, note 1, trad. Pradier-Fodéré.

CHAPITRE PREMIER.

POINTS DE CONTACT DU CODE PÉNAL ORDINAIRE
ET DU CODE PÉNAL MILITAIRE.

§ I. — *Compétence.*

1° Les juridictions militaires connaîtront-elles de tous les délits des militaires, même des délits de droit commun ?

La loi du 9 juin 1857 résout cette question affirmativement ; elle ne fait aucune distinction ; et soit qu'on ait manqué à la loi générale, soit qu'on ait enfreint la loi exceptionnelle et militaire, la compétence ne subit aucun changement ; c'est toujours le conseil de guerre qui garde son empire.

La législation française a bien varié sous ce rapport, et les opinions opposées peuvent invoquer, en sens contraire, de bien graves autorités. Le principe que les militaires ne doivent pas être détournés des tribunaux ordinaires pour les délits de droit commun date de la première organisation des troupes permanentes et régulières. On le voit consacré en loi dès le règne de Charles VII, et c'est à cette loi que les historiens reportent l'origine de la première police efficace introduite parmi les gens de guerre : car la justice civile se faisait mieux respecter que l'autorité militaire.

L'Assemblée constituante en fit le point de départ de la législation spéciale, dans la loi du 29 octobre 1790; elle le rappela avec une nouvelle énergie dans la loi des 30 septembre et 19 octobre 1791. « Nul n'est exempt de la loi commune et de la juridiction des tribunaux sous prétexte de service militaire; et tout délit qui n'attaque pas immédiatement le devoir ou la discipline ou la subordination militaires, est un délit commun, dont la connaissance appartient aux juges ordinaires, et pour raison duquel le prévenu, soldat, sous-officier ou officier, ne peut être traduit que devant eux. — Nul délit n'est pas militaire, s'il n'a été commis par un individu qui fait partie de l'armée. »

Disons-le cependant, une année ne s'était pas écoulée qu'un nouveau décret, celui du 16 mai 1792, remettait aux cours martiales la connaissance de tout délit, militaire ou commun, commis à l'armée par des militaires. Le principe n'a pas varié depuis cette époque ; et on le trouve successivement proclamé dans la loi du 3 pluviôse an II, dans la loi du deuxième jour complémentaire an III dans la loi du 22 messidor an IV , dans la loi du [13 brumaire an V, et finalement dans la Constitution de l'an VIII. C'est le droit constant de l'armée, sur lequel n'ont jamais hésité depuis 1792, ni les criminalistes , ni le Conseil d'État, ni la Cour de cassation.

Ses partisans soutiennent que la doctrine contraire est plus abstraite que pratique. Elle n'en fut pas moins soutenue, en 1829, devant la commission de la Chambre des Pairs, avec talent et chaleur : elle prévalut. Malheureusement le projet du Code, qui la consacrait, n'aboutit pas, car la partie pénale ne passa pas le seuil de la Chambre des Députés ; et les trois premiers livres concernant l'organisation, la compétence et la procédure ne furent même pas discutés par la Chambre haute. La révolution de Juillet était intervenue.

2° Il est une autre question fort importante dont la solution pourrait laisser du doute dans les esprits, si un texte précis ne venait la trancher. On a établi jusqu'ici que la compétence des conseils de guerre comprenait tous les délits communs commis par les militaires, et on n'a excepté de cette règle générale que les délits communs commis par les militaires en congé, en disponibilité ou en non-activité.

Convenait-il d'étendre cette exception aux délits spéciaux, tels que les infractions aux lois sur la chasse, la pêche, les douanes, les contributions indirectes, les forêts et la grande voirie ? La loi du 9 juin 1857 s'est prononcée pour l'affirmative, et elle a pensé que dans ces cas particuliers les militaires devaient être justiciables des tribunaux ordinaires. On n'a fait que se conformer en cela à la jurisprudence constante du conseil d'État et de la Cour de cassation (1).

Le Code militaire est en effet une loi générale qui sous ce rapport ne saurait déroger aux lois spéciales faites pour la protection d'intérêts d'un ordre particulier, tels que ceux de la police générale, de la conservation des forêts ou du trésor de l'État ; il pourrait y avoir, avoue l'exposé des motifs lui-même, des inconvénients à laisser l'application de ces lois aux conseils de guerre, et surtout à rompre

1. Arrêté du Conseil d'Etat, 1 janv. 1806. — Cour de cassation, 8 fructidor et 10 oct. 1806, 18 sept. 1820, 23 août 1823.

brusquement avec une jurisprudence qui avait été constamment suivie jusqu'à cette époque.

3° L'art. 273 de la loi du 9 juin 1857, qui rend à la juridiction du droit commun les délits sus-mentionnés, est-il limitatif ou purement énonciatif ? C'est une dernière question.

M. Duvergier, dans son code de justice militaire de l'armée de terre (1), tient pour le premier avis. Il est difficile, dit-il, de supposer que le législateur n'ait pas entendu présenter une nomenclature. Cette opinion est confirmée par un passage du rapport de la commission :

« M. le comte N. de Champagny a proposé par un amendement que l'exception fût étendue à tous les délits pour lesquels l'action publique a besoin d'être sollicitée par les plaintes de la partie, comme le délit de diffamation et d'injure. Votre commission n'a pas admis cet amendement. » (2).

Enfin un arrêt de la Cour de cassation (3) avait, dès le 11 juin 1852, décidé que les contraventions à la loi du 16 octobre 1849, sur les timbres-postes, étaient de la compétence des tribunaux militaires. Ne peut-il pas servir d'argument historique ?

§ II. — *Récidive.*

La récidive, comme l'étymologie l'indique (*rursus cadere*), c'est la rechute dans l'infraction, c'est la persévérance dans la violation du commandement social ; mais ce n'est plus la rechute dont la loi ne tient pas de compte lorsque la nouvelle infraction entraîne une peine moins forte que celle attachée à la première infraction, la rechute avant toute condamnation, c'est la rechute de l'agent irrévocablement condamné ; de l'agent que la loi a déjà frappé et qui veut rentrer en lutte avec elle.

La succession de plusieurs infractions avant l'irrévocabilité d'une condamnation non-seulement n'aggrave pas la pénalité, mais n'attire pas autant de peines spéciales qu'il y a eu d'infractions spéciales ; elle est protégée par le principe du non-cumul des peines.

L'aggravation ne va pas croissant avec le nombre des récidives.

La condamnation prononcée par un tribunal militaire en cas de crime ou de délit postérieur, peut-elle servir de base à l'aggravation de peine pour récidive ?

1. Page 123, note 2.
2. Rapport de M. Langlais, de la Sarthe.
3. Sirey, 52, p. 175.

La question est résolue par le paragraphe final de l'art. 56, au moins pour cet article : oui, si la première condamnation a été prononcée pour des cas punissables d'après les lois pénales ordinaires. Le dernier paragraphe de l'art. 56 domine les articles 57 et 58 : l'art. 57, lorsque l'agent a été condamné pour crime punissable, en vertu de la loi pénale ordinaire, par un tribunal militaire, et qu'il commet ensuite un délit ; l'art. 58 quand l'agent condamné par la juridiction militaire à plus d'une année d'emprisonnement, pour un délit punissable en vertu de la loi pénale ordinaire, commet un second délit.

Ce paragraphe parle, en effet, non-seulement des crimes, mais des délits ; il eût été, ce semble, mieux placé à la suite de toutes les dispositions qui concernent la récidive.

L'aggravation pour récidive, dans les termes du dernier paragraphe de l'art. 56, suppose donc que la première infraction et la nouvelle sont punies par la loi pénale ordinaire, et c'est là ce qui explique sans doute le silence du Code de justice militaire pour l'armée de terre, sur la récidive. Cette explication au reste a été donnée par le rapporteur de la loi des 4-15 juin 1858 sur une matière analogue, l'armée de mer, M. Rigault. « Nous croyons que la circonstance de la récidive n'est indifférente que pour les crimes et délits maritimes prévus et punis d'une peine spéciale par la loi. Si les tribunaux de la marine avaient à juger un de leurs justiciables pour des crimes ou délits communs auxquels les lois ordinaires seraient applicables, la récidive, si elle existait, devrait être prise en considération ; et la peine devrait être appliquée conformément aux art. 56, 57 et 58 du Code Pénal ordinaire » (1).

§ III. — *Complicité.*

1° Lorsque des délits sont commis par des justiciables de juridictions différentes, chaque tribunal doit-il garder son justiciable ? Faut-il au contraire les poursuivre tous devant le même ; et dans ce cas quel est le tribunal qui doit être saisi ? C'est un principe constant en France, que tous les prévenus d'un même délit doivent être traduits devant un même tribunal : *ne continentia causœ dividatur ;* voilà la maxime qui est vieille comme le droit criminel. Elle a été

1. Voir lois des 21-23 mars 1832, art. 2, sur le recrutement. — Cass., 13 mai 1859. (Deville, 59, 1, 540 ; J. Dal., 59, 1062. — Cass. 4 janvier 1861, 30 mars 1851. (Dalloz, 61, 1, 185).

respectée par l'ancienne monarchie, par la Révolution, par l'Empire, par la Restauration ; elle a pour elle la raison, le droit, le temps. La variété des tribunaux était infinie sous l'ancien régime : les gens de cour, les gens d'église, les gentilshommes, les manants et les roturiers avaient chacun leur juridiction et leurs priviléges de juges. On comptait des juridictions royales, des juridictions seigneuriales, des juridictions ecclésiastiques, des juridictions universitaires, et cependant jamais ce qu'on appelle la disjonction n'y fut admise. On préférait donner la prédominance, tantôt à tel tribunal, tantôt à telle qualité ; imaginer au besoin l'évocation à un juge supérieur, la procédure conjointe entre les divers juges réunis.

Les lois postérieures à la Révolution sont venues confirmer ce principe fondamental. Le Code du 3 brumaire an IV ordonne dans son art. 234 qu'on juge en même temps tous les délits connexes. Le Conseil des Cinq-Cents proclame la grande maxime dans la loi de germinal an IV. La loi du 24 messidor an IV porte dans ses considérations que l'intérêt public et l'intérêt particulier de chaque accusé ont également consacré cette maxime inviolable que tous les accusés d'un même délit doivent être jugés par un même tribunal. Le gouvernement essaya, sous le dernier règne, en 1837, de faire brèche à ce principe : c'était après l'échauffourée de Strasbourg, et la cour d'assises de Colmar venait d'acquitter jusqu'aux complices militaires du prince Louis. La loi qui demandait le renvoi des accusés militaires devant la juridiction plus sévère des Conseils de guerre fut rejetée par la Chambre des Députés, après une discussion animée.

Le même tribunal a donc compétence sur les prévenus d'un même délit ; mais sera-ce le tribunal de droit commun, sera-ce le conseil de guerre qui sera juge ? La logique conduirait à saisir tantôt l'un, tantôt l'autre, selon que le militaire serait complice ou auteur principal : car c'est une maxime que tout prévenu de complicité doit être jugé par le même tribunal que le principal accusé ; mais la question a paru dominée par cette seconde maxime que nul ne peut être distrait de ses juges naturels. Or le militaire est citoyen avant d'être soldat ; le juge d'épée, c'est le juge exceptionnel, et dans ce conflit de deux juridictions la justice spéciale fléchit devant la justice ordinaire, l'intérêt militaire devant la prééminence de la justice civile : c'est le citoyen qui entraîne le militaire avec lui devant ses propres juges, en cas de complicité.

La législation a beaucoup varié sous ce dernier rapport. Le

principe que le complice civil attire le militaire devant sa juridiction n'était celui ni de la loi du 29 octobre 1790, ni de la loi du 16 mai 1792, ni de la loi du 3 pluviôse an II, ni de la loi du deuxième jour complémentaire de l'an III; mais il est la base de celle du 19 octobre 1791, de la loi du 22 messidor an IV, il est en pleine vigueur depuis un demi-siècle, c'est celui que proclame la loi du 9 juin 1857 dans son art. 76.

2° Mais ce principe était trop beau pour qu'on ne le gâtât pas par des restrictions; la même loi, article suivant, les énumère.

Art. 77. « Tous les prévenus indistinctement sont traduits devant les tribunaux militaires :

« 1° Lorsqu'ils sont tous militaires ou assimilés aux militaires, alors même qu'un ou plusieurs ne seraient pas justiciables de ces tribunaux en raison de leur position au moment du crime ou du délit. »

Qu'arriverait-il si, tous étant militaires, tout étaient aussi, en raison de leur position, justiciables des tribunaux ordinaires, par exemple s'il étaient, au moment du délit, en permission ou en congé? Je n'hésite pas à répondre que les tribunaux ordinaires seraient seuls compétents. Il n'y aurait plus un seul des prévenus justiciable des tribunaux militaires, et la compétence de ces derniers n'aurait aucun fondement.

« 2° S'il s'agit de crimes ou de délits commis par des justiciables des Conseils de guerre et par des étrangers. »

Remarquez que le paragraphe parle de tous les crimes et délits, en quelque temps et quelque lieu qu'ils aient été commis; il n'est pas nécessaire que les étrangers soient placés dans le cas prévu par l'art. 64, (loi du 9 juin 1857), c'est-à-dire que l'armée se trouve sur le territoire français en présence de l'ennemi. Si l'étranger était dans cette situation, il serait, aux termes mêmes de l'art. 64, justiciable des Conseils de guerre. Il est bien évident que ni lui ni ses complices ne pourraient être renvoyés devant les tribunaux ordinaires.

« 3° S'il s'agit de crimes ou délits commis aux armées, en pays étrangers.

« 4° S'il s'agit de crimes ou délits commis à l'armée, sur territoire français, en présence de l'ennemi. »

§ IV. — *Connexité.*

Nous passerons rapidement sur ce point : la règle est la même qu'en cas de complicité.

Voici la définition de la connexité telle qu'elle est inscrite dans l'art. 227 du Code d'instruction criminelle :

Les délits sont connexes lorsqu'ils ont été commis en même temps par plusieurs personnes réunies, soit qu'ils aient été commis par différentes personnes même en différents temps et en divers lieux, mais par suite d'un concert formé à l'avance entre elles, soit lorsque les coupables ont commis, les uns pour se procurer le moyen de commettre, les autres pour en faciliter, pour en consommer l'exécution ou pour en assurer l'impunité.

§ V. — *Règlement de juges.*

L'art. 527 du même Code, placé sous la rubrique des règlements de juges, prévoit la mise en pratique de la théorie précédente.

Le règlement de juges est la décision par laquelle un tribunal supérieur, pour éviter la multiplicité et la contrariété de jugements, désigne le tribunal qui doit connaître d'une affaire lorsque plusieurs tribunaux en sont saisis ou lorsqu'ils refusent tous de la juger. On appelle conflit de juridiction le discord qui existe entre les tribunaux sur leur juridiction. Le conflit est positif quand deux tribunaux prétendent retenir la même affaire, négatif quand ils refusent également d'en connaître.

Art. 527.—Il y aura lieu également à être réglé de juges par la Cour de cassation *lorsqu'un tribunal militaire* ou maritime ou un *officier de police militaire* ou tout autre tribunal d'exception d'une part, — une cour impériale ou d'assises, un tribunal jugeant correctionnellement, un tribunal de police ou un juge d'instruction, d'autre part, — seront saisis de la connaissance du même délit ou de délits connexes ou de la même contravention.

Comme l'exprime parfaitement l'article, ce sont des tribunaux d'exception qui se trouvent saisis de la même affaire, concurremment avec les juridictions ordinaires. Or comme ces tribunaux, investis d'attributions essentiellement distinctes, n'ont pas d'autre tribunal supérieur commun que la Cour de cassation, c'est à elle qu'il appartient d'empêcher, par ses arrêts de règlement de juges, les empiètements d'une autorité sur l'autre : ainsi, par exemple , si un Conseil de guerre prétendait connaître d'une affaire de faux commis par un individu non militaire, il devrait, par voie de règlement de juge, être dessaisi de la connaissance de ce crime ; c'est la Cour de cassation qui devrait être saisie, lors même que le conflit serait négatif au lieu d'être positif (1).

Question.—Dans les établissements français de l'Inde, les conflits de juridiction donnant lieu à un règlement de juges , en matière criminelle, doivent-ils être référés à la Cour de cassation ?

Le Conseil d'État a consacré l'affirmative (2).

§ VI. — *Pourvoi en cassation.*

En matière militaire le pourvoi en cassation n'est jamais admis. Il n'y a que les accusés non militaires qui peuvent adresser ce recours, pour incompétence seule des Conseils de guerre, à la Cour de cassation. Cela semble dire ou plutôt cela dit que matériellement ce pourvoi est impossible. Si c'est là le sens, le pourvoi formé par ceux à qui il est interdit doit être considéré comme non avenu. Il n'est pas besoin d'attendre que la Cour de cassation ait examiné et jugé : on peut passer outre ; en un mot, la garantie de l'examen par la Cour de cassation de la recevabilité du pourvoi n'existe plus.

Mais ce que le texte dit a-t-il été réellement dans la pensée du législateur ? Évidemment oui : car voici ce qu'on lit dans l'exposé des motifs : « L'esprit de l'art. 80 est que le pourvoi ne puisse exister ni en droit ni en fait, et que s'il venait à se formuler, il soit passé outre sans en tenir compte. Tel est le texte précis de l'art. 145 du livre de la procédure qui sert de commentaire à celui-ci, et qui prescrit l'exécution dans les vingt-quatre heures.»

On ne peut pas être plus clair et ce qui suit dans l'exposé des motifs n'est que la justification de cette innovation considérable qui défend, en fait comme en droit, le pourvoi par les militaires et les assimilés. Je dis que c'est là une innovation grave. Elle ôte une garantie que la législation précédente accordait, et désormais le condamné qui se sera pourvu sera cependant exécuté provisoirement,

1. Arrêt de la cour suprême du 10 décembre 1821. Sirey, t. 25, 1, 217.
2. Ordonn. 23 août 1843. Sirey, 43, 11, 12.

s'il apparaît à l'autorité militaire qu'il était compris dans la catégorie de ceux à qui le pourvoi est interdit.

CHAPITRE II.

CODE PÉNAL MILITAIRE.

ART. 5 C. P. — *Les dispositions du présent Code ne s'appliquent pas aux contraventions, délits et crimes militaires.*

> Plus le châtiment sera terrible, plus le coupable osera pour l'éviter. Il accumulera les forfaits pour se soustraire à la punition due à un seul, et la rigueur des lois multipliera les crimes, en punissant trop sévèrement le criminel.
>
> (BECCARIA[1], *Délits et peines*, 17.)

La question de la légitimité des tribunaux d'exception a été diversement appréciée au sein même des délégués du pouvoir exécutif.

Chaque citoyen, dit M. Edouard Boinvilliers, a droit à deux juges, selon qu'il plaide comme citoyen, ou à raison de la fonction qu'il exerce. Dans ce dernier cas, il a le Conseil de guerre, s'il est militaire ; le Conseil de l'Université, s'il est professeur ; la juridiction de l'évêque, s'il est dans le clergé ; le Conseil d'État, s'il est fonctionnaire ; le Conseil des prud'hommes, s'il est ouvrier ; le Conseil de discipline, s'il est garde national ; le Conseil de l'Ordre, s'il est avocat, etc.

Dans cette manière d'envisager la question, il n'y aurait plus de tribunaux d'exception, puisque les exceptions seraient aussi nombreuses que la règle. Ensuite, il est faux de mettre en parallèle le tribunal de commerce et le conseil de guerre : le tribunal de commerce est bien un tribunal d'exception, mais il ne juge pas les délits commis par les commerçants : les délits spéciaux, la banqueroute et la faillite, sont du ressort de la police correctionnelle : le tribunal de commerce dépend du droit privé.

En droit public, en droit pénal, les juridictions exceptionnelles sont dignes du langage dont s'est servi à leur égard le président

---

1. Maître des requêtes de 1re classe au Conseil d'État. Un projet de loi sur la presse. *Moniteur universel* du 16 mai 1870.

d'une grande Cour impériale de France, un esprit libéral, un adver
saire de la peine de mort, M. Bérenger.

« Sous quelque couleur qu'on les regarde, quelque nom qu'o
« leur donne, sous quelque prétexte qu'on les institue, on doit le
« regarder comme des *tribunaux de sang*. . . . La seule doctrin
« d'un tribunal d'exception est d'accomplir l'objet pour lequel i
« a été institué. N'attendez de lui ni pitié, ni humanité, ni senti-
« ment de justice.... Tout homme assez lâche pour accepte
« une mission qui le met dans le cas de punir des actions qui ne son
« réputées crimes que parce qu'elles déplaisent à un despote o
« à une faction, fait le sacrifice de son honneur, et dès lors il es
« acquis à l'injustice. »

§ I. — *Historique*.

Les gens de guerre ont été successivement sous la juridiction de
maires du palais, puis sous celle du grand-maréchal. Plus tard, e
à diverses époques, on a créé la connétablie, les prévôts des maréchaux, les Conseils de guerre. La composition de la connétablie a
donné lieu à un grand nombre d'ordonnances et d'édits qui remon-
tent jusqu'au roi Jean. L'édit de Roussillon (1), l'ordonnance de
Moulins (2) l'ordonnance criminelle de 1670, la déclaration du
5 février 1731, l'ordonnance de 1737, ont réglé celle des prévôt
des maréchaux. C'est sous le règne de Louis XIV qu'apparaissen
pour la première fois les Conseils de guerre (3).

Jusqu'à la Révolution et pour les lacunes des nouvelles ordonnances, une sorte de tradition en détermina la composition; la
compétence n'avait pour guide que les ordonnances anciennes
et la procédure était calquée sur celle tracée par l'ordonnance
de 1670. Pour la juridiction criminelle des tribunaux ordinaires, une
pénalité barbare et disproportionnée avec les infractions à la discipline ou aux devoirs militaires rendait l'action des Conseils de
guerre bien plus redoutable que salutaire. L'excessive rigueur de
peines effrayait les populations sans diminuer le nombre des délin-
quants : la mort pour la désertion simple, le supplice des verge
et des courroies, la marque avec un fer chaud sur le front ou sur
les joues pour certains cas de désertion, la pendaison pour le vo

1. En 1564.
2. En 1516.
3. Ordonnance du 25 juillet 1665.

ordinaire, et les galères dans les cas les moins graves d'insubordination.

A la place de ces Conseils de guerre qui n'avaient ni siége fixe, ni audience publique, ni débats, ni défense de l'accusé, la Constituante institua, par la loi du 29 octobre 1790, des cours martiales avec un jury militaire. Ces cours eurent la forme, les attributions et les solennités des véritables tribunaux. On voulut ensuite se rapprocher encore plus du droit commun qui venait d'être établi, et l'on créa pour l'armée une juridiction correctionnelle. La cour martiale connaissait des crimes. La loi du 12 mars 1793 conserva la même organisation en changeant le nom, qui devint le tribunal militaire.

La loi du 3 pluviôse an II, suivant les principes du droit commun général, créa trois degrés de juridiction : des conseils de discipline, des tribunaux de police correctionnelle, des tribunaux militaires avec un jury militaire. Chacune de ces organisations était complète, et le mode de procéder clairement indiqué.

A la fin de l'an III, une organisation plus simple remplaça celle de l'an II. Sous le nom de Conseil militaire, les tribunaux n'eurent plus de jury, mais conservèrent le principe du jury dans leur composition. La loi du 13 brumaire an V, qui a régi presque jusqu'à nos jours l'armée française, institua des Conseils de guerre en maintenant, comme dans l'organisation précédente, le principe du jury. Enfin la loi du 18 vendémaire an VI organisa un conseil permanent de révision dans chaque division de l'intérieur, où fut établi un second Conseil de guerre auquel le Conseil de révision renvoyait les jugements annulés. C'est la législation qui nous régissait encore en 1817, car le plus grand capitaine des temps modernes n'a songé qu'à mettre dans le Code pénal ordinaire des dispositions d'une rigueur militaire.

En 1826, en 1829, la Restauration essaya de combler cette lacune, mais les projets de loi ne sortirent pas de la Chambre des Pairs. On doit cependant à ce gouvernement la loi du 15 juillet 1829, sur le vol des armes, munitions, etc., et la vente ou mise en gage d'effets d'armements, d'équipements ou d'habillements.

On crut un instant, sous le règne de Louis-Philippe, que les Chambres s'occuperaient de codifier les peines et les délits militaires épars dans 160 lois, et de donner satisfaction aux désirs de modifications signalés par une douzaine de jurisconsultes qui se sont distingués par des écrits sur ce sujet ; mais la Révolution de 1848 vint mettre le pouvoir en présence de difficultés bien plus graves. Et pourtant, sous prétexte d'arrêter l'esprit révolutionnaire et fortifier l'action judiciaire, on avait rendu plusieurs lois dont nous examinerons les principales dans le chapitre suivant (1).

Un Code de justice militaire pour l'armée de terre fut enfin édicté le 9 juin 1857 par le Corps législatif sous le règne du présent empereur des Français.

§ II. — *Organisation.*

La justice militaire est rendue par les Conseils de guerre, par des Conseils de révision. Des prévôtés sont établies aux armées dans les cas prévus par le présent Code (2).

Il y a un Conseil de guerre permanent au chef-lieu de chaque division territoriale (3).

Ces divisions sont au nombre de 21 pour la France et 1 pour l'Afrique. Les chefs-lieux de celles entre lesquelles sont répartis nos 89 départements sont : Paris, Châlons-sur-Marne, Metz, Tours, Strasbourg, Besançon, Lyon, Marseille, Montpellier, Toulouse, Bordeaux, Nantes, Rennes, Rouen, Bourges, Lille, Bastia, Dijon, Clermont, Bayonne, Perpignan.

Un décret du 18 juillet 1857 a institué de nouveaux conseils de guerre à Paris, Caen, Lille, Mézières, Metz, Strasbourg, Lyon, Toulon, Toulouse, Brest, Alger, Oran, Bone : ce qui fait que certaines villes en ont deux.

La composition des Conseils de guerre, déterminée par l'art. 3 du présent Code, est maintenue ou modifiée suivant le grade de l'accusé, conformément au tableau ci-après (4).

1. Attroupements (10 avril 1831). Détenteurs d'armes de guerre (24 mai 1834).
2. Art. 1.
3. Art. 2.
4. Art. 10.

GRADES DE L'ACCUSÉ.	DU PRÉSIDENT.	DES JUGES.
Sous-officier, caporal, brigadier, soldat.	Colonel ou lieut.-col.	1 chef de bataillon, d'escadron ou major, 2 capitaines. 1 lieutenant. 1 sous-lieutenant. 1 sous-officier.
Sous-lieutenant.	Colonel ou lieut.-col.	1 chef bataillon, d'escadron ou major. 2 capitaines. 1 lieutenant. 2 sous-lieutenants.
Lieutenant.	Colonel ou lieut.-col.	1 chef bataillon, d'escadron ou major. 3 capitaines. 2 lieutenants.
Capitaine.	Colonel.	1 lieutenant-colonel. 3 chefs bataillon, d'escadron ou major. 2 capitaines.
Chefs de bataillon, d'escadron, major.	Général de brigade.	2 colonels. 3 lieutenants-colonels. 2 chefs bataillon, escadron ou majors.
Lieutenant-Colonel.	Général de brigade.	4 colonels. 2 lieutenants-colonels.
Colonel.	Général de division.	4 généraux de brigade. 2 colonels.
Général de brigade.	Maréchal de France.	4 généraux de division. 2 généraux de brigades.
Général de division.	Maréchal de France.	2 maréchaux de France. 4 généraux de division.
Maréchal de France.	Maréchal de France.	3 maréchaux de France ou amiraux. 3 généraux de division.

Il y a près de chaque Conseil de guerre un commissaire impérial, un rapporteur et un greffier.

Il peut y avoir aussi un substitut et un commis-greffier.

Le commissaire impérial est nommé par le ministre de la guerre pour remplir les fonctions de ministère public. Il doit être au moins capitaine (1).

Il est établi, pour les divisions territoriales, des Conseils de révision permanents dont le nombre, le siège et le ressort sont déterminés par décret de l'empereur inséré au Bulletin des lois (2).

Ils siégent à Paris, pour les 1re 2e et 3e divisions ;

à Metz, pour les 4e, 5e, 6e et 7e ;

à Lyon, pour les 8e, 9e, 19e, 20e, 21e ;

à Toulouse, pour les 10e, 11e, 12e, 13e, 14e, 17e :

à Rennes, pour les 15e, 16e et 18e ;

1. Art. 4.—2. Art. 26.

Ils siégent à Alger
                à Oran   ⎫ pour chacune de ces divisions (1).
                à Constantine ⎭

Les Conseils de révision sont composés d'un président, général de brigade, et de quatre juges, savoir : deux colonels ou lieutenants-colonel, deux chefs de bataillon, d'escadron ou majors.

Il y a auprès de chaque Conseil de révision un commissaire impérial, un greffier, et facultativement un substitut et un commis-greffier (2).

Lorsque le Conseil de guerre dont le jugement est attaqué a été présidé par un général de division ou par un maréchal de France, le conseil de révision est également présidé par un général de division ou un maréchal de France. Le général de brigade siége alors comme juge, et le chef de bataillon, d'escadron ou major le moins ancien de grade, ou, à égalité d'ancienneté, le moins âgé, ne prend pas part au jugement de l'affaire (3).

Indépendamment de cette organisation permanente, des Conseils de guerre et des Conseils de révision peuvent être établis aux armées dans les communes, départements et places de guerre en état de siége.

Le prévôt, qui est le commandant de gendarmerie d'une armée, indépendamment d'attributions de police que leur confèrent les règlements militaires, ont vu leur compétence s'augmenter par l'article 75 de la loi du 9 janvier 1857.

En dehors de ces commissions militaires, la Cour de cassation s'est toujours opposée à la création de tribunaux extraordinaires à quelque titre et sous quelque dénomination que ce puisse être. Il est vrai que l'art. 54 de la Charte de 1830 visait le cas des tribunaux dont Napoléon avait puisé l'institution à l'école révolutionnaire, et qui coûtèrent la vie au duc d'Enghien, au libraire Palm, au général Mallet, à Georges Cadoudal, et dont eurent à se plaindre même ses compagnons Moreau et Pichegru. Pendant la Terreur blanche, la Restauration les avait reconstitués. Le gouvernement de Juillet les eût rétablis sans la persistance de la Cour suprême à déclarer nuls les arrêts rendus par ces tribunaux militaires, qui, sans cela, après l'insurrection républicaine des 5 et 6 juin 1832 qui se dénoua à Paris au Cloître-saint-Merry et la tentative de la duchesse de Berry pour soulever la Vendée, eussent jugé

1. Décret du 18 juillet 1857.
2. Art. 2.
3. Art. 30.

Berryer. La franchise accordée par l'art. 51 des vieilles chartes sous un gouvernement issu, dit-on, de la volonté nationale, a disparu enfin. Son homonyme contemporain a institué la Haute Cour qui a jugé les accusés du 15 mai, ceux du 13 juin et Pierre Bonaparte. Mais si c'est toujours un tribunal d'exception, ce n'est plus un tribunal militaire.

Malheureusement la loi du 9 août 1849 sur l'état de siége est restée; le Code militaire pénal actuel prévoit même sa mise en pratique.

« Aussitôt l'état de siége déclaré, les pouvoirs dont l'autorité civile était revêtue pour le maintien de l'ordre et de la police passent tout entiers à l'autorité militaire. L'autorité civile continue néanmoins à exercer les pouvoirs dont l'autorité militaire ne l'a pas dessaisie(1).»

« Les tribunaux militaires peuvent être saisis des crimes et délits contre la sûreté de l'Empire, contre la Constitution, contre l'ordre et la paix publique, quelle que soit la qualité des auteurs principaux et des complices (2). »

Tels sont les deux principaux articles de cette loi. Le premier a été modifié ainsi qu'il suit :

Art. 12 de la Constitution du 14 janvier 1852. — Il (le président de la République) a le droit de déclarer l'état de siége dans un ou plusieurs départements, sauf à en référer au Sénat dans le plus bref délai.

C'est en vertu de ces textes que la République de 48, travaillée dès sa naissance par les factions réactionnaires, rendit justiciables du Conseil de guerre les assassins du général Bréa. Au lendemain du coup d'Etat du 2 décembre, les départements récalcitrants furent ainsi décimés de républicains.

§ III. — *Justiciables. — Procédure.*

1° La juridiction des tribunaux s'exerce sur les militaires, sauf quelques rares exceptions tirées de la position de congé et de la position des jeunes soldats, des engagés volontaires et des remplaçants avant leur arrivée sous les drapeaux,

  Les médecins militaires.

  Les pharmaciens militaires.

  Les membres de l'intendance.

1. Art. 7. L. 9 août 1849.
2. Art. 8.

Les officiers d'administration { Des subsistances,
Des hôpitaux,
De l'habillement et du campement,
De l'intendance militaire,
De la justice militaire,

Les gardes { D'artillerie,
Du génie,
Des équipages militaires,

Les vétérinaires militaires, les musiciens militaires, les enfants de troupe, les interprètes militaires, les armuriers, les contrôleurs d'armes, les maîtres et chefs artificiers, les ouvriers d'Etat , les gardiens de batterie, les portiers consignes, les portiers concierges des bâtiments militaires, casernes, arsenaux etc. , les éclusiers, etc.

Sur les prisonniers de guerre dont l'assimilation aux militaires doit être complète en pareille matière,

Sur les individus employés à quelque titre que ce soit, à la suite des armées,

Sur ceux qui en dehors de l'armée sont soumis par les lois à la juridiction des Conseils de guerre, tels que les transportés à Cayenne, en Algérie, etc.....

Sur tous les individus nationaux et étrangers qui, lorsque l'armée est sur le territoire ennemi ou sur le territoire français en présence de l'ennemi, sont justiciables du Conseil de guerre et punis des peines portées au présent Code suivant les distinctions établies aux articles 63 et 64,

Enfin sur tous les individus enfermés dans une place de guerre en état de siége. Dans ce dernier cas on ne pouvait s'arrêter aux justiciables des Conseils de guerre pour des faits déterminés, tels que la trahison, l'espionnage, l'embauchage ; il fallait comprendre la généralité des individus compris dans l'enceinte de la place (1).

Si des troupes appartenant à l'armée de terre sont embarquées à bord de bâtiments de l'État ou à bord de bâtiments de commerce nolisés par le gouvernement et qu'elles n'y soient qu'à titre de passagers ou de transportés pour une destination quelconque , elles conservent leur juridiction propre. Si au contraire ces mêmes militaires de l'armée de terre appartiennent à l'armement du vaisseau comme garnison et s'y trouvent placés pour le service sous l'autorité du commandant du bâtiment, ils doivent être soumis à la

____

1. L. 9 juin 1857, liv. II, tit. I et IV. (Code de justice militaire pour l'armée de terre.

juridiction maritime , sans toutefois que celle-ci puisse leur appliquer des peines autres que celles prononcées par le Code militaire. Enfin il est un cas suprême où le vaisseau se trouve, soit à raison de la présence de l'ennemi, soit à raison de circonstances de mer extraordinaires, dans un de ces cas de danger pressant qui exigent que les pouvoirs du commandant maritime, grandissant avec sa responsabilité, deviennent absolus sur ceux qui l'entourent. Alors toute distinction disparaît, les ordres du commandant sont l'unique loi, et tous sans exception doivent s'y soumettre. C'est le cas prévu par un décret du 22 juillet 1806 repris par l'art. 79 de la loi du 9 juin 1857.

2° C'est surtout en matière de procédure que la conformité au droit commun du nouveau Code apparaît. Il s'est attaché avec la plus grande attention à suivre pour ainsi dire pas à pas le Code d'instruction criminelle auquel il se réfère dans le plus grand nombre de ses articles.

La différence qui s'y fait encore remarquer et qui tient, on l'aperçoit, à la force même des choses, consiste en ce que, sauf la constatation des délits et des actes préparatoires destinés à en recueillir les preuves, le rapporteur et le commissaire impérial n'ont pas d'initiative propre et que la première impulsion leur est toujours donnée par une autorité qui n'est nullement judiciaire, à savoir le général commandant la division.

On comprend que le but que nous nous proposons en cette matière, qui ne touche que très-peu au droit enseigné dans les Facultés de France, nous interdit d'entrer dans des détails sur cette procédure.

§ IV. — *Des délits et des peines.*

La nomenclature des peines en matière de crimes est exactement celle du code pénal ordinaire, mais au lieu d'avoir la tête tranchée le condamné à mort est fusillé (1). Lorsque la condamnation à la peine de mort est prononcée contre un militaire en vertu des lois pénales ordinaires, elle entraîne de plein droit la dégradation militaire; mais la peine de mort attachée à un fait prévu non par la loi commune mais par la loi spéciale et exceptionnelle, c'est-à-dire à une infraction purement militaire , n'entraîne pas la dégradation militaire (2).

1. Art. 12 du Code pénal; — art. 187, loi du 9 juin 1857.
2. Art. 188 et 210, loi 9 juin 1857.

En matière de délit les peines sont la destitution, les travaux publics, l'emprisonnement, l'amende ; les fers et le boulet ont été supprimés.

Voici les principaux crimes et les principales peines qui les punissent.

Trahison. . . . . mort.
Espionnage. . . . . mort.
Embauchage. . . . . mort.
Reddition de place. . . . . . . mort.
Capitulation en rase compagne. . . mort.
Sentinelle qui abandonne son poste
  en face l'ennemi. . . . . . . mort.
Sentinelle endormie. . . . . . 2 à 5 ans travaux publics.
Abandon d'un poste en face l'ennemi. mort.
Absence du poste lorsque la générale
  est battue. . . . . 6 mois à 2 ans prison.
Absence du conseil de guerre. . . 2 mois à 6 mois prison.
Révolte. . . . . mort.
Refus d'obéissance. . . . . . mort.
Viol de consigne. . . . . . . détention.
Violence à main armée contre senti-
  nelle. . . . . mort.
Voie de fait contre son supérieur. . mort.
Outrages envers son supérieur. . . 5 à 10 ans travaux publics.
Rébellion. . . . . 2 mois à 6 mois t. p.
Direction d'une attaque contre des
  troupes neutres. . . . . . . mort.
Prolongation des hostilités. . . . mort.
Coups à son inférieur. . . . . 2 mois à 5 ans prison.
Insoumission. . . . . 6 jours à 1 an prison.
Désertion à l'intérieur (soldat). . . 2 ans à 5 ans prison.
  id.   id   (officier). . . 6 mois à 1 an.
Désertion à l'étranger (soldat). . . 2 à 5 ans travaux publics
  id.   id   (officier). . . 1 an à 5 ans prison.
Désertion à l'ennemi. . . . . . mort.
Vente des effets militaires. . . . 1 an à 5 ans prison.
Détournements id. . . . . . . 6 mois à 2 ans.
Mise en gage d'effets militaires. . 6 mois à 1 an prison.

Recel   id.   id. . . . . comme l'auteur principal.
Vol.   id,   id. . . .   travaux forcés.
Dépouillement d'un blessé. . . . réclusion.
Pillage d'un édifice. . . . . . mort.
Destruction   id. . . . . . . mort.
Dévastation   id. . . . . . . travaux forcés.
Dégradation des moyens de défense. mort.
Pris d'armes. . . . . 2 à 5 ans travaux publics.
Destruction de registre. . . . . . réclusion.
Meurtre sur l'habitant qui loge. . . mort.
Faux dans les comptes. . . . . . travaux forcés.
Usage de faux poids . . . . . . 1 an à 5 ans prison.
Contre-façon de sceaux. . . . . dégradation.
Corruption. . . . . id.
Maladies simulées par le médecin. . 1 an à 1 ans prison.
Soustraction. . . . . travaux forcés.
Trafic des fonds de l'Etat. . . . . 1 an à 5 ans prison.
Falsification de substances. . . . réclusion.
Usurpation d'uniforme. . . . . . 2 mois à 2 ans prison.

Sous l'empire de la loi du 18 avril 1832, modificative de l'article 463, la Cour de cassation, compétente même en matière purement militaire lorsqu'après une annulation par le Conseil de révision d'un jugement du conseil de guerre, le second est attaqué par les mêmes moyens que le premier, avait décidé que la nouvelle théorie des circonstances atténuantes s'arrêtait au seuil du domaine militaire. Comme il s'agisait des alinéas 5 et 6 qui ont passé dans la loi du 13 mai 1863, il est raisonnable d'admettre encore cette jurisprudence malgré sa dureté.

La loi du 9 juin 1857, quoique posant en principe la règle générale qu'il n'y a pas de circonstances atténuantes devant le Conseil de guerre, leur permet cependant d'en reconnaître, dans des articles limitatifs, lorsqu'il s'agit de la plupart des crimes qui, sauf le faux, concernent la propriété.

Le lecteur verra ici une nouvelle application des belles théories de Beccaria : « De la trop grande sévérité des lois pénales, il résulte encore deux conséquences diamétralement opposées au but qu'elles se proposent de prévenir le crime. La première, c'est qu'il n'est pas facile d'y conserver la juste proportion nécessaire entre les délits et les châtiments. »

Articles 268 et suivants de l'Ordonnance du 2 Novembre 1833.

TABLEAU DES PEINES INFLIGÉES PAR LES OFFICIERS, SOUS-OFFICIERS ET CAPORAUX AUX MILITAIRES QU'ILS COMMANDENT.

GRADES QUI INFLIGENT LA PEINE.	AUX SOUS-OFFICIERS.				AUX CAPORAUX.					AUX SOLDATS.				
	PRIVÉS DE SORTIE APRÈS L'APPEL.	CONSIGNÉS AUX QUARTIERS.	SALLE DE POLICE.	PRISON.	CONSIGNE.	SALLE DE POLICE.	PRISON.	CACHOT.	PRIVATION DE PORTER LE SABRE.	CONSIGNE.	SALLE DE POLICE.	PRISON.	CACHOT.	PRIVATION DE PORTER.
1. Colonel.	»		30	15		30	15	4	60	30	130	15	4	90
2. Lieutenant-Colonel et officier supérieur.	»	30	15	8	30	15	8		30	30	15	8		60
3. Adjudant-Major et Capitaine aux hommes des autres compagnies.	»	15	8	4	15	8	4		15	30	30	4		30
4. Capitaines dans leur compagnie.	»	30	15	8	30	15	8		30	15	8	8		60
5. Lieutenant et Sous-Lieutenant.	»	8	4		8	4			8	15	8			15
6. Adjudant sous-officier, à tout le monde.	»	8	4		8	4			8	15	8			15
7. Sergent-major aux hommes des autres comp.es.	»	4	2		8	4			8	15	8			15
8. Sergent-major dans sa compagnie.	»	8	4		8	4				8	4			15
9. Sergents, dans toute la compagnie.	»				4	2				4	4			
10. Caporaux dans toute compagnie.	»													

CHAPITRE III.

DES CONSEILS DE DISCIPLINE, DES PEINES ET DES DÉLITS DISCIPLINAIRES DE LA GARDE NATIONALE SÉDENTAIRE.

§ I. — *Conseil de discipline.*

Le Conseil de discipline d'une commune, ayant une ou plusieurs compagnies, non réunies en bataillon, et celui d'une compagnie formée de gardes nationaux de plusieurs communes, sont composés de cinq juges, savoir : un capitaine président, un lieutenant ou un sous-lieutenant, un sergent, un caporal, un garde national (1).

Le Conseil de discipline de bataillon est composé de sept juges, savoir : le chef de bataillon président, un capitaine, un lieutenant ou sous-lieutenant, un sergent, un caporal, deux gardes nationaux (2).

Dans les villes qui comprennent une ou plusieurs légions, il y a un Conseil de discipline pour juger les colonels ou lieutenants-colonels (3).

§ II. — *Des peines.*

Les conseils de discipline infligent : la réprimande ; la réprimande avec mise à l'ordre des motifs du jugement ; la prison pour six heures au moins et trois jours au plus, avec ou sans mise à l'ordre ; la privation du grade, avec mise à l'ordre ; la radiation des contrôles, avec mise à l'ordre (4).

Les infractions commises par les officiers de l'état-major général, par les majors, adjudants-majors et les adjudants sous-officiers sont punis des peines suivantes : les arrêts simples, les arrêts forcés avec remise d'armes ; en aucun cas ces arrêts n'excèdent dix jours. Les arrêts simples peuvent être appliqués par le supérieur à l'inférieur, les arrêts forcés ne sont prononcés que par le commandant supérieur ou le chef du corps (5).

1. Loi du 15 juin 1851, art. 87.
2. Loi du 15 juin 1851, art. 88.
3. Loi du 15 juin 1851, art. 89.
4. Loi du 15 juin 1851, art. 72.
5. Loi du 15 juin 1851, art. 77.

Les chefs de poste ou de détachements peuvent ordonner une faction, patrouille, ou autre service hors tour ; la détention dans la prison du poste jusqu'à la relevée de la garde.

§ III. — *Des délits.*

La première peine est applicable à tout garde national qui a manqué à l'appel ou s'est absenté du poste sans autorisation ; la deuxième à tout sous-officier, caporal ou garde national de service en état d'ivresse, ou qui s'est rendu coupable de bruit, tapage, voie de fait, ou provocation au désordre, à la violence (1).

Peut être puni, selon la gravité des cas, de la réprimande avec mise à l'ordre ou de prison pour deux jours au plus et pour trois en cas de récidive :

α Tout sous-officier, caporal ou garde national coupable d'inexécution des ordres reçus, de désobéissance, d'insubordination ou de refus d'un service commandé ;

β De service tout sous-officier, caporal ou garde national qui est en état d'ivresse, profère des propos offensants contre l'autorité ou tient une conduite qui porte atteinte à la discipline ou à l'ordre.

γ *Item* qui abandonne ses armes, sa faction ou son poste avant d'être relevé.

δ *Item* qui s'est rassemblé comme garde national avec ou sans uniforme, sans l'ordre des chefs immédiats.

ε *Item* dont l'armement est mal entretenu ou qui ne fait pas son service en uniforme (2).

Les alinéas α et β sont applicables aux officiers. Il faut seulement joindre à ces délits le fait d'avoir distribué des cartouches aux gardes nationaux placés sous leur commandement, si ce n'est en vertu d'ordres précis ou en cas d'attaque de vive force (3) ; les abus d'autorité et l'inexactitude à signaler dans les formes requises les fautes *commises* par les subordonnés ; pour eux la peine sera toujours la prison. Le choix que nous avons indiqué pour les soldats ne se présentera au conseil de discipline que lorsqu'étant de service et en uniforme, ces officiers auront tenu une conduite qui compromettrait leur caractère et porterait atteinte à l'honneur général du régiment, ou lorsqu'ils auraient fait rassembler des soldats sans la réquisi-

1. Loi du 13 juin 1851, art. 71.
2. Loi du 15 juin 1851, art. 76.
3. Loi du 13 juin 1851, art. 6.

tion de l'autorité civile. A ces peines facultatives se joindra même la privation du grade (1).

———

CHAPITRE IV.

ARTICLES DU CODE PÉNAL PARTICULIERS AUX MILITAIRES.

§ 1. — *Trahison envers l'État.*

Les crimes qui attaquent la sûreté intérieure de l'État sont divisés par le Code Pénal en trois catégories :

Le port d'armes contre la France : nous en avons traité suffisamment au commencement de la partie française de cet ouvrage;

la trahison envers l'État ;

Les actes hostiles envers une puissance étrangère.

Ces derniers crimes se rattachent bien directement à notre sujet, mais la brièveté contrainte de ce livre nous force à traiter spécialement de ceux qui sont commis par ou contre les militaires ou à l'endroit de propriétés consacrées à leurs opérations, et non à tous les faits qui sont la source de la guerre ou sa suite. Cependant nous avons, pour traiter ce dernier chapitre, les mêmes raisons que pour le *postliminium* romain, mais il est plus facile de tracer des distinctions dans une législation morte que dans un ensemble de lois malheureusement encore vivantes puisqu'elles ont leur raison d'être dans les relations des peuples.

La loi pénale a prévu et examiné dans des dispositions distinctes :

1. Les correspondances nuisibles à la situation militaire et politique de la France ;

2. La révélation des secrets d'État ;

3. La communication des plans, des places fortes et des fortifications ;

4. Les machinations et les manœuvres qui ont pour objet soit de provoquer des hostilités, soit de livrer à l'ennemi l'entrée du territoire;

5. Le recel en temps de guerre des espions et des soldats de l'ennemi.

Nous éliminerons encore par les raisons dites à la page précé-

1. Loi du 13 juin 1851, art. 5.

dente la révélation des secrets d'État (1) et les machinations ou manœuvres qui ont pour objet de provoquer des hostilités (2).

Ces distinctions existaient à peine soit dans le droit romain, soit dans l'ancien droit français. Compris dans la vaste classe des crimes de lèse-majesté, ces actes, quelle que fût la différence qui les éloignait l'un de l'autre, revêtaient aux yeux du législateur la même infraction politique.

La loi romaine condamnait les criminels de lèse-majesté à être dévorés par les bêtes féroces. En France leur supplice était, au premier chef, d'être tenaillés vifs avec des tenailles rouges, d'avoir du plomb fondu dans les plaies et d'être ensuite tirés à quatre chevaux.

Art. 78. — Si la correspondance avec les sujets d'une puissance ennemie, sans avoir pour objet l'un des crimes énoncés en l'article précédent, *a eu pour résultat* de fournir aux ennemis des instructions nuisibles à la *situation militaire* ou politique de la France *ou de ses alliés,* ceux qui auront entretenu cette correspondance seront punis de la détention, sans préjudice de plus fortes peines dans le cas où les instructions auraient été la suite d'un concert constituant un fait d'espionnage.

Est-ce donc au résultat seul qu'on doit s'attacher pour reconnaître s'il y a crime ? Ces expressions de l'art. 78 doivent être entendues de manière à ne pas blesser le principe fondamental du droit, qu'il ne peut y avoir d'action punissable, là où il n'y a pas eu l'intention : les principes de notre législation repoussent également une telle conséquence.

On conçoit ce qui peut être nuisible à la situation militaire de la France, mais il n'est pas aussi facile de se faire une idée de ce qui peut être nuisible à sa politique : il ne suffirait pas que les instructions transmises par correspondance, eussent contrarié les vues du gouvernement, il faudrait qu'elles lui eussent créé des entraves, qu'elles lui eussent porté préjudice.

On se demande quels sont les alliés dont cet article entend parler : il est évident qu'il faut expliquer ses termes dans le sens de l'art. 79, c'est-à-dire qu'il faut entendre les alliés de la France, agissant de concert avec elle dans un but commun. Mais il est impossible de comprendre, dans le silence du Code, comment l'accusation parviendra à déterminer devant le jury la situation politique de ces alliés,

1. Art. 80 C. P.
2. Art. 78 C. P.

L'ancien article infligeait le bannissement; mais, a-t-on dit en 1832, il y avait un grand inconvénient à rendre à l'étranger un homme qui avait le secret de la situation politique de la France. Ces paroles renferment une erreur grave, malgré qu'elles aient été prononcées par le rapporteur de la chambre des pairs : elles appliquent inintelligemment l'art. 78 au fait d'une personne qui, instruite officiellement du secret de la situation politique de la France, livrerait ce secret à l'étranger : un tel fait rentre évidemment dans les termes de l'art. 80 (1).

Art. 81. — Tout fonctionnaire public, tout agent, tout préposé du gouvernement, chargé en raison de ses fonctions du dépôt des plans de fortifications des arsenaux, ports ou rades qui aura livré ces plans ou l'un de ces plans à l'ennemi sera puni de mort. Il sera puni de la détention, s'il a livré les plans aux agents d'une puissance étrangère neutre ou alliée.

L'art. 82 lui était réuni dans le projet, et n'avait que son premier paragraphe. C'est sur l'observation de Régnier, ministre de la justice, que le délit qui fait l'objet du second alinéa fut prévu.

Art. 82. — Toute autre personne qui étant parvenue par corruption, fraude ou violence, à soustraire les dits plans, les aura livrés ou à l'ennemi, ou aux agents d'une puissance étrangère, sera punie comme le fonctionnaire ou agent mentionné dans l'article précédent, et selon les distinctions qui y sont établies. Si les dits plans se trouvaient sans le préalable emploi de mauvaises voies entre les mains de la personne qui les a livrés, la peine sera, au premier cas mentionné dans l'art 81, la déportation, et au second cas du même article, un emprisonnement de 2 à 5 ans.

Nous pensons que la peine établie par le 2ᵉ alinéa de 82 est trop forte. On doit remarquer en effet que le fait que punit ce paragraphe n'est au fond que la simple disposition que fait un propriétaire de sa chose. Or si l'intérêt de l'État peut frapper cette aliénation d'une prohibition, il convient que la sanction pénale soit renfermée dans d'étroites limites, et puis le préjudice que ce fait peut causer à l'État est d'ailleurs fort douteux, puisque M. Berlier faisait observer au conseil d'État qu'il ne s'agissait dans ce para-

1. Sera puni des peines exprimées en l'art. 76 (mort) tout fonctionnaire public, tout agent du gouvernement ou toute autre personne qui, chargée officiellement ou à raison de son état, du secret d'une négociation ou d'une expédition, l'aura livré aux agents d'une puissance étrangère ou de l'ennemi.

graphie que des plans anciennement distraits de leur dépôt, et dont il est vraisemblable qu'on a fait des copies.

Il résulte de la discussion que la levée de plan d'une forteresse, sans autorisation, n'est point un fait punissable ; par conséquent la communication d'un tel plan ne rentrerait pas dans les dispositions ci-dessus examinées.

Art. 77.—Sera également puni de mort quiconque aura pratiqué des manœuvres ou entretenu des intelligences avec les ennemis de l'État, à l'effet de faciliter leur entrée sur le territoire et dépendances du royaume, ou de leur livrer des villes, forteresses, places fortes, ports, magasins, arsenaux, vaisseaux ou bâtiments appartenant à la France, ou de fournir aux ennemis des secours en soldats, hommes, argent, vivres ou munitions, ou de seconder les progrès de leurs armes sur les possessions ou contre les forces françaises de terre ou de mer, soit en ébranlant la fidélité des officiers, soldats, matelots ou autres envers le roi et l'État, soit de toute autre manière.

Dans l'esprit du législateur, les expressions de machinations, manœuvres et intelligences ne sont qu'une spécification du terme générique de conspiration, un acte spécial et détaillé formant en lui-même un élément de ce crime principal, et cette observation indique déjà quelles intelligences, quelles machinations la loi a voulu déterminer.

Ce sont celles qui peuvent menacer la sûreté extérieure de l'État, celles qui, d'après la volonté de l'agent et le péril que l'acte peut entraîner, constituent un acte de conspiration contre l'existence de l'État.

Il importe de remarquer que dans l'art. 77 les manœuvres et intelligences n'ont un caractère criminel qu'autant qu'elles ont été pratiquées avec les ennemis de l'État. *Hostes hi sunt qui nobis aut quibus nos publice bellum decrevimus* (1).

L'art. 77 n'a pas reproduit le deuxième paragraphe de l'art. 76 qui punit les machinations lors même qu'elles n'ont été suivies d'aucun effet. Or il résulte de ce silence que dans l'espèce de l'art. 77, il est nécessaire que les intelligences aient produit un résultat, un préjudice quelconque pour qu'il y ait crime.

Le premier chef d'inculpation consiste à faciliter l'entrée des ennemis sur le territoire et les dépendances du royaume. Il serait difficile d'imaginer une incrimination plus vague et plus flexible : elle rendrait à peu près inutiles les dispositions qui suivent. Cette ab-

1. L. 118, D. de Verbor. signif.

sence d'une définition précise se fait également remarquer dans les législations étrangères (1).Il n'y a que le code *of crimes and punishments* de la Louisiane, art. 109, portant qu'il y a crime de trahison dans le fait d'adhérer aux ennemis de l'État, *mais seulement à la vérité, en leur donnant aide et secours*, qui nous donne la véritable interprétation restrictive de l'alinéa que nous analysons.

Le deuxième chef prévu par l'art. 77 consiste à livrer aux ennemis des villes, forteresses, places, postes, ports, magasins, arsenaux, vaisseaux ou bâtiments appartenant à la France. Il ne s'agit ici que d'un acte de trahison commis par les individus qui n'appartiennent pas à l'armée. L'incendie de ces édifices, tenté ou consommé pour favoriser les ennemis de l'État, serait, si l'agent avait agi dans un but politique, un crime de trahison qui rentrerait dans la première partie de l'art. 77.

Passons maintenant au fait de fournir aux ennemis des secours en soldats, hommes, argent, vivres, armes ou munitions. Il suffit qu'une nation soit en guerre avec la France pour que les secours qui lui sont fournis soient un crime de trahison, que les secours lui soient donnés pour entrer sur le territoire ou pour attaquer les forces françaises en pays étranger. Quant aux secours fournis en hommes et soldats, il faut distinguer si ces hommes sont déjà sous le drapeau de la France. Au sujet de l'argent et des vivres, nous ne ferons pas avec certains criminalistes de distinction fondée sur la quantité.

Dans le cas où les accusés auraient été contraints par l'ennemi de lui fournir des vivres, il n'existerait pas de crime en l'absence de la volonté coupable. Celui qui, mû par le seul appât d'un gain illicite, porterait des vivres ou des munitions à l'ennemi, lorsque ce transport fût le fruit d'une convention préalable, échapperait à la pénalité.

Les actes prévus par le dernier paragraphe de l'art. 77 consistent à seconder les progrès des armées ennemies sur les possessions ou contre les forces françaises de terre ou de mer, soit en ébranlant la fidélité des officiers, soldats, matelots, ou autres envers l'empereur et l'État *soit de toute autre manière*. Ainsi les actes quelconques qui ont pour effet de seconder le progrès des armes ennemies rentrent dans cette disposition. Des termes aussi illimités ont

1. Code Proc. art. 107, art. 32, 1re partie. Code général de l'Autriche. Statutes revesed of New-York, t. 1, sect. 2, art. — Pascal, Code of the state of Georgia 1833, thrid division, sect. 2.

alarmé même le Corps législatif de l'Empire. L'interprétation s'arrête devant les dispositions sans bornes : elle ne peut qu'en signaler le péril.

Art. 79. — Les peines exprimées aux articles 76 et 77 seront les mêmes, soit que les machinations et manœuvres énoncées dans ces articles aient été commises envers la France, soit qu'elles l'aient été envers les alliés de la France, agissant contre l'ennemi commun

On se demande pour quelle raison l'art. 79 renvoie à l'art. 76 qui ne prévoit que le cas où la guerre n'a pas encore éclaté, où les conspirateurs la prévoyaient seulement par de criminelles machinations. Les alliés de la France sont tranquilles comme elle, quelque étroits que soient leurs liens : ils peuvent se préparer à la guerre : ils n'agissent pas, ils ne combattent pas encore ; la loi française n'a pas de motifs pour les envelopper de sa protection.

Art. 83 — Quiconque aura recélé ou fait recéler les espions ou les soldats ennemis envoyés à la découverte, et qu'il aura connus pour tels, sera condamné à la peine de mort.

Ces expressions ne doivent pas faire penser que des Français employés à ce métier ne seraient pas saisis par cette disposition : leur perfidie ne serait que plus criminelle et leur trame plus dangereuse.

Il ne faut pas étendre les termes de la loi au recel de tout autre soldat non spécialement envoyé à la découverte ; c'est la réunion de cette mission et du recel qui forme l'élément de la trahison : si le soldat ennemi n'a point de mission, ce sera ou un déserteur ennemi ou un malade qu'un Français aura recélé, et il n'y aura là aucun crime, du moins envers la France (1). M. de Ségur demandait, dans la même discussion, que l'on fît une exception pour le cas où les soldats envoyés à la découverte se seraient logés de force. M. Merlin répondit, et avec raison, que le mot recélé, impliquant l'idée d'un acte volontaire et criminel, levait toutes les difficultés (2).

§ II. — *Crimes tendant à exciter la guerre civile.*

Les crimes qui compromettent la sûreté intérieure de l'État sont :

1. Parole de M. Berlier.—Locré, tome 29, p. 338 et 338.
2. Id.

1. Les complots et attentats qui sont dirigés d'une manière spéciale contre son chef;

2. Les actes qui tendent à exciter la guerre civile ;

3. Le massacre et le pillage ;

4. Les enrôlements illicites;

5. La rétention illicite du commandant de la force publique;

6. L'emploi de cette force contre la levée des gens de guerre ;

7. La destruction des ports et des arsenaux.

8. Les attaques envers la force publique commises par des bandes armées.

L'examen des crimes indiqués par les nᵒˢ 4, 5, 6, 7, dans la nomenclature précédente, fait seule l'objet du présent chapitre. Ce sont les cas prévus par les arts. 91 du Code pénal dans une de ses parties et par 92, 93, 94, 95 du même Code.

Ces crimes ne sont que la manifestation, dans des espèces distinctes, d'une pensée identique, ce sont autant de moyens différents de parvenir à troubler l'ordre public, autant de tentatives dirigées contre le pouvoir social. Cette volonté spéciale, ce caractère politique sont donc les premiers éléments de ces crimes. S'ils ne se trouvaient pas dans les faits incriminés, l'attaque changerait de nature et le crime disparaîtrait même entièrement. De plus, en cette matière où la criminalité se puise surtout dans le péril social, l'interprétation doit se renfermer avec plus de rigueur dans les termes de la loi pénale. Le législateur, en traçant les caractères qui constituent le crime, a marqué le point où le péril commence, où l'ordre public est menacé. Il n'appartient pas aux juges d'être plus prévoyants. (1).

Art. 92. Seront punis de mort ceux qui auront levé ou fait lever des troupes armées, engagé ou enrôlé, fait partir ou enrôler des soldats, ou leur auront fourni ou procuré des armes ou munitions sans ordre ou autorisation du pouvoir légitime.

La levée illégitime de gens de guerre, quand elle menace le pouvoir social, le jette dans un danger imminent ; elle constitue une rébellion ouverte aux lois, un attentat contre l'État : le législateur a dû lui réserver la plus forte de ses peines. Mais ôtez à cette action ce but coupable : supposez qu'il s'agit d'un enrôlement de citoyens pour un pays étranger ; quel serait le péril d'un tel enrôlement pour

1. Chauveau Adolphe et F. Hélie, ch. xx. § 1, nᵒ 382, page 137, théorie du Code Pénal.

l'État et comment justifier alors l'énormité de la peine (1)? La Cour de cassation, qui a induit du silence de l'art. 92 qu'il n'est pas nécessaire que l'objet de l'enrôlement soit déterminé dans les questions posées au jury, nous paraît donc avoir adopté une opinion entièrement contraire à la loi.

Il importe de bien distinguer l'enrôlement illicite du crime d'embauchage : l'embaucheur est celui qui, par argent, par des liqueurs enivrantes ou tout autre moyen, cherche à éloigner de leurs drapeaux les défenseurs de la patrie pour les faire passer à l'ennemi, à l'étranger ou aux rebelles (2). L'embaucheur s'adresse donc aux militaires qui sont sous les drapeaux, il s'efforce par ses séductions de les arracher à leurs devoirs, il provoque la désertion, il se rend coupable du crime.

Aux termes de l'art. 92 il n'y a crime qu'autant que l'armement a eu lieu sans ordre ou autorisation du pouvoir légitime. Cette addition, qui était peut-être superflue, ne doit pas être entendue dans un sens trop absolu.

La Cour de cassation a décidé, par un arrêt du 13 février 1823, que la seule tentative de l'enrôlement illicite doit être punie comme le crime même ; mais il est évident qu'elle ne peut l'être qu'autant qu'elle renferme les circonstances élémentaires exigées par cet article.

Art. 93. — Ceux qui, sans droit ou motif légitime, auront pris le commandement d'un corps d'armée, d'une troupe, d'une flotte, d'une escadre, d'un bâtiment de mer, d'une place forte, d'un port, d'un poste d'une ville; ceux qui auront retenu contre l'ordre du gouvernement, un commandement militaire quelconque; les commandants qui auront tenu leur armée en troupe rassemblée, après que le licenciement ou la séparation en auront été ordonnés, seront punis de mort.

L'intention coupable est l'élément indispensable de tous les crimes, et d'ailleurs l'assimilation que fait cet article de faits distincts et qui n'ont pas évidemment la même importance révèle que la volonté du législateur a été d'incriminer non pas seulement le fait matériel de l'usurpation, fait que dans certains cas les circonstances peuvent justifier, mais l'usage que l'agent prétendait faire du

1. F. Hélie et Chauveau A., théorie du Code Pénal, ch. xx, tome II. §. N° 385. page 138.
2. L. du 1 nivose an IV, art. 2.

commandement usurpé. Le projet de Code punissait le commandement en chef ou en sous-ordre. Cette expression fut changée sur les observations de la commission du Corps législatif.

Art. 94. — Toute personne qui, pouvant disposer de la force publique, en aura requis ou ordonné, fait requérir ou ordonner l'action ou l'emploi contre la levée des gens de guerre légalement établie, sera punie de la déportation. Si cette réquisition ou cet ordre ont été suivis de leur effet, le coupable sera puni de mort.

On conçoit que sous l'Empire, dont la guerre était un moyen de gouvernement, la plus légère résistance aux décrets de levée des troupes ait dû constituer un crime capital. Mais les lois pénales ne doivent pas se plier au système de gouvernement. Il est exorbitant que la simple réquisition de l'action de la force publique contre la levée des gens de guerre soit punie de la déportation : il est exorbitant que la peine de mort soit prononcée si cette réquisition a été suivie de quelque effet. Le péril social n'est point en proportion avec ces peines.

M. Carnot a pensé qu'il fallait qu'un empêchement réel eût été apporté à la levée pour que le deuxième paragraphe pût être appliqué. Peut-être est-ce aller un peu loin ; sans doute il ne suffirait pas que la force requise se fût réunie pour que la réquisition soit réputée avoir eu son effet ; mais si cette force, obtempérant à cet ordre, s'est employée à son exécution, il est évident que l'effet a eu lieu, quel que soit d'ailleurs le résultat de cet emploi.

Art. 95. — Tout individu qui aura incendié ou détruit, par l'explosion d'une mine, des édifices, magasins, *arsenaux*, ou autres propriétés appartenant à l'État, sera puni de mort.

Il ne faut pas perdre de vue que l'art. 95 est placé dans la catégorie des crimes qui tendent à troubler l'État par la guerre civile. Le législateur a supposé qu'un traître pourrait, en présence de l'ennemi ou de ses concitoyens révoltés, faire sauter une citadelle, un arsenal, un magasin. Et ce qui atteste cette pensée, c'est la peine de mort uniformément appliquée à toutes les tentatives de cette nature. En effet, dans cette hypothèse, le crime prend une haute gravité : il attaque et compromet la sûreté intérieure de l'État ; ce n'est pas seulement un crime d'incendie, c'est un crime de trahison, et c'est cette action complexe qu'a voulu punir l'art. 95. Mais si cette intention politique n'a pas présidé à cet attentat, ce n'est plus qu'un crime commun qui se trouve dès lors compris dans les termes de l'art. 435 qui punit, d'après les distinctions faites en l'art. 434, ceux qui ont détruit, par l'effet d'une mine, des édifices, navires, bateaux, magasins ou chantiers.

Dans l'hypothèse de l'article, on peut facilement reprocher au législateur d'avoir frappé d'une peine inflexible un crime qui peut avoir des degrés. Cependant, d'après les termes de l'art. 95, le crime n'est accompli que par la destruction, par l'effet de l'explosion de la mine, des édifices et magasins.

La République de 1848, ayant aboli la peine de mort en matière politique à l'exemple de la Convention, exemple que Napoléon 1er avait dédaigné de suivre, le 8 juin 1850 une loi sur la déportation vint combler la lacune faite au Code pénal.

Art. 1. — Dans tous les cas où la peine de mort est abolie par l'art. 5 de la Constitution, elle est remplacée par celle de la déportation dans une enceinte fortifiée désignée par la loi, hors du territoire continental de la République : les déportés y jouissent de toute la liberté compatible avec la nécessité d'assurer la garde de leurs personnes. Ils seront soumis à un régime de police et de surveillance déterminé par un règlement d'administration publique.

De là la célébrité de Lambessa.

L'article 96 suppose une association préalable des directeurs au commandant en chef. L'article 97 admet des emplois accessoires des chef subalternes. Il est nécessaire, de plus, que les hommes recrutés soient armés et qu'ils aient reçu une organisation militaire. La loi romaine ne reconnaissait à un rassemblement séditieux le nom de bande qu'autant que 10 à 15 personnes le composaient. Dans notre législation la question de savoir quel nombre d'individus est nécessaire pour former cette bande est une pure question de fait : c'est au jury à déclarer si l'accusé a fait partie ou s'est mis à la tête d'une bande séditieuse sans qu'il y ait à s'expliquer sur le nombre des hommes qui la formaient. La loi a prévu deux objets principaux à ces rassemblements : les crimes d'envahissement et de pillage énumérés par l'article 96 et les attentats à la sûreté de l'État prévus par les articles 86, 87 et 91. Or il est nécessaire qu'il soit établi que l'un de ces crimes a été le but de leur organisation et de leur prise d'armes : car le crime est tout entier, à vrai dite, dans ce but.

Article 96. — Quiconque, soit pour envahir des domaines, pro-

priétés ou deniers publics, places, villes, forteresses, postes, magasins, arsenaux, ports, vaisseaux ou bâtiments appartenant à
l'État, *soit pour piller soit pour partager* des propriétés publiques ou
nationales, ou celles d'une généralité de citoyens, soit enfin pour
faire attaque ou résistance envers la force publique agissant contre
les auteurs de ces crimes, sera mis à la tête de bandes armées ou y
aura exercé une fonction ou commandement quelconque, sera
puni de mort. . . . Les mêmes peines seront appliquées à ceux
qui auront dirigé l'association, levé ou fait lever, organisé ou fait
organiser les bandes, ou leur auront sciemment ou volontairement
fourni ou procuré des armes, munitions et instruments de crimes
ou envoyé des convois de subsistances, ou qui auront de toute autre
manière pratiqué des intelligence avec les déserteurs ou commandants de bandes.

Si les habitants se transportaient en armes sur un terrain com-
munal qui leur serait disputé, soit par le domaine, soit par l'administration forestière, seraient-ils punissables des peines portées
par le présent article ? Non, car, comme on l'a fort bien observé lors
de la discussion au conseil d'État, il n'est pas permis de confondre une réunion tumultueuse et subite de villageois avec une bande
de malfaiteurs, ni une rixe pour des biens communaux avec un
pillage de propriété.

Il n'en est pas moins évident que la loi a accumulé dans une
seule disposition, pour les punir de la même peine, plusieurs crimes dont les éléments sont entièrement distincts. Il est évident
que cette peine est une anomalie dans le même Code, puisque dans une hypothèse analogue les articles 209 et 211 ne punissent la rébellion commise avec violence par la force publique
par une réunion armée de 20 personnes, que de la seule peine de la
réclusion.

On remarquera l'assimilation du pillage et du communisme.

Le commandement ou les fonctions, l'armement de la bande et
le but que se propose l'entreprise sont des circonstances constitutives, et non pas seulement apparentes du crime : d'où il suit que
si le jury a écarté une seule de ces circonstances, l'accusation n'a
plus de bases et les faits déclarés constants ne forment plus de
crime (1).

L'article 60 ne punit comme complices que les individus qui ont

1. Cass. 9 févr. 1832. Jour. droit Crim., 1833, pag. 25.

pris part aux préparatifs d'un crime tenté ou consommé. L'article 96 implique la seule assistance à un acte préparatoire. En deuxième lieu, la peine applicable aux complices d'après l'article 59 est la même peine que pour les auteurs mêmes du crime. Or lorsqu'il s'agit de bandes armées, cette peine a deux degrés, suivant que les auteurs principaux ont été les directeurs ou seulement les membres de ces bandes. Il semblerait donc que dans certains cas les complices pourraient n'être passibles que de la plus douce de ces deux peines. Il n'en est point ainsi, et la peine de mort spécialement destinée aux chefs ou directeurs des bandes est uniformément appliquée à tous les cas de complicité, quels qu'ils soient : de sorte que la plus légère intelligence avec le commandant d'une de ces bandes est punie plus rigoureusement que le fait même d'en avoir fait partie.

Les individus qui ont prêté aide et assistance ne sont réputés complices qu'autant qu'ils ont agi sciemment et volontairement : sciemment, c'est-à-dire avec la connaissance du but et du caractère des bandes; volontairement, c'est-à-dire sans contrainte.

Il n'est pas sans intérêt de remarquer que dans son texte primitif l'art. 96, au lieu de ces termes : « *envoyé des convois de subsistances* », portait seulement : « *envoyé des vivres* ». La commission du Corps législatif proposa cette modification parce qu'un père, un fils, une femme, des domestiques, qui auraient envoyé à leurs parents ou à leurs maîtres quelques vivres sans connaître leurs desseins ou démarches ne sauraient dans ce cas être regardés comme ayant fourni des vivres à une masse armée ou insurgée.

Art. 97. Dans le cas où l'un ou plusieurs des crimes mentionnés aux art. 86, 87 et 91 auront été exécutés ou simplement tentés par une bande, la peine de mort sera appliquée, sans distinction de grades, à tous les individus faisant partie de la bande et qui auront été saisis sur le lieu de la réunion séditieuse. Sera puni des mêmes peines, quoique non saisi sur le lieu, quiconque aura dirigé la sédition ou aura exercé dans la bande un emploi ou commandement quelconque.

Le projet primitif du Code portait dans le 1er paragraphe de cet article les mots : « même sans armes ». La commission du Corps législatif demanda la suppression de ces expressions. Le Conseil d'État adopta la suppression des mots « même sans armes ». Il faut induire de la discussion du Conseil d'État qu'il n'est pas nécessaire que les individus aient été saisis les armes à la main sur le lieu de la réunion séditieuse, pour devenir passibles de l'application de l'art. 97. Mais il faut toujours, suivant les expressions de l'art. 96, qu'ils aient fait partie d'une bande armée, et par conséquent qu'à une époque quelconque ils aient porté les armes.

Les circonstances caractéristiques du crime prévu par l'art. 97 à l'égard des individus qui n'ont occupé aucun emploi sont : 1° qu'ils aient fait partie d'une bande organisée et armée ; 2° que cette bande ait exécuté ou tenté les crimes mentionnés aux art. 86, 87 et 91 ; 3° qu'ils aient été saisis sur le lieu de la réunion séditieuse.

Le deuxième paragraphe de l'art. 97 qui crée une exception à l'égard des commandants et directeurs des bandes à la règle qui exige l'arrestation sur le lieu de la sédition, était complétement inutile puisque l'art. 97 punissait déjà cette classe d'individus de la peine de mort à raison du seul fait de leur emploi dans les bandes, et abstraction faite du moment ou du lieu où ils ont été saisis.

Art. 98. Hors le cas où la réunion séditieuse aurait pour objet ou résultat l'un ou plusieurs des crimes énoncés aux art. 86, 87 et 91, les individus faisant partie des bandes dont il est parlé ci-dessus, sans y exercer aucun commandement ni emploi et qui auront été saisis sur les lieux, seront punis de la déportation.

Remarquons d'abord que cet article n'exige plus, comme celui qui précède, que le crime qui est le but de la réunion séditieuse soit exécuté ou du moins ait reçu un commencement d'exécution. Il ne peut être douteux que les art. 97 et 98, en parlant des peines contre les individus qui ont fait partie des bandes ou réunions séditieuses sans y exercer de commandements, se réfèrent nécessairement à l'art. 96 en ce qui concerne le caractère et le but de ces bandes. Les crimes prévus par les art. 86 et 98 peuvent être considérés en général comme une modification des attentats punis par les articles 86, 87 et 91 (2).

La loi jette un voile d'amnistie sur ceux qui se sont retirés au premier avertissement des autorités civiles et militaires. Faut-il donc induire de la combinaison de ces différentes dispositions que les accusés ne peuvent être saisis sur les lieux dans le sens des art. 97 et 98 qu'autant que leur arrestation a été précédée d'une sommation de se disperser qui remplisse le vœu de l'art. 100 ? Une distinction nous semble nécessaire. Si les accusés sont saisis sur les lieux de la

1. Cour de Cass., Julien, 29 mars 1833. Journ. de droit crim., p. 32.
2. Cassat., 20 janv. 1833. Journ. de droit crim., 1832, p. 11.

réunion séditieuse avant que cette réunion se soit portée à des actes d'exécution des crimes qu'elle a pour but d'accomplir, nous ne mettons pas en doute qu'un avertissement préalable ne soit nécessaire pour que cette arrestation devienne une circonstance constitutive du crime. Mais la position des hommes n'est plus la même si le crime dont la bande n'est que l'instrument est en pleine exécution, si des actes de ce crime sont accomplis, s'il est impossible aux membres qui les composent de méconnaître le but où ils sont conduits.

Lors de la révision du Code pénal, la commission de la Chambre des députés, jugeant la déportation trop sévère relativement aux actes prévus par cet article, avait proposé de la remplacer par les travaux forcés à temps. A son avis, le crime commun diminuait l'élément politique dans cette espèce ; et l'art. 97, prononçant déjà la peine des travaux forcés à l'égard de ceux qui, connaissant le but et le caratère des bandis, leur fournissent les lieux de retraite, il convenait d'étendre cette peine aux auteurs principaux eux-mêmes. Cette proposition fut rejetée par le motif que le crime prévu par l'art. 98 était essentiellement politique, et que la peine des travaux forcés, réservée pour les crimes communs, ne pouvait s'y appliquer.

Au reste les pénalités portées par les art. 97 et 98 sont dominées par la disposition de l'art. 100, disposition politique qui allie la justice à la prudence, et qui a été édictée par une saine appréciation des intérêts de la société.

Art. 100. — Il ne sera prononcé aucune peine pour le fait de la sédition contre ceux qui, ayant fait partie des bandes sans y exercer aucun commandement et sans y remplir aucun emploi ni fonction, se serait retiré au premier avertissement des autorités civiles et militaire ou *même depuis*, lorsqu'ils n'auront été saisis que hors des lieux de la réunion séditieuse, sans opposer de résistance et sans armes. Ils ne seront punis, dans ces cas, que des crimes particuliers qu'ils auront personnellement commis, et néanmoins ils pourront être renvoyés pour 5 ans ou au plus pour 10 ans sous la surveillance spéciale de la haute police.

L'exemption de peine que cet article prononce ne doit pas être considérée comme une amnistie. Le fait qui la produit n'a que la puissance et les effets d'une excuse. De là deux conséquences importantes : la première, c'est que l'existence du fait qui motive l'exemption ne s'oppose nullement à la mise en accusation ; la deuxième est que ce fait ne peut être proposé comme excuse, à la Cour d'assises, par l'accusé des crimes prévus par les art. 97 et 98.

Le fait prévu par l'art. 100 n'excuse l'accusé que pour le fait de sédition : il reste passible des peines qu'il a pu mériter à raison des crimes particuliers qu'il a personnellement commis. Mais quels sont ces crimes ? Doit-on y comprendre ceux de la bande dont il faisait partie? Oui, s'il est constaté qu'il a personnellement trempé dans ses crimes. L'exemption est limitée à ceux qui, ayant fait partie de ces bandes, n'y ont exercé aucun commandement et rempli aucun emploi ni fonction.

On doit regretter surtout que le législateur n'ait pas cru devoir étendre l'atténuation des peines aux chefs mêmes des bandes qui, en se retirant avant tout commencement d'exécution, manifestaient leur repentir. Pourquoi, a dit M. Destriveaux, les forcer à persister dans le crime par la nécessité de défendre leur vie (1) ?

Le Code pénal ne doit, en ce qui concerne les bandes, emprunter à la loi du 10 avril 1831 que la forme de l'avertissement qu'elle décrit. Quant à ces mots : *même depuis*, qui font jouir les rebelles du même privilége, lors même que leur retraite est postérieure à l'avertissement, il est clair qu'ils ne doivent s'appliquer qu'à une retraite volontaire.

La deuxième condition imposée par l'art. 100 est que les rebelles aient été saisis hors du lieu de la réunion séditieuse sans opposer de résistance et sans arme. Il suit de là que la seule peine applicable aux rebelles saisis hors du lieu de la réunion et qui ont résisté à la force publique est celle de la rébellion envers la force publique.

La conséquence littérale de l'art. 100 serait donc que le rebelle pris les armes à la main hors du lieu de la réunion et sans résistance serait traité plus favorablement que celui qui serait saisi sans armes, puisqu'on ne pouvait même lui appliquer la peine de la surveillance. Pour concilier ces diverses dispositions, il faut tenir que par ces mots: « sans opposer de résistance et sans armes », la loi n'a voulu parler que des armes employées à faire résitance. Celui qui n'a pas fait usage de ces armes doit, comme s'il était désarmé, profiter du privilége établi par cet article. Il est nécessaire au reste que le jury constate chacune des circonstances prévues par l'art. 100.

La discussion de la loi du 24 mai 1834 a soulevé la question de

1. Essai, page 83.

savoir si l'art. 100 et l'art. 213 qui en reproduit les termes seraient applicables aux individus qui auraient porté les armes dans un mouvement insurrectionnel et qui se seraient retirés à la première sommation de l'autorité. La négative et l'affirmative ont été soutenues par les criminalistes. Mais nous nous rangeons à cette dernière solution en mémoire des interprétations du Corps législatif, de la Chambre des Pairs, d'accord en cela avec la jurisprudence de la Cour de Cassation (1).

Art. 99. — Ceux qui, connaissant le but et le caractère desdites bandes, leur auront sans contrainte fourni des logements, lieux de retraite ou de réunion, seront condamnés à la peine des travaux forcés à temps.

Cet article, qui doit être conféré avec les art. 61 et 268 du Code, prévoit comme eux un cas de complicité par recelé. Il est nécessaire que les lieux de retraite ou de réunion aient été fournis habituellement. Cette peine n'est point en harmonie avec le crime auquel elle est appliquée : en effet, dès qu'il s'agit d'un crime prévu par les art. 96, 97 et 98, il s'agit d'un crime politique et dès lors la peine devrait être la détention.

APPENDICE.

LOI DU 24 MAI 1834 SUR LES DÉTENTEURS D'ARMES
OU DE MUNITIONS DE GUERRE.

Cette loi n'est pas une aggravation, elle est une atténuation et un perfectionnement du Code pénal. Le Code punit l'attentat, et il comprend sous ce nom tous les actes qui peuvent faire courir un danger à la sûreté de l'État, quelle que soit la différence de la gravité, il ne fait aucune distinction entre eux : il les incrimine tous à titre d'attentat et les frappe tous de la même peine. La loi que nous proposons a pour objet de faire cette distinction nécessaire : elle laisse l'accusation pour les tentatives redoutables qui mettent en danger l'État entier et établit des incriminations spéciales et des peines plus faibles pour des actes partiels qui n'ont ni la même gravité ni le même danger (2).

Art. 5. Seront punis de la détention les individus qui dans un

1. Monit. du 16 mars 1831. Cassat 15 mars 1855.
2. Parole du rapporteur, analyse des discussions. Journ. de droit criminel, 1831, pag. 164.

mouvement insurrectionnel auront porté soit des armes apparentes ou cachées ou des munitions, soit un uniforme ou costume ou autres insignes civils *ou militaires.* Si les individus porteurs d'armes apparentes ou cachées ou de munitions étaient revêtus d'un uniforme, d'un costume ou d'autres insignes civils ou militaires, ils seront punis de la déportation.

L'esprit du projet de loi est de préciser les accusations et de renfermer le débat dans la forme d'un fait personnel à l'accusé. La définition du mouvement insurrectionnel que le projet de loi propose, agrandit sans nécessité le cercle de l'accusation ; introduit dans le débat, outre la preuve de la prise d'armes, le fait personnel à l'accusé et celle du mouvement insurrectionnel dont l'accusé faisait partie, la preuve d'un but ou d'un résultat pour lequel il n'est ni poursuivi ni puni (1). Il suit de là que le mouvement insurrectionnel, circonstance élémentaire du crime, rentre dans la classe des faits qui sont abandonnés à l'appréciation du jury.

M. Vivien, député, avait proposé d'ajouter après les mots : « mouvement insurrectionnel », ceux-ci : « pour l'appuyer ou le favoriser » : le but de cet amendement était de ne pas attacher au seul port d'armes une présomption de criminalité, et de mettre de plus à la charge de l'accusation la preuve de l'intention criminelle. Cet amendement, repoussé comme destructif du système de la loi, n'a pas été adopté ; mais il a soumis à une discussion approfondie la question grave qu'il soulevait. Ce n'est pas, a dit le garde des sceaux, une présomption de la culpabilité, c'est un fait qui suppose l'intention de participer au mouvement insurrectionnel. L'accusation n'est jamais qu'une supposition jusqu'à ce qu'elle soit convertie en fait par le jugement ; l'accusation suppose ; le jury est appelé à juger ; le fait et l'intention (2).

Au reste, il n'est pas nécessaire que l'individu soit arrêté porteur d'armes au milieu de l'insurrection : il suffit qu'il y soit trouvé.

La définition que l'article 101 du Code pénal donne du mot *armes* s'applique à cet article. Il ne suffirait point cependant d'avoir un bâton à la main pour être réputé armé, s'il n'était pas prouvé que l'accusé a pris le bâton comme une arme.

Il a été reconnu que cet article ne s'applique pas à celui qui prend un costume de convention. On a demandé si la croix d'hon-

<hr>

1. Les art. 1231 ont été examinés à propos de la liberté du commerce.
2. Rapport de la commission de la chambre des députés.
3. Motifs de la loi. Journ. de droit criminel 1831, p. 172.

neur était comprise parmi les insignes, et la réponse a été négative.
Il semble suivre de ces explications que l'on doit considérer comme
insignes les objets qui caractérisent les autorités civiles et militaires.

L'article 5 ajoute dans son dernier paragraphe : « Les individus qui
auront fait usage de leurs armes seront punis de mort. » C'est là en
effet un crime complexe : l'élément politique ne peut atténuer le
meurtre ou l'assassinat.

Article 6. —Seront punis des travaux forcés à temps les individus
qui dans un mouvement insurrectionnel se seront emparés d'armes
de munitions de toute espèce, soit à l'aide de violence ou de menaces, soit par le pillage de boutiques, postes, magasins, arsenaux et
autres établissements publics, soit par le désarmement des agents
de la force publique. Chacun des coupables sera condamné de
plus à une amende de 200 à 500 fr.

Cette peine puise son motif en ce que, outre le crime politique, ce
fait présente un crime commun, celui de vol ou de pillage. Mais il
semble qu'on aurait dû remarquer que ce dernier crime devient
lui-même essentiellement politique puisque son but est uniquement (telle est l'hypothèse de la loi) de favoriser le mouvement
insurrectionnel : la peine politique de la détention eût donc paru
plus appropriée à la nature de ce crime et à la criminalité spéciale
de ses auteurs.

Art. 9. — Seront punis de la détention les individus qui dans un
mouvement insurrectionnel auront fait ou aidé à faire des barricades,
des retranchements ou tous autres travaux ayant pour objet d'entraver ou d'arrêter l'exercice de la force publique ; ceux qui auront
empêché, à l'aide de violences ou de menaces, la convocation ou la
réunion de la force publique, ou qui auront provoqué ou facilité le
rassemblement des insurgés soit par la distribution d'ordres ou de
proclamations, soit par le port de drapeaux ou autre sorte de ralliement, soit par tous autres moyens d'appel, ceux qui auront brisé ou
détruit un ou plusieurs télégraphes ou qui auront envahi, à l'aide
de violences ou de menaces, un ou plusieurs postes télégraphiques,
ou qui auront intercepté par tout autre moyen, avec violences ou
menaces, les communications ou la correspondance avec les divers dépositaires de l'autorité publique.

C'est sans doute une participation coupable, qui n'est néanmoins
punie, d'après notre législation nouvelle, qu'autant qu'on peut la

considérer comme une complicité dans le complot ou l'attentat. Il en résulte qu'il y a toujours impunité (1).

Deux dispositions complètent le système de la loi du 24 mai 1834 : la première, introduite par l'art. 11 de cette loi, permet, dans tous les cas qu'elle a prévus, s'il existe des circonstances atténuantes, de faire l'application de l'art. 463 du Code pénal. La seconde autorise la Cour d'assises à prononcer la surveillance, dans le cas où la peine est atténuée, pendant un temps qui ne peut excéder le maximum de la durée de l'emprisonnement prononcé par la loi.

On doit remarquer que par l'art. 19 la durée de la surveillance est déterminée par la durée de la peine prononcée par la loi, et non de la peine prononcée par le jugement. Le minimum de cette peine est d'une année.

§ III. — *Coalitions de fonctionnaires.*

Les coalitions qui peuvent se former entre les fonctionnaires publics ont excité la sollicitude du législateur. Ces conditions, rares sans doute, mais inquiétantes de leur nature, pourraient devenir funestes à un gouvernement mal affermi.

La criminalité de ces actes peut varier d'intensité selon le but où ils tendent et les effets qu'ils peuvent produire. Les coalitions ne forment qu'un simple délit lorsqu'elles ne consistent que dans un concert de mesures contraires aux lois (2). S'il s'y joint une circonstance aggravante, si la coalition est dirigée contre l'exécution même des lois ou contre les ordres du gouvernement, elle devient un crime. Ce crime acquiert un nouveau degré de gravité quand la coalition s'est formée entre les autorités civiles et des corps militaires (3) ; enfin le péril est imminent si le crime dégénère en un complot contre la sûreté de l'État (4).

La peine générale édictée par le précédent article est le bannissement. Dans le second des cas qu'il prévoit, les auteurs et les provocateurs seront punis de la déportation.

Lors de la révision du Code, le rapporteur de la Chambre des députés s'exprimait ainsi : «Votre Commission vous avait proposé, en remplacement de ces deux peines, la détention à perpétuité et la dé-

1. Rapport de la commission de la Chambre des députés.
2. Code Pénal, art. 123.
3. Id., 124.
4. Id., 125.

tention à temps ; mais elle a considéré que lorsque le concert séditieux entre les fonctionnaires, surtout entre les fonctionnaires de l'ordre civil et les corps militaires, prenait le caractère de la trahison, il était frappé par des incriminations spéciales des pénalités les plus sévères. En conséquence, il ne peut s'agir ici que d'une sédition moins coupable, et votre Commission croit pouvoir proposer de conserver le bannissement et de substituer les travaux forcés à temps à la déportation. »

Un député fit remarquer qu'à l'égard des fonctionnaires de l'État, la peine des travaux forcés à temps est plus grave par sa rigueur et par les conséquences morales qu'on y rattache, que la peine de la déportation. L'ancienne rédaction de l'article fut maintenue. Cette discussion a paru du moins manifester le désir d'adoucir cette dernière peine. Et en effet si le crime a des périls plus graves quand les fonctionnaires appuient leur résistance sur la redoutable levée de la puissance militaire, cette circonstance ne change point au fond la criminalité intrinsèque de l'acte qui reste le même dans les deux hypothèses. La détention perpétuelle est donc, pour le dernier cas, trop grave et trop éloignée, et surtout trop éloignée du bannissement qui est infligé dans le premier ; temporaire, elle eût suffi à la répression en même temps qu'elle eût été en rapport avec les deux faits (1).

§ IV. — *Du faux commis dans les feuilles de route.*

Art. 156. — Quiconque fabriquera une fausse feuille de route ou falsifiera une feuille de route originairement véritable, ou fera usage d'une feuille de route fabriquée ou falsifiée, sera puni, savoir : d'un emprisonnement d'une année au moins et de cinq ans plus, si la fausse feuille de route n'a eu pour objet que de tromper la surveillance de l'autorité publique ; du bannissement si le trésor impérial a payé au porteur de la fausse feuille des frais de route qui ne lui étaient pas dus ou qui excédaient ceux auxquels il pouvait avoir droit ; le tout néanmoins aux-dessous de cent francs et de la réclusion si les sommes indûment reçues par le porteur de la feuille s'élèvent à cent francs et au delà.

La fabrication d'une pièce fausse ne constitue, si on la considère en elle-même, qu'un acte préparatoire du crime de faux ; ce crime

1. Chauveau Adolphe et Faustin Hélie. Théorie du Code Pénal, tom. 2, chap. XXI, § 3.

no se consomme que par l'émission de la pièce, par l'usage qui en est fait. Les caractères constitutifs du crime d'usage d'une pièce fausse sont au nombre de deux : il faut que la pièce fausse renferme les éléments d'un faux criminel ; il faut que l'usage ait eu lieu en connaissance de cause.

La deuxième disposition de l'art. 156 applique à l'altération de la feuille de route et à l'usage de cette feuille altérée la peine déjà appliquée aux mêmes délits commis sur les passeports dont elle remplit l'office pour le militaire. Il faut donc réunir une triple condition pour que cette peine soit prononcée : altération matérielle de la feuille, intention de tromper la surveillance, possibilité d'atteindre ce but à l'aide de l'altération.

La jurisprudence a fait rentrer dans l'espèce d'altération que cet article punit la lacération d'un fragment de la feuille de route où se trouvait inscrite une indication destinée à faciliter la surveillance

Une exception aux règles constitutive du faux punissable se fait remarquer dans la troisième disposition qui élève le faux au rang des crimes. En principe général il suffit que le préjudice qu'il a pour but de produire soit possible : aux termes de l'art. 156, il faut qu'il soit réel et qu'il y ait eu perception ou tentative légale de perception de sommes qui n'étaient pas dues.

La question s'est élevée de savoir si la falsification des mandats desservis par les intendants ou sous-intendants militaires aux sous-officiers ou soldats voyageant isolément, constitue, comme la falsification des feuilles de route, les crimes et délits prévus par l'art. 156.

Art. 157. — Les peines portées en l'article précédent seront appliquées, selon les distinctions qui y sont posées, à toute personne qui se sera fait délivrer, par l'officier public, une feuille de route sous un nom supposé.

Cet article ne s'occupe que de la feuille de route délivrée sous un nom supposé ; il ne comprend point dans ses termes la supposition de qualités. Mais il en est autrement lorsque cette fausse qualité a servi de base à l'exercice d'un droit, lorsque son usurpation a eu pour but de soustraire au trésor public des frais de route plus élevés.

L'individu qui fait usage d'une feuille de route délivrée à un tiers ne commet également, en matière de faux, ni crime ni délit. Mais il y aurait escroquerie s'il s'en était servi pour toucher des sommes que le trésor ne lui devait pas.

Art. 158. — Si l'officier public était instruit de la supposition du nom, lorsqu'il a délivré la feuille, il sera puni, savoir : dans le premier cas, prévu par l'art. 156, du bannissement ; dans le second du même article, de la réclusion ; et dans le troisième, des travaux forcés à temps.

La culpabilité de cet officier est soumise à deux conditions : il faut qu'il soit compétent pour la feuille de route ; il faut ensuite que cet officier ait été instruit de la supposition du nom, lorsqu'il a délivré la feuille. Il ne suffisait donc pas qu'il eût négligé de se faire attester l'identité du réclamant ; la loi n'exige pas même dans ce cas cette formalité qui n'a lieu qu'à l'égard des passeports. Il faut qu'il ait agi sciemment, qu'il ait eu l'intention du crime.

§ V. — *Ingérence des fonctionnaires militaires dans des affaires commerciales incompatibles avec leur qualité.*

Art. 176. — *Tout commandant des divisions militaires, des départements ou des places et villes*, tout préfet ou sous-préfet, qui aura, dans l'étendue des lieux où il aura droit d'exercer son autorité, fait ouvertement, ou par des actes simulés ou par interposition de personnes, le commerce de grains, grenailles, farines, substances farineuses, vins ou boissons autres que ceux provenant de ses propriétés sera puni d'une amende de 500 fr. au moins de 10,000 fr. au plus, et de la confiscation des denrées appartenant à ce commerce.

Le législateur n'a pas voulu punir la seule infraction ; sans doute il peut retirer les fonctions à l'administrateur qui contrevient à la prohibition : car l'interdiction d'un tel commerce peut être juste et convenable, même envers les administrateurs qui n'auraient pas la criminelle pensée d'en abuser ; non-seulement il ne faut pas que l'abus existe, il ne faut pas que les citoyens puissent le craindre ; mais en érigeant la contravention en délit, la loi a dû réserver le caractère moral sans lequel il n'y a point de délit.

L'art. 176 ne prohibe pas tout commerce, mais celui des grains et des boissons ; il ne punit même pas tout acte de ce genre de commerce, mais seulement ceux qui ont pour but d'établir un monopole de ces denrées par l'abus de l'autorité attachée à la fonction. Enfin ce monopole lui-même n'est un délit que relativement aux fonctionnaires désignés dans cet article, et seulement dans l'étendue des lieux où ils exercent leur autorité, par ce que les fonctionnaires ont seuls assez de pouvoir pour établir un accaparement redoutable à l'aide de leur autorité et que ce monopole devient licite pour eux dans tous les lieux où cette autorité n'existe pas.

§ VI. — *Abus d'autorité.*

1. *Violation de domicile.*—Le principe qui déclare inviolable le domicile des citoyens remonte aux législations anciennes. Cicéron le proclamait : *Quid est sanctius, quid omni religione munitius quam uniuscujusque civium domus. Hoc perfugium est ita, sanctum omnibus, ut inde abrepi nominem fas sit* (1).

Pendant la nuit, l'entrée des maisons particulières est interdite aux agents de l'autorité : le péril imminent ou les cris des habitants eux-mêmes permettent seuls d'y pénétrer. Mais que faut-il entendre par la nuit ? Cette question se trouve résolue par le décret du 4 août 1806 portant : « Le temps de nuit où l'art. 131 de la loi du 28 germinal an VI défend à la gendarmerie d'entrer dans les maisons des citoyens. sera réglé par les dispositions de l'art. 1037 du Code de Procédure civile. »En conséquence la prohibition d'entrer dans les maisons particulières, si ce n'est dans les cas que nous venons d'énumérer, existe : savoir, du 1er octobre au 31 mars avant six heures du matin et après six heures du soir ; du 1er avril au 30 septembre, avant 4 heures du matin et après 9 heures du soir. Ce privilége ne s'étend pas aux maisons publiques; mais ces maisons elles-mêmes ne sont accessibles à ces agents que pendant la durée de leur ouverture.

Durant le jour, l'accès des maisons particulières est permis soit pour l'exécution d'une loi qui autorise cette mesure, soit pour l'exécution d'un arrêt ou jugement emportant condamnation à une peine corporelle, soit enfin pour l'exécution d'un mandat du juge ou pour l'instruction d'un procès criminel.

Nous avons précisé les limites du droit de visite dans chacun de ces actes, et les formes qui sont les garanties du citoyen et qui peuvent seules en légitimer l'exercice. Le corollaire de cet examen est l'établissement d'une règle générale : toutes les fois que les officiers de justice ou de police, les commandants ou agents de la force publique s'écartent de ces limites et de ces formes. ils agissent suivant les termes mêmes de l'art. 184, hors les cas prévus par la loi et sans les formalités qu'elle a prescrites, et dès lors ils commettent le

1. Pro domo, ch. 41.

délit de violation de domicile : ils se rendent alors passibles d'un emprisonnement de 6 jours à un an, et d'une amende de 16 fr. à 500 fr.

Quelques esprits trouveront la loi bien dure : elle a un tempérament dans la pratique : l'agent de l'autorité qui se présente à la porte de votre demeure prête à l'enfoncer, l'hiver avant 6 heures du matin, n'est même pas puni : car l'art. 184 du Code pénal contient cet appendice : *sans préjudice de l'application du second paragraphe de l'art. 114.* Voici cette disposition : «Si néanmoins il justifie qu'il a agi par ordre de ses supérieurs pour des objets du ressort de ceux sur lesquels il leur était dû obéissance hiérarchique, il sera exempt de la peine, laquelle sera, dans ce cas, appliquée seulement au supérieur qui en avait donné l'ordre.» Puis quand vous voudrez joindre le ministre, vous rencontrerez, entre vous et lui, le Conseil d'Etat : car l'art. 75 de la Constitution de frimaire an VIII n'est pas aboli, que je sache.

L'art. 184 a été modifié sous un autre rapport par la loi du 28 avril 1832. Le texte primitif étendait la disposition pénale à tout juge, tout procureur général ou du roi, tout substitut, tout administrateur ou tout autre officier de justice ou de police ; on a ajouté à cette nomenclature *tout commandant ou agent de la force publique.* On avait oublié, a dit l'auteur de cette addition, que les gendarmes ne sont pas des officiers de police judiciaire, que cependant ils en remplissent quelquefois les fonctions, et que lorsqu'ils mettent à exécution soit un mandat d'arrestation, soit un arrêt portant l'emprisonnement, ils peuvent commettre le délit de violation de domicile.

2. *Violences.*—Art. 186 C. P. Lorsqu'un fonctionnaire ou un officier public, un administrateur, un agent ou un préposé du gouvernement ou de la police, un exécuteur des mandats de justice ou de jugements, un *commandant en chef ou en sous-ordre de la force publique,* aura sans motif légitime usé ou fait user de violences envers les personnes, dans l'exercice ou à l'occasion de l'exercice de ses fonctions, il sera puni selon la nature et la gravité de ses violences et en élevant la peine suivant la règle posée dans l'art. 198 ci-après.

Cet article prévoit le cas où le fonctionnaire a participé au délit qu'il était chargé de réprimer.

Le législateur entend ici, par violences punissables des peines prononcées par cet article, toutes rigueurs employées dans les arrestations, détentions ou exécutions et qui ne sont pas autorisées par la loi (1). Quant à la légitimité des motifs, elle est laissée à l'arbitrage du juge ; mais pour que la condamnation pour cause de violence soit légalement prononcée, il faut que l'arrêt porte que le fonctionnaire a agi sans motif légitime, car c'est cette circonstance qui constitue la criminalité du fait, et conséquemment elle est substantielle (2).

3. *Abus contre la chose publique.* — Nous avons déjà eu un exemple de ce délit en nous occupant des coalitions de fonctionnaires. Le Code Pénal prévoit dans les art. 188 et suivants, un nouvel exemple du même délit qu'il eût été plus méthodique de réunir au premier. Il s'agit ici des fonctionnaires publics qui requièrent ou ordonnent l'emploi de la force publique pour empêcher l'exécution d'une loi ou la perception d'une contribution ou l'effet d'un acte émané d'une autorité compétente.

Le délit diffère de celui que prévoient les art. 123, 124 et 125, en ce qu'il s'agit, dans ces articles, de mesures contraires aux lois, qui peuvent avoir été concertées entre les fonctionnaires publics tandis que les art. 188 et suivants prévoient l'exécution et l'emploi de la force publique contre l'exécution des lois. Cet abus d'autorité, porte l'exposé des motifs, est d'une nature fort différente de ceux que nous avons examinés d'abord : c'est une espèce de révolte qui sera d'autant plus grave et susceptible de peines d'autant plus fortes, qu'elle aura eu plus de développements et d'effets.

La loi prescrit trois cas, établit trois degrés dans le crime : la réquisition illégale n'a eu aucun effet, et la peine est la réclusion : elle a été suivie d'effet. Au contraire, la peine est le maximum de la réclusion ; enfin elle a été suivie d'avances entraînant des peines plus fortes, et ces peines elles-mêmes sont appliquées au fonctionnaire qui a donné l'ordre ou la réquisition.

§ X. — *Rébellion et attroupements.*

Nous n'avons à nous occuper ici que d'une sorte de rébellion : celle qui n'est dirigée que contre des actes isolés des agents de l'autorité, et qui n'entrave l'exercice de la puissance publique qu'en paralysant quelques-uns de ses moyens d'action par une résistance locale et des violences instantanées.

Les caractères de la rébellion sont fixés par l'art. 20, qui est

1. Art. 28. Acte du 22 frimaire an VIII.
2 Cassation, 22 oct. 1825.

ainsi conçu : « Toute attaque, résistance avec violences et voies de fait envers les officiers ministériels, les gardes champêtres ou forestiers, la force publique, les préposés des douanes, les séquestres, les officiers ou agents de la police administrative ou judiciaire, agissant pour l'exécution des lois, des ordres ou ordonnances de l'autorité publique, des mandats de justice ou de jugements, est qualifiée, selon les circonstances, crime ou délit de rébellion. »

Ainsi trois circonstances caractéristiques du délit : il faut qu'il y ait eu attaque, ou résistance avec violences, ou voies de faits.

Que cette attaque ou cette résistance aient eu lieu envers les agents que la loi énumère; qu'elles se soient manifestées au moment où ces agents agissaient pour l'exécution des lois ou des ordonnances de l'autorité publique ou de la justice les outrages et les menaces ne rentrent pas dans cette classe. Mais il n'est pas nécessaire que des coups aient été portés.

Il est nécessaire que les violences aient eu lieu envers les personnes des agents ; les voies de faits exercées sur les propriétés ne constituent pas la rébellion.

Les actes qui tendent à faire simplement cesser l'exécution des lois ou ordonnances de l'autorité publique ou de la justice ne tombent pas davantage sous le coup de nos pénalités.

On s'est demandé s'il y a délit lorsque les agents procèdent en vertu d'actes irréguliers ou en dehors de leurs fonctions. La Cour de cassation établit une présomption de légalité en faveur des agents de la force publique (1). Cette présomption les accompagne et les couvre, et toutes les attaques dont ils sont l'objet sont dès lors des actes de rébellion. Les cours impériales ont résisté à cette doctrine. Au milieu de cette collision d'arrêts, il nous faut donc rechercher le vrai principe de la matière. En premier lieu, il est remarquable que le droit de résister aux agents de la force publique, lorsqu'ils excèdent les limites de leurs pouvoirs, droit qui, suivant les termes de la Cour de cassation, serait subversif de tout ordre public, remonte aux temps les plus éloignés. La raison de ce droit de résistance est indiquée par Grotius (2). L'usage de la force, suivant cet auteur, n'est injuste qu'autant qu'il donne atteinte au droit; mais il devient licite quand il ne fait que repousser une attaque injuste. Or l'agent, lorsqu'il procède contre son droit, lors-

1. 16 avril 1812, bull. n° 93. — Cass. 4 vr. 1820, bull. p. 151. — Id., 5 janv. 1821. Sir. 21, 1, 122. — 26 décembre 1839. Bull. n° 389.
2. De jure belli et pacis, t. 1, p. 69.

qu'il excède son pouvoir, n'est plus qu'un simple particulier dont il est permis de repousser les violences : son acte est un acte de force brutale auquel on peut opposer la force même, car, suivant la réflexion de Cicéron : *Quod est contra vim, sine vi fieri possit?* (1) On ne peut admettre, dit Barbeyrac sur Grotius, qu'un particulier se soit engagé ou ait dû s'engager nécessairement à souffrir tout de ses supérieurs, sans jamais opposer la force à la force. Si cela était, la condition de ceux qui entrent dans la société serait, sans contredit, plus malheureux qu'auparavant, et rien ne les obligerait à se dépouiller de cette liberté matérielle dont chacun est si jaloux (2).

Cette doctrine était enseignée dans notre ancien droit. L'Assemblée constituante, recueillant ce principe, ne punissait les violences et les voies de fait comme constitutives de la rébellion, qu'autant qu'elles étaient opposées à un dépositaire de la force publique agissant légalement dans l'ordre de ses fonctions (3).

Le principe général est l'obéissance aux ordres des pouvoirs publics, la soumission aux actes des agents de la force publique. Toute résistance effective, toutes violences ou voies de fait opposées à ces agents sont donc réputées constituer un délit ; elles ne perdent ce caractère qu'en prouvant la cause d'excuse ou de justification. C'est donc avec raison que la Cour de cassation a établi en principe que la présomption de légalité est en faveur des agents de l'autorité : cette présomption favorable résulte de la nature même des choses ; mais il faut prendre garde d'en forcer les conséquences.

Mais la présomption de légalité doit cesser de couvrir les actes de l'officier public, quand il se rend coupable d'un excès de pouvoir, de la violation flagrante d'un droit.

Toutefois, et nous nous hâtons de le dire, l'injustice de l'acte ne servirait pas toujours d'excuse aux violences et aux voies de fait qui auraient été commises pour le repousser ; un refus verbal, une résistance inerte et passive suffisent pour protéger ce droit, tant que l'agent qui poursuit l'exécution d'un acte arbitraire se borne à en réclamer l'accomplissement. Ce n'est donc que lorsqu'il déploie la force, que la force peut lui être opposée : et, dans ce cas même, la résistance doit être proportionnée à l'intensité de l'attaque, et on ne doit employer que les moyens nécessaires pour en triompher.

Considérée dans ses seules circonstances, et abstraction faite de

1. Epist. ad fam., 1, 2, ep. 3.
2. Notes sur Grotius. t 1. p. 171.
3. Const. du 24 mai 1793, art. 11. Même principe.
4. Art. 212. C. N.

ses résultats, la rébellion puise sa qualification et l'aggravation de ses peines dans deux faits : le nombre des coupables, et les armes dont ils étaient porteurs. Si la rébellion a été commise par une ou deux personnes seulement et sans armes, elle ne constitue qu'un simple délit, et la peine est un emprisonnement de 6 jours à 6 mois ; si elle a été commise par ces deux personnes avec armes, ou par une réunion de 3 jusqu'à 20 personnes sans armes, la rébellion est encore un simple délit, et la peine est un emprisonnement de six mois à deux ans. Elle prend le caractère du crime, et la peine est la réclusion, lorsqu'elle a été commise par une réunion armée de 3 personnes ou plus, jusqu'à 20 inclusivement, ou par une réunion même de plus de 20 personnes, mais sans armes ; enfin la peine s'élève aux travaux forcés à temps lorsque la réunion est composée de plus de 20 personnes armées (1).

Si les armes sont restées cachées, si elles n'ont pas été aperçues des personnes qui faisaient partie de la réunion, ces personnes ne peuvent pas être responsables de cette circonstance, et les porteurs des armes sont seuls passibles d'un aggravement de peine.

Art. 218.— Dans tous les cas où il sera prononcé, pour fait de rébellion, une simple peine d'emprisonnement, les coupables pourront être condamnés en outre à une amende de 16 à 200 fr.

Art. 221.— Les chefs d'une rébellion et ceux qui l'auront provoquée pourront être condamnés à rester, après l'expiration de la peine, sous la surveillance de la haute police pendant 5 ans au moins et 10 ans au plus.

Enfin les pénalités des art. 210, 211, 212 se trouvent modifiées implicitement par la disposition de l'art. 213, qui couvre d'un voile d'indulgence les rebelles sans fonctions ni emploi dans la bande, qui se seront attirés un premier avertissement de l'autorité publique, ou même depuis, s'ils n'ont été saisis que hors du lieu de la rébellion, et sans nouvelle assistance et sans armes.

Les présentes dispositions du Code pénal sur les attroupements n'ont rien de commun avec la loi de 1849.

Il nous reste, pour compléter cette matière, à énumérer des réunions qui sont assimilées aux réunions des rebelles et des provocations à la rébellion. Ce sont celles commises simplement avec violences et menaces contre l'autorité administrative :

1° Par les ouvriers ou journaliers dans les ateliers publics ou manufactures ;

1. Art. 211.
2. 214-216. C. N.

2° Par les individus admis dans les hospices : .

3° Par les prisonniers prévenus, accusés ou condamnés.

L'esprit militaire de l'Empire qui régissait jusqu'aux lycées, a vainement tenté de faire inscrire dans le Code cette autre disposition :

4° Par les élèves ou étudiants admis dans les écoles publiques ou privées, s'ils ont plus de 16 ans.

Nous restons silencieux sur la combinaison des peines encourues pour la rébellion avec celles des crimes contemporains. Deux articles du Code pénal prouvent leur aggravation et la façon dont elles seront successivement subies.

§ VIII. — *Outrages envers un agent de la force publique.*

I. L'injure et les voies de fait constituent par elles-mêmes des délits plus ou moins graves, quelles que soient les personnes contre lesquelles elles sont dirigées. La loi s'est donc bornée, dans la matière qui fait l'objet de ce chapitre, à dégager et à établir une circonstance de ces deux délits : cette circonstance est la qualité de fonctionnaire de la personne injuriée. « Il ne sera question, porte l'exposé des motifs, que des seuls outrages qui compromettent la paix publique, c'est-à-dire de ceux dirigés contre les fonctionnaires ou agents publics, dans l'exercice ou à l'occasion de l'exercice de leurs fonctions : dans ce cas, ce n'est pas seulement un particulier, c'est l'ordre public qui est blessé ; et, dans un grand intérêt, les peines peuvent changer de classe et de nature, parce que le délit en a changé lui-même, et que l'outrage dirigé contre l'homme de la loi, dans l'exercice de ses fonctions ou de son ministère, quoique conçu des mêmes paroles ou accompagné des mêmes gestes, est beaucoup plus grave que s'il était dirigé contre un simple citoyen.

Règle générale : il faut que les outrages ou les violences aient été commis dans l'exercice des fonctions ou à l'occasion de cet exercice. L'art. 16 de la loi du 17 mai 1819 et l'art. 6 de la loi du 5 mars 1822 qui ont porté de nouvelles peines contre la diffamation ou les outrages dont les fonctionnaires et les agents de l'autorité publique peuvent être l'objet n'ont point dérogé à cette règle.

Cela posé, notre matière se divise naturellement en trois parties, suivant que l'outrage est commis par paroles, qu'il est commis par gestes ou menaces, qu'il est accompagné de violences.

II. Il faut d'abord, pour que l'art. 222 puisse être appliqué, que l'outrage se manifeste par paroles. Cependant la Cour de Cassation, ne se croyant pas enchaînée par ce texte, n'a point hésité à assimiler l'outrage par écrit, à l'outrage par parole. Le délit est-il donc le même ? L'outrage par parole est une espèce de voie de fait ; il peut acquérir de la publicité ; il emprunte à la forme avec laquelle il se produit une gravité plus ou moins intense. L'outrage par lettre n'a ni le même retentissement, ni les mêmes caractères de gravité ; l'injure reste ensevelie dans le silence, elle ne cause au fond aucun dommage. Si la lettre devenait publique ou si l'agent rappelait la parole outrageante, l'art. 6 de la loi du 25 mars 1822 le saisirait aussitôt pour le punir. Le même besoin de protection ne se fait donc pas sentir dans les deux cas. Enfin l'outrage par paroles, pour être incriminé, doit être de nature à inculper l'honneur ou la délicatesse du magistrat.

Pris dans un sens générique, l'outrage est toute injure faite d'une manière quelconque à un fonctionnaire. L'art. 222 a restreint cette acception : il a créé une espèce dans le genre, il ne punit pas tout outrage, mais celui qui, par son caractère, tend le plus à paralyser l'autorité morale, à affaiblir la considération du magistrat. Cette nature spéciale de l'outrage, prévue par l'art. 222, doit être soigneusement posée par le juge, car il n'est point investi d'un pouvoir discrétionnaire pour en apprécier les éléments, puisque ces éléments ont été définis par la loi. La jurisprudence offre plusieurs exemples d'une appréciation des juges du fait, déclarée inexacte ou saine par la Cour de cassation (1).

Lorsque l'outrage est commis dans l'exercice des fonctions, il peut revêtir un autre caractère, celui de la diffamation. En général, l'outrage qui n'est qu'une injure aggravée par la qualité de celui auquel elle s'adresse constitue un délit distinct de la diffamation que la loi définit (2) : l'imputation d'un fait qui porte atteinte à l'honneur ou à la réputation. Néanmoins lorsque cette diffamation se produit par la parole, qu'elle est jetée à la face du magistrat comme une injure au milieu de ses fonctions, elle peut être considérée comme un outrage, et les règles relatives à ce dernier peuvent la saisir ; mais il n'en serait pas ainsi lorsque la diffamation n'a été accompagnée d'aucune expression outrageante, d'aucun terme de mépris, d'aucune invective, enfin d'aucun geste de nature à en faire un outrage. Cette distinction est surtout importante en ce qui concerne la procédure, puisque la

1. 22 décembre 1814, bull. n° 45. — 29 mai 1813, Dall., t. 11, pag. 97.
2. Art. 13. L. 17 mai 1819.

compétence et les formes diffèrent, aux termes de l'art. 20 de la loi du 26 mai 1819, dans l'un et l'autre cas.

Les peines portées contre l'outrage par paroles se graduent suivant la qualité de la personne outragée : si cette personne est un magistrat, cette peine est l'emprisonnement dans la limite fixée par l'art. 222 ; elle s'abaisse et descend jusqu'à une simple amende lorsque cette personne est un officier ministériel ou un agent de la force publique. L'outrage fait par paroles, porte l'art. 224, à tout officier ministériel ou agent dépositaire de la force publique, dans l'exercice ou à l'occasion de l'exercice de ses fonctions, sera puni de 16 fr. à 200 fr. Il est d'avis qu'il s'agit ici du même délit ; la qualité de la personne offensée a seule changé : la définition et les règles établies par l'art. 222 s'appliquent à celui-ci.

Les agents de la force publique sont nécessairement agents de l'autorité publique ; mais ces derniers ne sont pas toujours agents de la force publique : ainsi les agents ou les appariteurs de police ne devraient pas être rangés dans la classe des agents de la force publique. Cette différence peut être importante à l'égard des outrages que les agents reçoivent dans l'exercice de leurs fonctions, car l'article 224 est la seule loi pénale applicable à ces outrages ; mais il en est autrement en ce qui concerne les outrages commis à raison de leurs fonctions et publiquement. L'art. 19 de la loi du 17 mai 1819 porte que l'injure contre les personnes désignées par les art. 16 et 17 de la loi sera punie d'un emprisonnement de cinq jours à un an, et d'une amende de 25 à 200 fr. Or, l'article 16 désigne indistinctement les dépositaires et les agents de l'autorité publique : d'où il suit que les agents de la force publique sont protégés soit par l'art. 224, soit par l'art. 19 de la loi du 17 mai 1819, suivant qu'ils ont été outragés ou injuriés dans leurs fonctions, mais publiquement, et que les agents de l'autorité ne jouissent au contraire de cette garantie que dans le seul cas prévu par l'art. 19 de la loi du 17 mai 1819.

L'art. 225 fait une exception à l'article précédent, en faveur des commandants de la force publique. La peine sera de six jours à un mois d'emprisonnement si l'outrage mentionné en l'article précédent a été dirigé contre un commandant de la force publique.

III. La loi a prévu une deuxième espèce d'outrage, qui se commet par gestes ou menaces, et elle l'a placé à un degré inférieur dans l'appréciation de leur criminalité respective. « Dans la classification « des outrages, porte l'exposé des motifs, on a placé au moindre

« degré de l'échelle ceux qui sont commis par gestes ou par mena-
« ces : les paroles outrageantes qui ont ordinairement un sens plus
« précis et mieux déterminé que de simples gestes ou menaces, ont
« paru être un délit supérieur à celui-ci. » La peine varie du reste,
comme en ce qui concerne l'outrage par paroles, suivant que la
personne outragée est un magistrat, un officier ministériel ou agent
de la force publique : elle ne diffère de la peine relative à l'outrage
par paroles que dans le premier cas ; elle est la même dans les deux
autres. L'art. 223 porte : « L'outrage fait par gestes ou menaces à
« un magistrat dans l'exercice de ses fonctions sera puni d'un mois
« à six mois d'emprisonnement, et si l'outrage a eu lieu à l'audience
« d'une cour ou d'un tribunal, il sera puni d'emprisonnement d'un
« mois à deux ans. » Les art. 224 et 225 punissent le même outrage
quand il est fait aux officiers ministériels, commandants ou agents
de la force publique.

Art. 226.— Dans le cas des art. 222, 223 et 225, l'offenseur pourra
être, outre l'emprisonnement, *condamné à faire réparation soit à la
première audience, soit par écrit*, et le temps de l'emprisonnement prononcé contre lui ne sera compté que du jour où la réparation aura lieu.

Les cas où la loi permet aux juges d'ordonner les réparations
d'honneur sont fort rares : il ne faut pas les confondre avec les
amendes honorables qu'on prescrivait autrefois : aussi le jugement
ne pourrait-il pas porter que les réparations seront faites à genoux.
C'est aux juges à décider, par leurs jugements, si la décision sera
faite à l'audience ou par écrit ; si le jugement était muet sur ce
point, l'offenseur aurait le choix. La réparation par écrit se notifie
au greffe du tribunal.

Art. 227. — Dans le cas de l'art. 224, l'offenseur pourra de
même, outre l'amende, être condamné à faire réparation à l'offensé,
et, s'il retarde ou refuse, il sera contraint par corps, soit à l'audience, soit par écrit, comme le porte l'article qui précède. Comme
dans le cas de notre article, il n'y a pas de peine d'emprisonnement ;
il fallait que le législateur pourvût, par le moyen de contrainte par
corps, à l'exécution de la réparation ordonnée. C'est la personne
offensée qui fera exercer la contrainte pour obtenir la réparation.

IV. Art. 230. — Les violences de l'espèce exprimée en l'art. 228 :
« Tout individu qui, même sans armes et sans qu'il en soit résulté
de blessures, aura frappé », dirigées contre un officier ministériel,
un agent de la force publique, ou un citoyen chargé d'un ministère

de service public, si elles ont lieu pendant qu'ils exerçaient leur ministère ou à cette occasion, seront punis d'un emprisonnement d'un mois à six mois.

Les violences peuvent exister, encore qu'il n'y ait pas eu de coups portés, ce mot « frappé de l'art. 228 » étant simplement démonstratif, comme la Cour suprême l'a jugé par un arrêt du 20 juillet 1826.

Art. 231. — Si les violences exercées contre les fonctionnaires et agents désignés aux art. 228 et 230 ont été la cause d'effusion de sang, blessures ou maladies, la peine sera la réclusion. Si la mort s'en est suivie dans les quarante jours, le coupable sera puni des travaux forcés à perpétuité.

Ainsi, lorsque des blessures ont été faites ou qu'il y a eu effusion de sang, la loi ne distingue plus entre les magistrats et les agents publics ou ministériels; la réclusion était aussi frappée sur les coupables, quel que soit le rang du fonctionnaire qui a été victime. Le législateur a sans doute pensé que, quand les violences ont été portées à cet excès, il ne s'agit plus de graduer la peine de l'outrage d'après le rang des personnes offensées, puisqu'il n'y a plus outrage, mais acte d'emportement et de cruauté.

La circonstance d'effusion de sang est évidemment laissée à l'appréciation des jurés, qui ne doivent décider qu'il y a effusion de sang qu'autant que l'effusion offre évidemment le caractère de gravité que le législateur a voulu réprimer. L'ancien art. 20 du Code pénal (1) portait que : « si les violences ont produit une maladie ou une incapacité de travail personnel pendant plus de vingt jours, la peine sera celle de la réclusion. » Notre article, qui offre ici une espèce d'exception à l'art. 300, prononce la peine de la réclusion pour les violences exercées qui auraient causé effusion de sang, blessure ou maladie sans qu'il y ait eu incapacité de travail pendant plus de vingt jours. Cette exception prend sa source dans le respect dont le législateur a voulu entourer les fonctionnaires publics. Il faut que, dans cet intervalle, la mort ait été réellement la suite des blessures ou de la maladie causée par les violences; si ce point n'était pas constant ou si la mort avait été la suite de quelque accident ou de quelque maladie étrangère, la peine des travaux forcés à perpétuité ne pourrait être prononcée. Le jury doit résoudre catégoriquement sur toutes les circonstances énumérées par notre article.

1. Abrogé, l. 13 mai 1863.

L'ancien art. 231 portait *in fine* : «mort» , au lieu de : «travaux forcés à perpétuité». On a pensé (1) que la peine de mort, prononcée par l'ancienne législation était trop rigoureuse, quel que fût le caractère des personnes frappées pour un crime commis d'ailleurs sans l'intention de donner la mort.

Art. 232. — Dans le cas même où ces violences n'auraient pas causé d'effusion de sang, blessures ou maladies, les coups seront punis de réclusion s'ils ont été portés avec préméditation ou guet-apens.

La préméditation consiste dans le dessein formé avant l'action d'attenter à la personne d'un individu déterminé (2). Le guet-apens consiste à attendre plus ou moins de temps, dans un ou divers lieux, un individu, soit pour lui donner la mort, soit pour exercer sur lui des actes de violence.

Art. 233. — Si les coups ont été portés ou les blessures faites à un des fonctionnaires ou agents désignés aux art. 228, 230, dans l'exercice ou à l'occasion de l'exercice de leurs fonctions, *avec intention de donner la mort*, le coupable sera puni de mort.

C'est cette intention qui seule peut donner aux blessures le caractère de meurtre, puisque les autres blessures sont énumérées dans les articles précédents, qui règlent évidemment des cas différents de celui qui nous occupe; mais il est clair que l'intention de donner la mort étant constitutive du crime, le jury doit être positivement interrogé sur cette circonstance. La question sur le dessein de tuer n'a pas toujours, il est vrai, besoin d'être résolue par le jury ; mais c'est dans le cas unique où les violences ont en effet donné la mort; dans ce cas, ces violences constituant le meurtre par elles-mêmes il est inutile de soumettre aux jurés la question sur le dessein de tuer (3). L'ancienne rédaction se servait des mots *portant le caractère de meurtre* ; ces mots étaient interprétés par *intention de donner la mort* ; mais la législation de 1832, pour faire disparaître tous les doutes, a substitué ces dernières expressions aux autres (4).

§ IX. — *Refus d'un service dû légalement.*

Art. 234. — Tout commandant, tout officier ou sous-officier de la force publique qui, après en avoir été légalement requis par l'autorité civile, aura refusé de faire agir la force à ses ordres, sera

1. L. 28 avril 1832, art. 12.
2. C. P., art. 297.
3. C. P., art. 298.
4. Arguments tirés d'un arrêt du 18 septembre 1828.

puni d'un emprisonnement d'un mois à trois mois, sans préjudice des réparations civiles qui pouvaient être dues au termes de l'article 10 du présent Code.

La garde nationale faisant nécessairement partie de cette force, le refus d'un commandant de cette garde serait passible des peines portées par notre article.

La réquisition doit être faite par écrit, à moins qu'il n'y ait urgence (2). Il est clair aussi que la réquisition ne serait pas légale si elle avait pour objet un fait contraire à la loi : par exemple de s'introduire la nuit dans le domicile d'un citoyen hors des cas prévus positivement par les lois par l'autorité civile. Il faut entendre celle ayant droit de faire cette réquisition, car la force publique ne pourrait être obligée d'obéir à des réquisitions faites sans droit.

§ X. — *Évasion des détenus.*

L'évasion des détenus a été classée par le Code parmi les actes de désobéissance à l'autorité publique. Il peut en résulter trois délits distincts :

1. Le délit des détenus qui se sont évadés ;
2. Le délit des personnes qui ont favorisé l'évasion ;
3. Le délit des individus qui ont recélé les criminels évadés.

Le second seul est du ressort de cette thèse ; encore abandonnerons-nous le cas où il est commis par des personnes étrangères à la garde du détenu : il ne nous intéresse que lorsqu'il est commis par les préposés.

Art. 237. — Toutes les fois qu'une évasion de détenus aura lieu, les huissiers, *les commandants en chef ou en sous-ordre, soit de la gendarmerie, soit de la force armée, servant d'escorte ou garnissant les postes*, les concierges, gardiens, geôliers et tous autres préposés à la conduite ou transport ou à la garde des détenus, seront punis ainsi qu'il suit.

Deux observations doivent être faites avant d'arriver aux distinctions qui motivent les divers degrés de la peine. La première est qu'il ne s'agit pas ici de tous les détenus, mais seulement de ceux qui sont détenus légalement et dont la détention a lieu à raison d'un délit ou d'un crime prévu ou puni par la loi pénale ou à titre de prisonnier de guerre.

La deuxième se rapporte aux agents qui sont déclarés responsables de l'évasion ; la loi les énumère. La responsabilité naît de la fonction : dès que celle-ci impose le devoir de la surveillance, l'exécution doit en faire présumer l'infraction. Mais la loi pénale, qui étend cette responsabilité à tous les préposés civils, ne l'a fait pas peser sur tous les militaires qui sont employés à l'escorte ou à la garde des détenus. L'art. 237 a limité son incrimination aux commandants en chef ou en sous-ordre de la force armée : la conséquence de cette désignation est que les militaires qui ne sont ni officiers ni sous-officiers restent rangés dans la classe des personnes étrangères à la garde des détenus et dès lors ne sont responsables de l'évasion que lorsqu'ils l'ont procurée ou facilitée.

On doit comprendre dans l'énumération de cet article les gardes nationales, car elles font partie de la force armée, mais avec la même restriction relative aux simples gardes nationaux. On doit y comprendre également les préposés des hôpitaux, dans le cas où les détenus y ont été transférés pour cause de maladie ; toutefois la responsabilité ne pèse que sur les personnes chargées de la police de ces hôpitaux.

Mais il faut en excepter les officiers et sous-officiers qui ont laissé échapper le prévenu d'un délit militaire confié à leur garde.

La distinction de la négligence et de la connivence des préposés est la première disposition à laquelle on doit s'arrêter dans l'article 238. La négligence est une simple contravention matérielle ; c'est l'infraction du devoir de surveillance imposé à tous les préposés. La connivence est au contraire l'infraction intentionnelle du devoir. La négligence est présumée dans toute évasion de détenus ; la connivence ne se présume pas.

Si l'évadé était prévenu de *délits de police* ou de crimes simplement infamants, ou s'il était prisonnier de guerre, les préposés à sa garde ou conduite seraient punis, en cas de négligence, d'un emprisonnement de 6 jours à 2 mois ; et en cas de connivence, d'un emprisonnement de 6 mois à 2 ans.

La loi C. P. art. 1er ne qualifie délits que les infractions qu'elle punit de peines correctionnelles : il suit de là que l'évasion des prévenus de simples contraventions ne serait pas punissable.

Bien que la loi n'ait parlé que de prévenus, l'évasion d'un condamné est-elle néanmoins comprise dans l'art. 238 ? L'affirmative résulte du rapprochement de notre article avec les art. 239 et 248. La présente disposition n'ayant pas parlé de la tentative d'évasion, il en résulte qu'elle n'est pas punissable, car il s'agit que d'un délit, et l'art. 3 déclare que les tentatives de délits ne seront considérés comme délits qu'autant que la loi l'aura dit spécialement.

Art. 239. — Si les détenus évadés ou l'un d'eux étaient prévenus ou accusés d'un crime de nature à entraîner une peine afflictive à temps, ou condamné pour l'un de ces crimes, la peine sera, contre les préposés à sa garde ou conduite, en cas de négligence , un emprisonnement de 2 mois à 6 mois ; en cas de connivence, la réclusion.

La peine est plus forte parce que la société ayant été plus grièvement offensée , il lui importe aussi davantage de n'être pas privée de la réparation qui lui est due.

Art. 240. — Si les évadés ou l'un d'eux sont prévenus ou accusés de crimes de nature à entraîner la peine de mort ou des peines perpétuelles, ou s'ils sont condamnés à l'une de ces peines, leurs conducteurs ou gardiens seront punis d'un an à deux ans d'emprisonnement, en cas de négligence ; et des travaux forcés à temps, en cas de connivence.

Art. 241. — Si l'évasion a eu lieu ou a été tentée avec violence ou bris de prison, les peines contre ceux qui l'auront favorisée en fournissant des instruments propres à l'opérer, seront, au cas que l'évadé fût de la qualité exprimée dans l'art. 238. 3 mois à 2 ans d'emprisonnement ; au cas de l'art. 239, 2 ans à 5 ans d'emprisonnement, et au cas de l'art. 240, la réclusion.

Ici la simple tentative est punissable.

Art. 243. — Si l'évasion avec bris ou violences a été favorisée par transmission d'armes, les gardiens et conducteurs qui y auront participé seront punis des travaux forcés à perpétuité.

Cette transmission n'ayant eu lieu que pour permettre au prévenu ou au condamné de consommer son projet par tous les moyens possibles et même en répandant le sang pour parvenir à s'échapper, une intention essentiellement criminelle a présidé à ce fait: de là cette aggravation de peine que prononce le présent article.

Art. 244. — Tous ceux qui auront connivé à l'évasion d'un détenu seront solidairement condamnés à titre de dommages-intérêts à tout ce que la partie civile du détenu aurait eu le droit d'obtenir de lui.

Cette disposition est la conséquence du principe qui veut que les complices soient tenus solidairement des dommages-intérêts.

Art. 246. — Quiconque sera condamné, pour avoir favorisé une évasion ou des tentative d'évasion, à un emprisonnement de plus de 6 mois pourra en outre être mis sur la surveillance spéciale de la haute police pour un intervalle de 5 à 10 ans.

Art. 247. — Les peines d'emprisonnement ci-dessus établies contre les conducteurs ou les gardiens en cas de négligence seulement, cesseront lorsque les évadés seront repris ou représentés pourvu que ce soit dans les quatre mois de l'évasion, et qu'ils ne soient pas arrêtés pour d'autres crimes ou délits commis postérieurement.

Le mal que la négligence avait causé n'existant plus, puisque les individus qui s'étaient évadés sont repris, la loi devait faire cesser les effets d'une peine désormais sans motif; mais le bienfait de notre article ne s'applique pas aux gardiens qui ont *par connivence* laissé évader un détenu : car bien qu'il ait été repris, le délit n'est point effacé.

De ce que notre article veut que les peines établies contre les conducteurs ou gardiens des détenus évadés cessent si les évadés sont repris ou représentés dans les quatre mois de l'évasion, il ne s'ensuit pas qu'il doive être sursis, pendant ce temps, aux poursuites contre les conducteurs ou gardiens prévenus de négligence. Seulement, tout au cas de condamnation, la peine doit cesser de suite, si les deux conditions exigées par la loi pour produire cet effet se trouvent réunies.

§ XI. — *Usurpation de titres ou fonctions.*

Art. 258. — Quiconque sans titre se sera immiscé dans des fonctions publiques, civiles ou *militaires*, ou aura fait les actes d'une de ces fonctions, sera puni d'un emprisonnement de 2 à 5 ans, sans préjudice de la peine de faux si l'acte porte le caractère de ce crime.

S'il s'agissait de l'usurpation du commandement d'une armée, c'est l'art. 93 qu'il faudrait appliquer : de même qu'il faudrait recourir à l'art. 196 si un individu nommé à une place qui exige prestation de serment en avait exercé les fonctions avant cette prestation ; et à l'art. 304, si un individu avait abusé d'un faux costume ou d'un faux ordre de l'autorité publique pour commettre une arrestation arbitraire.

Le fait de remplacer un garde national sans être garde national soi-même, constitue-t-il l'usurpation des fonctions militaires ? Y a-t-il, dans ce fait, délit ou contravention ? La Cour suprême a décidé la négative (1).

1. 7 mars 1812. Sir. 21, t. 31.

Art. 259. — Toute personne qui aura publiquement porté un costume, un uniforme ou une décoration qui ne lui appartiendra pas, sera punie d'un emprisonnement de 6 mois à 2 ans.

Les décorations sont la récompense des services rendus à l'État : si chacun pouvait se les attribuer, elles perdraient bientôt le prix qu'on a voulu y attacher.

Quant aux décorations que des Français auraient reçues de souverains étrangers, il faut pour les porter une autorisation spéciale (1).

Il ne faut pas confondre avec la présente disposition les délits prévus par les art. 50 de la loi du 17 mai 1819 et 9 de la loi du 25 mars 1822 qui prévoient le port public de tous signes extérieurs de ralliement non autorisés par le roi ou par des règlements de police.

Le port du ruban de la Légion d'honneur est-il puni par notre article ? La Cour de Cassation a consacré l'affirmative (2).

1. Ordon. 26 mars 1816.
2. 27 juin 1834. Dalloz, année 1834, 1. 238.

LIVRE QUATRIÈME.

DROIT INTERNATIONAL MILITAIRE

ET CONTINENTAL.

C'est ce droit des gens qui fait que parmi
nous la victoire laisse aux peuples vaincus
ces grandes choses : la vie, la liberté, les
biens et toujours la religion lorsqu'on ne
s'aveugle pas soi-même.

(MONTESQUIEU).

CHAPITRE PREMIER.

OBJET DE CES CHAPITRES. — ARMÉE D'UN SOUVERAIN ÉTRANGER ENTRANT DANS LES LIMITES TERRITORIALES D'UN AUTRE ÉTAT.

§ 1. — Le droit international tel qu'il est compris par les nations civilisées est l'ensemble des règles de conduite que la raison déduit comme étant conforme à la justice de la nature de la société qui existe parmi les nations indépendantes, en y admettant toutefois les définitions ou modifications qui peuvent être établies par l'usage ou le consentement général. Il fut longtemps appelé droit des gens : *jus inter gentes* rend cependant mieux son objet que *jus gentium* (1).

Les États ont trois sortes de droits : les uns sont généraux et découlent de la situation éternelle des sociétés ou de leurs rapports : on les appelle primitifs ou absolus. Les seconds dérivent de l'union plus étroite de certains peuples entre eux ; et les troisièmes, de leurs différends : ils ont pris naissance le jour où on ne s'est plus battu comme des sauvages. En résumé, indifférence, amitié, haine, tels sont les trois sentiments humains qui règlent les destinées de ces personnes morales qu'on appelle nations et qui ont leur retentissement dans le droit internationnal. ± + — L'algèbre comme le cœur ne connaît pas d'autre manière d'être. Ce n'est pas ici le lieu d'expliquer comment dans la route universelle suivie par le peuple vers le progrès l'indifférence est plus pernicieuse que la haine.

On comprend déjà, par ce simple exposé, que la troisième partie du droit internationnal où sont exposées les règles suivies par les Etats dans leurs relations hostiles, est du domaine de cet ouvrage.

Une deuxième élagation est nécessaire. La guerre est aussi souvent maritime que continentale, et chez certains peuples (anglais ou américain) elle revêt même de préférence le premier caractère. Fidèle aux restrictions suivies jusqu'ici dans les autres législations codifiées ou non, nous ne nous occuperons que des précédents ou des ré-ultats des luttes terrestres.

Néanmoins, avant d'aborder cette importante question qu'il faudra subdiviser, il est, parmi les droits internationaux primitifs ou absolus, un point qui a trait à notre sujet, et sur lequel nous allons donner quelques explications.

Ces droits sont la conservation, l'indépendance, la législation civile, la législation criminelle, l'égalité, la propriété.

C'est dans le droit qu'a chaque État de se régir civilement et criminellement comme il le juge bon que nous rencontrons notre affaire. Ce principe souffre plusieurs exceptions, entre autres le cas où l'armée d'un souverain étranger, entre dans les limites territoriales d'un autre État. Disons en passant que l'ensemble des règles d'après lesquelles se jugent les conflits entre la loi civile ou criminelle de divers pays prend le nom spécial de droit international privé.

§ II. — Les lois d'un État peuvent opérer hors de la juridiction territoriale expressément ou tacitement. Le souverain d'un pays est censé céder une partie de sa juridiction territoriale, lorsqu'il permet aux troupes d'un prince étranger de traverser son territoire. Dans ce cas, et sans une déclaration expresse renonçant à l'exercice de cette juridiction sur l'armée étrangère à laquelle on a concédé un passage, le souverain du pays, en l'exerçant, pourrait être accusé de mauvaise foi. L'objet pour lequel le passage libre est accordé pourrait être entièrement faussé, si la direction et la police de cette armée étaient retirées à ses propres officiers pour être exercée par les autorités locales. La concession d'un passage libre implique donc la renonciation de toute juridiction sur les troupes étrangères pendant le passage, et permet au général étranger d'exercer exclusivement sur son armée la discipline militaire et de punir les offenses commises par ses soldats.

Sans aucun doute, une force militaire étrangère, en entrant sur le territoire d'un prince étranger, contre sa volonté, ne peut jamais acquérir d'immunités et de droits autres que ceux que la guerre donne à l'ennemi; mais si son consentement, au lieu d'être exprimé par une permission spéciale, est énoncé par une déclaration générale que les troupes étrangères peuvent passer par une certaine étendue de son territoire, on ne peut apercevoir aucune distinction entre une telle permission générale et une permission spéciale. Il paraît raisonnable d'admettre que toutes les immunités qui sont accordées par une permission spéciale sont également attachées à une permission générale.

Le passage d'une armée étrangère sur le territoire d'un autre souverain entraîne toujours des inconvénients, et peut même devenir dangereux à l'État neutre. Un tel passage peut détruire toutes les distinctions entre la guerre et la paix, et réduire une nation à la nécessité de résister par la guerre, contre un acte qui n'est pas tout à fait un acte d'hostilité, ou bien de s'exposer aux stratagèmes d'une puissance qui peut entrer dans le pays sous de faux prétextes. C'est pour cette raison que la permission accordée aux étrangers en général d'entrer, n'est jamais comprise comme s'étendant à des forces militaires ; et une armée étrangère entrant dans le territoire d'un autre souverain, sans la permission spéciale, peut être regardée comme coupable d'un acte d'hostilité; quand même on ne lui oppose pas la force, elle n'acquiert aucun privilége ou immunité par sa conduite violente et irrégulière.

<hr>

CHAPITRE II.

COMMENCEMENT DE GUERRE ET SES EFFETS IMMÉDIATS.

§ I.—Les sociétés indépendantes, appelées États, ne connaissent ni arbitres communs ni juges, excepté ceux qui sont constitués par convention spéciale. Parmi les divers modes de terminer les différends entre nation par l'emploi de la force, afin d'en venir à la guerre actuelle, sont les suivants:

1° Mettre l'embargo ou le séquestre sur les navires et sur les biens et propriétés de la nation offensante, trouvés sur le territoire de l'État offensé, 2° prendre possession efficace de la chose controversée. 3° exercer le droit de rétorsion de droit ou celui de rétorsion de fait; 4° faire des représailles sur les personnes et les choses appartenant à la nation offensante.

Les représailles sont négatives quand un Etat refuse de remplir une obligation qu'il a contractée ; autrement elles sont dites positives. Les représailles sont aussi générale ou spéciales. Elles sont générales quand un Etat qui a reçu ou qui est supposé avoir reçu une offense d'une autre nation donne pouvoir à ses officiers et sujets de s'emparer des personnes et des propriétés de l'autre nation, partout où on les pourra trouver. Les représailles spéciales avaient lieu lorsqu'en temps de paix on accordait des lettres et ordonnances de marque à certains individus qui avaient souffert une offense du gouvernement ou des sujets d'une autre nation. On ne devait néanmoins accorder des représailles qu'en cas d'un déni de justice clair et manifeste. Elles sont sans effet depuis que le traité de 1856 a aboli la course et par conséquent les lettres de marque. L'intérêt de l'humanité et l'honneur de la civilisation a été préféré à cette fausse gloire des Jean Bart et autres corsaires et pirates patentés du siècle du Louis XIV.

Certains de ces actes de représailles ou recours aux moyens violents de réparation entre nations peuvent revêtir le caractère de guerre, dans le cas où une juste satisfaction est refusée par l'Etat offensant.

Le droit de faire la guerre aussi bien que celui d'autoriser des représailles appartient au pouvoir suprême de l'Etat, et peut être délégué à ses autorités inférieures dans les possessions éloignées ou même à une corporation commerciale : exemple, la Compagnie des Indes.

Une contestation soutenue par la force entre des Etats indépendants s'appelle guerre publique. Si elle est déclarée dans les formes ou dûment commencée, elle donne aux parties belligérantes tous les droits de guerre l'une contre l'autre. Une guerre parfaite est celle où la nation entière est en guerre avec une autre nation, et où tous les membres de l'une des nations sont autorisés à commettre des hostilités contre tous les membres de l'autre, dans tous les cas et d'après toutes les circonstances permises par les lois générales de la guerre. Toute guerre imparfaite est limitée quant aux lieux, quant aux personnes et quant aux choses.

Comme aucune déclaration ou autre avis à l'ennemi, de l'existence de la guerre, n'est nécessaire pour légaliser les hostilités, et comme la propriété de l'ennemi est en général soumise à la saisie et à la confiscation, comme prise de guerre, il semblerait suivre de là que la propriété qui lui appartient et qui est trouvée sur les terres de l'État belligérant au commencement des hostilités, est soumise au même sort que tous ses autres biens, en quelque lieu qu'ils soient. Une des exceptions à la règle générale, exposée par les publicistes, qui soumet toutes les propriétés de l'ennemi à la capture, respecte les propriétés locales situées dans la juridiction d'un État neutre. D'après les Romains, qui regardaient comme loyal d'asservir ou même de tuer l'ennemi trouvé sur le territoire de l'État au moment où la guerre éclate, il s'ensuivrait tout naturellement que la propriété de cet ennemi trouvée aux mêmes lieux deviendrait la proie de celui qui s'en emparerait le premier. *Grotius*, dont le grand ouvrage sur les lois de la guerre et de la paix parut en 1625, adopte, comme base de son opinion dans cette question, les règles du droit romain qu'il tempère par les sentiments plus généreux qui commencèrent à prévaloir dans l'humanité à l'époque où il écrivait. A l'égard des créances dues à des personnes privées, il considère le droit de les demander seulement comme suspendu pendant la guerre, et revivant avec la paix. *Bynkersoek*, qui écrivait vers 1737, adopte les mêmes règles et les suit dans toutes leurs conséquences. *Wattel* pense que les revenus et profits des propriétés doivent être séquestrés pour empêcher qu'ils soient remis à l'ennemi. Il cite l'exemple des cents talents dus par les Thébains aux Thessaliens, dont Alexandre s'était emparé par droit de conquête, mais qu'il remit aux Thessaliens comme acte de faveur, et il commence à dire que le souverain a naturellement le même droit sur ce que ses sujets peuvent devoir à l'ennemi. Plus tard arriva cette restriction : *pourvu que ce ne soit pas un dépôt confié à la foi publique*. Ce dépôt ne se trouvant entre nos mains que par une suite de la confiance que le propriétaire a mise dans notre bonne foi, il doit être respecté même en cas de guerre ouverte. C'est ainsi que l'on use en France, en Angleterre, à l'égard de l'argent que les étrangers ont placé dans les fonds publics. Ce n'est pas une règle immuable du droit, mais elle dépend de considérations politiques qui peuvent continuellement varier: parmi ces considérations, est la conduite observée par l'ennemi. Si l'ennemi confisque les propriétés se trouvant sur son territoire ou les créances dues à nos sujets au moment où la guerre éclate, il serait assurément très-juste et, en certaines circonstances, politique de rendre la réciproque à ses sujets.

A l'égard des dettes dues à nos ennemis avant le commencement des hostilités, la jurisprudence anglaise suit une politique d'un caractère plus libéral ou du moins plus sage que pour des droits d'amirauté ; bien que la prérogative de confisquer les dettes existe en théorie, il est rare qu'on l'exige dans la pratique. Le droit du créancier originaire, de suivre le recouvrement de sa dette, n'est pas éteint ; il n'est que suspendu pendant la guerre et renaît en pleine vigueur, au retour de la paix. Telles sont aussi la jurisprudence et la pratique des États-Unis.

Au commencement des hostilités entre la France et la Grande-Bretagne en 1793, la première de ces puissances séquestra les dettes et autres propriétés appartenant aux sujets de son ennemi. La pareille fut rendue à cette décision par une mesure réciproque de la part du gouvernement anglais. Par les articles additionnels au traité de paix entre les deux puissances conclu à Paris en avril 1814, les séquestres furent levés de part et d'autre, et des commissaires furent chargés de liquider les réclamations des sujets anglais pour la valeur de leurs propriétés indûment confisquées par les autorités françaises et aussi pour la perte totale ou partielle des créances à eux dues ou autres propriétés indûment retenues sous séquestre après 1792 L'engagement extorqué à la France en 1814 peut être considéré comme une application suivie du droit de conquête sur un ennemi tombé plutôt que comme une mesure impartiale puisqu'il ne paraît aucunement que les propriétés françaises saisies dans les ports de la Grande Bretagne et en mer avant les hostilités et condamnées ensuite comme droit d'amirauté aient été rendues aux premiers propriétaires en vertu de ce traité au retour de la paix entre les deux pays.

Une des conséquences immédiates du commencement des hostilités est l'interdiction de toutes relations commerciales entre les sujets des États en guerre, sans la permission de leurs gouvernements respectifs. Dans les jugements de sir W. Scott sur le cas du Hoop, ceci y est exposé comme un principe de droit universel et non particulier à la jurisprudence maritime de l'Angleterre. Mais de quelque manière qu'il soit permis, ou spécialement ou généralement, il n'est toujours, dit Bynkersoek, qu'une suspension des lois de la guerre, et de cette manière les sujets des deux pays sont partie en guerre, partie en paix. Cette règle, d'après sir W. Scott, est sanctionnée par la double autorité de la jurisprudence publique et de la jurisprudence privée. Elle est fondée à la fois sur le salutaire et légitime principe qui défend tout rapport avec un ennemi, si ce n'est avec la permission du souverain ou de l'État, et sur la doctrine que celui qui est *hostis* qui n'a pas de *personna standi in judicio* pas de moyen de faire exécuter les contrats, ne peut faire de contrats sans une pareille permission.

Les exemptions apparentes à la règle, loin d'en affaiblir la force, la confirment et la corroborent. Elles se résolvent toutes dans des cas où le commerce avait lieu avec un pays neutre, ou bien où les circonstances étaient considérées comme impliquant une licence, ou encore dans le cas où le commerce n'était pas achevé, dans le moment où l'ennemi avait cessé d'être ennemi ; dans tous les autres cas, une licence expresse du gouvernement est regardée comme nécessaire pour légaliser les rapports commerciaux avec l'ennemi.

Non-seulement de semblables rapports avec l'ennemi, de la part des sujets de l'État belligérant, sont prohibés et punis de la confiscation dans les cours des prises de leur propre pays, mais pendant une guerre faite conjointement, aucun sujet d'un allié ne peut commercer avec l'ennemi commun sans être exposé à subir, devant la cour des prises de l'allié, la perte de la propriété qu'il a engagée dans un commerce de cette nature : cette règle est un corrollaire de l'autre.

Tout rapport commercial et autres relations pacifiques avec l'ennemi public, toute espèce de contrat privé fait avec les sujets de l'ennemi pendant la guerre est illégal.

Selon le droit des gens, tous les sujets du souverain de qui l'on a reçu du tort, qui sont tels, à titre durable, soit naturels du pays, soit venus d'ailleurs, sont exposés au droit de représailles ; mais non pas ceux qui ne font que passer ou séjourner peu de temps, car le droit de représailles a été établi comme une espèce de charge qui a été imposée pour payer les dettes du public : or ceux qui ne sont soumis aux lois du pays que pour un temps sont exempts de cette sorte de charge. Parmi les sujets, le droit des gens met seulement à l'abri des représailles les ambassadeurs et leurs bagages lorsqu'ils ne vont point en ambassade auprès d'une puissance ennemie de celui qui a juste sujet d'user de ce droit.

Cocceius (1) veut que tous les étrangers, ceux mêmes à qui on n'a pas donné un peu de temps pour se retirer, soient regardés comme étant du parti de l'ennemi, et, par là exposés à de justes causes d'hostilités. Il distingue ensuite entre les étrangers qui

1. De jure belli in amicos, § 23.

demeurent dans le pays, et ceux qui ne font qu'y passer, ou qui s'ils y séjournent pendant quelque temps, y sont contraints par une maladie ou par la nécessité de leurs affaires.

Quels que soient les titres du pays natal d'un homme à sa fidélité politique, il est hors de doute que le sujet né dans un pays peut devenir citoyen d'un autre, en temps de peine, pour commercer, et peut jouir de tout les priviléges commerciaux attachés au domicile qu'il a choisi. D'un autre côté, si la guerre éclate entre son pays natal ou un autre, sa propriété devient exposée aux représailles de la même manière que les biens de ceux qui doivent à l'État ennemi une fidélité permanente.

Les publicistes manquent de définitions et de détails quant aux espèces de résidences constituant un domicile de nature a rendre les parties soumises aux représailles. Dans le jugement des Lords, dans les cours des prises, sur les cas résultant de la prise de Saint-Eustache par l'amiral Bowney, en 1785, lord Camden arrêta que si un homme allait dans un pays pour le visiter, pour faire un voyage de santé, pour terminer une affaire particulière, il pensait qu'il serait rigoureux de saisir ses biens. Mais une résidence qui ne se rattache pas à ces circonstances ne doit pas être regardée comme une résidence permanente. Le temps, dit Sir W. Scott, est le grand élément constitutif du domicile.

L'homme qui a une fois acquis un caractère national par sa résidence dans un pays étranger doit être obligé à toutes ses conséquences jusqu'à ce qu'il ait dépouillé ce caractère, soit par retour dans son pays natal ou dans celui où il a été naturalisé, soit en effectuant son départ *bona fide* et sans intention de retour. Si sans recourir à l'éloignement on admet quelque chose qui puisse changer le caractère de nationalité acquis par la résidence, il semble parfaitement raisonnable que l'évidence d'une intention *bona fide* soit de nature à ne laisser aucun doute sur la sincérité de cette intention. On ne peut demander avec confiance pourquoi la propriété des sujets ennemis ne serait pas exposée au droit de représailles et de guerre tant que le propriétaire garde son domicile acquis, ou, pour parler comme Grotius, continue une résidence permanente dans le pays de l'ennemi. Ils étaient, avant la guerre, et continuaient à être, après la guerre, liés par cette résidence à la société dont ils étaient membres, soumis aux lois de l'État, et devaient obéissance à ce dernier. On soutenait qu'on devait laisser à un natif ou à un sujet naturalisé du pays qui était surpris, dans le pays où il avait son domicile, par une déclaration de guerre, le temps de choisir, soit de continuer à y résider, soit de partir pour le pays auquel il devait une fidélité permanente, et que jusqu'à ce que la chose fût faite, sa propriété devait être protégée contre la capture par les croiseurs du dernier Etat. Cette doctrine fut trouvée aussi peu fondée en raison et en justice qu'elle l'était en droit (1).

Le caractère national des négociants en Europe et en Amérique dérive de celui des pays qu'ils habitent. Dans les parties orientales du monde, les Européens qui trafiquent sous l'abri et la protection des comptoirs qui y sont fondés tirent leur caractère national de l'association sous laquelle ils vivent et conduisent leur commerce : cette distinction naît de la nation et des habitudes du pays, mais ces principes ne sont pas considérés comme applicables aux vastes territoires occupés par les Anglais dans l'Hindoustan, parce que, comme le fait remarquer sir W. Scott, quoique la souveraineté du Mogol soit de temps en temps mise en avant pour les affaires politiques, elle n'est pas autre chose qu'un fantôme, on ne l'applique en rien aux règlements des établissements.

La propriété d'une maison de commerce établie dans le pays ennemi est considérée comme susceptible de capture et de condamnation de prise. Cette règle ne s'applique pas au cas naissant au commencement de la guerre, relativement aux personnes qui pendant la paix avaient ordinairement entretenu un commerce dans le pays ennemi sans y résider, et qui, par conséquent, peuvent en temps convenable cesser le commerce.

La réciproque de cette règle des tribunaux anglais de prises qui a été aussi adopté par ceux d'Amérique, ne s'étend pas au cas d'un négociant résidant en pays ennemi, et ayant une part dans une maison de commerce en pays neutre.

Les produits d'une colonie ou autre territoire de l'ennemi doivent être considérés comme une propriété hostile, quand ils appartiennent au propriétaire du sol, quel que soit son caractère national à tous autres égards, et quel que soit le lieu de sa résidence.

De même aussi en général, et à moins de circonstances particuculières, le caractère des vaisseaux dépend du caractère national du propriétaire, déterminé par son domicile. Mais si un vaisseau navigue sous le pavillon et le passeport d'un pays étranger, on doit

____

1. Wheaton's reports vol. 1, p. 51. The Mary and Susan Cranch's reports, vol VIII, p. 227. The Venus.

le considérer comme portant le caractère national du pays sous le nom duquel il navigue.

Nous avons déjà vu qu'aucun rapport commercial ne pouvait être entretenu légalement entre les sujets d'États en guerre avec les autres, excepté par permission spéciale de leurs gouvernement respectifs. Comme de pareils rapports ne peuvent être légalisés chez les sujets de l'un des États belligérants que par une licence de leur gouvernement, il est évident qu'une pareille licence de l'ennemi doit être illégale, à moins qu'elle ne soit autorisée par leur propre gouvernement.

§ II. — J'ai parlé souvent, dans ce chapitre, des cours de prises, et j'en parlerai encore. Aussi est-il utile de donner quelques notions sur cette juridiction peu connue des lecteurs ordinaires. Voici pour notre pays.

Les prises ont été d'abord jugées par l'amiral.

Louis XIII voulut que sa décision fût soumise au Conseil d'État.

La Révolution ayant emporté tous les tribunaux exceptionnels, nous allons jusqu'au 14 février 1793 sans voir une nouvelle institution. La Convention, à qui la victoire commençait à sourire, attribua le jugement de prises aux tribunaux de commerce avec la garantie de l'appel devant les tribunaux de district.

Le 12 germinal an II, le Comité de Salut public réclama le pouvoir pour lui : il le garda jusqu'au 3 brumaire an IV, époque où le droit de statuer fut rendu aux tribunaux de commerce.

Mais, le 3 floréal de la même année, nouveau changement. La compétence des prises fut attribuée aux tribunaux de districts; dans les ports étrangers, les consuls furent chargés de cette juridiction.

Enfin, le 26 ventose de l'an VIII les Conseils prises furent établis : l'ancien recours au Conseil d'État fut également permis le 11 juin 1806.

Les cours de prises ont bien perdu de leurs attributions depuis le traité de Paris, qui a mis fin à la guerre de Crimée. Par contre-coup de l'abolition de la course et des lettres de marque qui autorisaient les prises particulières, la juridiction ne s'exerce plus que sur les arrestations faites en mer par les forces maritimes d'une nation sur un vaisseau, un navire ou tout autre bâtiment appartenant à un autre État avec lequel elle est en guerre, et même dans certains cas, à des neutres.

CHAPITRE III.

DROITS DE LA GUERRE ENTRE ENNEMIS.

En général, on peut établir que les droits de la guerre relativement à l'ennemi doivent se mesurer par le but de la guerre. Pour arriver à ce but et jusqu'à ce qu'il l'ait atteint, le belligérant a, strictement parlant, le droit d'employer tous les moyens qui sont en son pouvoir. Le droit national n'a pas précisément déterminé jusqu'à quel point un individu peut faire usage de la force soit pour se défendre contre une offense à lui faite, soit pour obtenir réparation quand elle est refusée par l'agresseur, ou pour châtier l'offenseur. Nous ne pouvons recueillir de cette loi que la règle générale qu'un pareil emploi de sa force pour arriver à sa fin n'est pas défendu quand il est nécessaire. Le même principe s'applique à la conduite des nations souveraines, en état d'indépendance vis-à-vis les unes des autres. Aucun emploi de la force n'est légal s'il n'est nécessaire.

D'après les lois de la guerre encore en usage chez les nations sauvages, les prisonniers pris à la guerre sont mis à mort. Parmi les nations les plus civilisées de l'antiquité, cet usage fut remplacé graduellement par celui d'en faire des esclaves. A cette coutume fut substituée celle de la rançon qui continua à travers les guerres féodales du moyen âge. L'usage actuel d'échanger les prisonniers ne fut solidement établi en Europe que vers le courant du xviie siècle.

La coutume des nations civilisées a exempté de l'effet direct des opérations militaires la personne du souverain et sa famille, les membres du gouvernement civil, les femmes, les enfants, les cultivateur, les artisans, les laboureurs, les marchands, les hommes de lettres ou de science, et en général tous les autres individus, publics ou privés, engagés dans les travaux ordinaires de la vie, à moins qu'ils ne soient pris les armes à la main, ou qu'ils se soient rendus coupables de quelque violation des usages de la guerre qui leur ait fait perdre leur immunité.

Du moment où on est en guerre, avec un autre, il a, en principe général, le droit de saisir la propriété de l'ennemi, de quelque espèce et en quelque lieu qu'elle soit, et d'approprier la propriété ainsi prise à son usage ou à l'usage de ceux qui s'en sont emparés. Par l'ancien droit des gens, même ce qu'on appelait *res sacræ* n'était pas exempt de droit de capture et de confiscation. Cicéron a invoqué cette idée dans son langage métaphorique et expressif quand il a dit : *La victoire a rendu profanes* les choses de Syracuse, mais dans l'usage moderne des nations qui a maintenant acquis force de loi, les temples de religion, les édifices publics affectés au service civil seulement, les monuments d'arts, les dépôts de la science, sont exemptés des opérations générales de la guerre.

La propriété privée sur terre est aussi exempte de confiscation, à l'exception de celle qui peut se convertir en butin, en certains cas, quand elle est enlevée à l'ennemi dans les camps ou dans les villes assiégées, et à l'exception des contributions militaires levées sur les habitants d'un territoire ennemi ; cette exemption s'étend même au cas d'une conquête absolue et sans réserve du pays de l'ennemi. Dans les anciens temps la propriété, tant mobilière qu'immobilière, du vaincu passait au vainqueur. Telle était la loi romaine de la guerre, souvent revendiquée avec une inflexible sévérité, et tel fut le sort des provinces romaines subjuguées par les barbares du Nord à la décadence et à la chute de l'empire d'Occident. Une large part depuis un jusqu'au deux tiers des terres appartenant aux provinces vaincues étaient confisquées et partagées entre les conquérants. Le dernier exemple en Europe d'une pareille conquête fut celle de l'Angleterre par Guillaume de Normandie.

Si nous ne pouvons arrêter les progrès d'un ennemi, ni secourir nos frontières, ou si l'on ne peut approcher d'une ville qu'on veut attaquer sans dévaster le territoire intermédiaire, le cas extrême peut justifier le recours à des moyens que l'objet ordinaire de la guerre n'autorise pas. Si l'usage moderne a sanctionné d'autres exceptions, on les trouvera dans le droit de représailles ou rétorsion de fait.

L'invasion de la France par les puissances alliées, en 1815, fut suivie de la restitution violente des peintures, statues et autres monuments d'art recueillis dans les différents pays conquis pendant les guerres de la Révolution française et déposés dans le musée du Louvre. Les bases d'après lesquelles ces mesures furent adoptées sont pleinement expliquées dans une note délivrée par Castelreagh aux ministres des autres puissances alliées (1). D'après quel principe la France pouvait-elle s'attendre, à la fin d'une pareille guerre, à prendre place avec la même étendue de territoire qu'elle possédait avant la Révolution, et désirer retenir les dépouilles de l'art de tous les autres

1. 11 sept. 1815.

peuples? Était-il possible de douter de l'esprit de la contestation ou du pouvoir des alliés, pour effectuer ce qu'exigeaient la justice et la politique? S'il n'y avait pas de doute possible, d'après quels principes priveraient-ils la France de ses dernières acquisitions, quand ils lui conservaient les spoliations qui consistaient en objets d'art appartenant à ces territoires, objets que tous les conquérants modernes avaient invariablement respectés, comme inséparables du pays auquel ils appartenaient? Il n'y avait peut-être rien qui tendît davantage à asseoir l'esprit public de l'Europe à ce jour, qu'un pareil hommage, de la part du roi de France à un principe de vertu, de conciliation et de paix.

Dans les débats qui s'élevèrent dans la Chambre des Communes, Sir Samuel Romilly déclara qu'il n'était en aucune façon satisfait de son équité. Il n'était pas vrai que les ouvrages d'art déposés dans le musée du Louvre eussent été enlevés comme dépouilles de guerre. Un grand nombre, et les plus remarquables, étaient devenus la propriété de la France par stipulations expresses de traités. Et sur les célèbres chevaux de Corinthe, l'Autriche, tout en adressant ainsi d'une manière hypocrite cette leçon morale aux nations, non-seulement gardait tranquillement les riches et injustes dépouilles qu'elle avait eues, mais restituait ces splendides ouvrages d'art, non pas à Venise, qui en avait été dépouillée, à la Venise antique, indépendante, républicaine, mais à la Venise autrichienne, à ce pays que, au mépris de tous les principes qui soit-disant la faisait agir, elle retenait encore comme une partie de ses domaines (1).

On applique une règle différente aux propriétés réelles ou immeubles. Le propriétaire originaire de cette espèce de propriété a droit à ce qu'on appelle le bénéfice de *postliminium*, et le titre acquis pendant la guerre doit être confirmé par un traité de paix avant d'être considéré comme complétement valide.

Grotius a consacré tout un chapitre de son grand ouvrage à prouver par le témoignage universel de tous les siècles et de tous les peuples, que la bonne foi doit être observée avec l'ennemi. L'usage des nations civilisées a donc introduit un certain *commercium belli* au moyen duquel la violence de la guerre peut être tempérée, relativement à son sujet et à son but; et l'on peut conserver une es

1. Martens. Nouveau recueil, t. II, p. 623. Life of Romilly edited. his. sons, vol. II, p. 401. Wheaton elements du droit international, t. II, 1e part. chap. 2 p. 13 à 17.

pèce de rapport pacifique qui conduise d'abord à un arrangement de différend et ensuite à la paix.

Il y a différentes manières de tempérer l'extrême rigueur des droits de la guerre, au gré des parties belligérantes respectives. Parmi elles, est la suspension d'hostilités au moyen de trêve et d'amnistie. Cette trêve peut être générale ou spéciale. Le pouvoir de conclure une amnistie ou suspension d'hostilités n'est pas nécessairement expliqué dans l'autorité ordinaire officielle du général ou de l'amiral commandants en chef les officiers militaires ou navales de l'État.

La suspension des hostilités lie les parties contractantes et toutes celles qui agissent immédiatement sous leur direction, au moment où elle est conclue. Mais il faut qu'elle soit dûment promulguée, pour avoir force obligatoire légale relativement aux autres sujets des États belligérants. Pour prévenir les disputes et les difficultés s'élevant de pareilles questions, il est d'usage de stipuler dans la convention de l'armistice comme dans les traités de paix, une période future dans laquelle les hostilités doivent cesser en rapport nécessaire avec la situation et la distance des lieux.

Outre les maximes générales à tous les traités nationaux, il y a quelques règles particulières applicables aux conventions de suspensions d'hostilités. La première, c'est que chaque partie peut faire, dans son territoire ou dans les limites prescrites par l'armistice, tout ce qu'elle pouvait faire en temps de paix.

2° Aucune partie ne peut profiter de la trêve pour exécuter, sans péril pour elle-même, ce que la continuation des hostilités l'aurait empêché de faire. 3° Toutes les choses doivent rester dans leur précédent état, dans les lieux dont la possession était spécialement contestée à l'époque de la conclusion de l'armistice. À l'expiration de la période stipulée dans la trêve, les hostilités commencent naturellement sans nouvelles déclarations de guerre. Mais si la trêve a été conclue pour un temps indéterminé ou pour une très-longue période, la bonne foi et l'humanité concourent pour exiger qu'un avis préalable soit donné à l'ennemi de 'intention de terminer une trêve qu'il peut justement regarder comme un traité de paix.

Les capitulations pour la reddition des troupes et des forteresses et des provinces particulières d'un pays tombent naturellement dans les pouvoirs généraux confiés aux commandants de terre ou de mer. Mais si le commandant d'une ville fortifiée s'aventure à stipuler la cession perpétuelle de cette place ou à entrer dans d'autres engagements complétement en dehors de son autorité implicite, sa promesse se réduit à une simple sponsion. La célèbre convention faite par les consuls romains avec les Samnites aux fourches Caudines était de cette nature. La convention conclue à Closterseven pendant la guerre de Sept Ans entre le duc de Cumberland, commandant les forces anglaises au Hanovre, et le maréchal de Richelieu, commandant l'armée française, pour une suspension d'armes dans le Nord de l'Allemagne, est un des plus remarquables traités de cette espèce que fournisse l'histoire moderne. Citons encore la convention signée à El-Arich, en 1800, pour l'évacuation de l'Égypte par l'armée française, quoique la position des deux gouvernements fût inverse. Dans le dernier exemple, le gouvernement britannique refusait de remplir l'exécution du dernier traité en se fondant sur le défaut de pouvoir de sir Sidney Smith, et après la bataille d'Héliopolis il insistait sur son accomplissement par les Français, alors que les circonstances avaient changé et rendu son exécution imcompatible avec leur politique et avec leur intérêt.

Les passe-ports, les sauf-conduits et les licences sont des documents accordés pendant la guerre pour protéger les personnes et les propriétés contre l'action générale des hostilités.

Une licence accordée par un État belligérant à ses sujets ou aux sujets de son ennemi pour poursuivre un commerce interdit par la guerre à l'effet de dispenser des lois de la guerre dans toute l'extension qui peut ressortir de la claire interprétation de ses termes, la partie belligérante adverse peut justement considérer de tels documents de protection comme étant un motif de capture et de confiscation. Mais les tribunaux maritimes de l'État sous l'autorité duquel ils sont accordés sont forcés de les regarder comme des relâchements légaux de l'état de guerre ordinaire.

Exempter la propriété des ennemis de l'effet des hostilités est un acte très-grand d'autorité souveraine. Si cette autorité est quelquefois déléguée à des personnes dans une position subordonnée, il faut qu'elle soit exercée ou par ceux qui ont une connaissance spéciale à eux accordée pour les affaires particulières, et qui dans le langage légal sont appelés mandataires, ou par les personnes investies d'un tel pouvoir en vertu d'une situation dont ce pouvoir peut être considéré comme un accessoire.

Le contrat fait pour la rançon de la propriété de l'ennemi, prise én mer, est généralement mis à effet au moyen d'un sauf-conduit accordé par ceux qui ont fait la capture, en permettant au vaisseau capturé et à la capture d'aller dans un port désigné, dans un temps limité, à moins qu'il ne soit défendu par la loi du pays de celui qui a fait la capture. Ce document fournit une protection légale et complète contre les coursiers de la même nation ou ses alliés, pendant la période et dans les limites géographiques prescrites dans les termes.

La mort de l'ôtage pris pour sûreté de l'accomplissement fidèle du contrat, de la part du bâtiment capturé, ne décharge pas du contrat, car celui qui a fait la capture ne compte sur l'ôtage que comme sûreté accessoire, et en le perdant il ne perd pas non plus sa sûreté originaire, à moins qu'il n'y ait convention expresse à cet égard.

CHAPITRE IV.

DROITS DE GUERRE A L'ÉGARD DES NEUTRES.

Les légistes et les historiens de Rome se servent des mots *amici medii*, *pacati*, *socii*, qui sont très-insuffisants a exprimer ce que nous entendons par *neutres*, et ils n'ont aucun substantif pour rendre la neutralité. D'après les règles de guerre suivies par les nations les plus civilisées de l'antiquité, l'on n'admettait pas qu'une nation eût le droit de jouir de la paix, pendant que les nations voisines se faisaient la guerre.

Il y a deux espèces de neutralité prononcée par la loi internationale, il y a d'abord la neutralité naturelle ou parfaite, et la neutralité imparfaite, déterminée ou conventionnelle. La première est celle que tout État souverain a le droit, indépendamment d'un pacte positif, d'observer pour ce qui regarde les guerres où d'autres États peuvent être engagés. Il est cependant et évidemment impossible que les nations neutres soient complétement insensibles à l'existence de la guerre entre les États avec lesquels elles continuent à maintenir des rapports accoutumés d'amitié et de commerce. Les droits de neutralité entraînent des devoirs correspondants, parmi lesquels se range l'impartialité entre les parties belligérantes.

La neutralité imparfaite, déterminée ou conventionnelle, est celle qui est modifiée par un pacte spécial. Le droit public Européen , offre plusieurs exemples de cette espèce de neutralité.

La neutralité de la Suisse , respectée en particulier pendant la guerre de Trente Ans par les maisons de Bourbon et de Haps-bourg, avait été déterminée par un pacte spécial existant entre la Confédération et les États étrangers, au moyen duquel il existait des traités d'alliance pour l'enrôlement de troupes suisses au service de cet État. Cette neutralité est utile à la France qui sans cela serait obligée de fortifier ses frontières de Bâle à Genève, et à l'Autriche dont, en cas de guerre, l'armée d'Italie pouvait être séparée de celles de Souabe, car les sources du Rhin, du Pô, du Danube et du Rhône sont des chemins faciles aux armées. Pendant les guerres de la Révolution française , la neutralité de la Suisse fut alternativement violée par les armées françaises, autrichiennes et russes. Sous le Consulat, la France reconnut par un traité la neutralité de sa voisine. En 1813 , Schwarzenberg passa le Rhin avec son corps d'armée à Bâle, Lauffenberg et Schaffausen; mais, à la paix de Vienne, la neutralité fut reconnue par toute l'Europe à la Suisse ; et si, l'année suivante, ce territoire vit passer encore l'aile gauche des alliés à Rheenfelden, c'était du consentement de ses habitants qui savaient bien que la France n'était pas en état d'exiger des représailles. Elle pardonna au traité de Paris (1).

La Belgique qui couvre la France contre la Prusse , comme la Suisse la couvre de l'Autriche et *vice versâ*, depuis sa séparation de la Hollande, a été reconnue neutre, comme, depuis Louis XIV , les Pays-Bas eux-mêmes l'avaient été.

Un État perpétuellement neutre, en acceptant cette condition de son existence politique, est obligé d'éviter en temps de paix tout engagement qui l'empêche d'observer ses devoirs de neutralité en temps de guerre. La restriction s'étend aussi aux traités de commerce et de navigation avec les autres États , pour ceux dont la neutralité est imparfaite, déterminée ou conventionnelle.

La neutralité peut aussi être modifiée par des engagements antécédents , au moyen desquels le neutre est lié à une des parties en guerre. Ainsi le neutre peut être obligé, par traité antérieur à la guerre, de fournir à l'une des parties belligérantes un secours limité d'argent, de troupes, de vaisseaux ou de munitions de guerre,

1. 20 nov. 1815.

ou d'ouvrir ses ports aux vaisseaux de guerre de son allié avec leurs prises. L'accomplissement d'une pareille promesse ne détruit pas sa neutralité et ne le rend pas l'ennemi de l'autre nation belligérante, parce qu'il ne le rend pas l'associé général de son ennemi.

Un autre cas de neutralité modifiée naît de stipulations de traités antérieur au commencement des hostilités, traité par lequel le neutre peut être forcé d'admettre dans ses ports les vaisseaux de guerre de l'une des parties belligérantes, avec leurs prises, tandis que l'autre peut voir ses vaisseaux entièrement exclus ou simplement admis, sous des limites et des restrictions. Ainsi, par le traité d'amitié et de commerce de 1778 entre les Etats-Unis et la France, celle-ci se réserva deux priviléges spéciaux dans les ports des Américains : 1° l'admission de ses corsaires avec leurs prises, à l'exclusion de ses ennemis ; 2° l'admission pour ses vaisseaux de guerre, en cas de pressante nécessité, pour faire de l'eau, des vivres, des réparations, etc., mais non à l'exclusion des autres nations en guerre avec elle. On peut voir dans les State Papers de Waite les difficultés qui s'élevèrent. La Grande-Bretagne et la Hollande soutinrent que la France était trop bien traitée, et celle-ci prétendit, devant le gouvernement des Etats-Unis, qu'elle ne l'était pas assez bien.

Les droits de la guerre ne peuvent être exercés que dans le territoire des puissances belligérantes ou en pleine mer, ou dans un territoire n'appartenant à personne. Il suit de là que des hostilités ne peuvent être légalement exercées dans la juridiction territoriale de l'État neutre qui est l'ami des deux parties. Cette prohibition s'étend au passage d'une armée ou d'une flotte dans les limites de la juridiction territoriale, qui ne peut être aisément considéré comme un passage *innocent*, telle qu'une nation a le droit de le demander à l'autre.

CHAPITRE V.

DES TRAITÉS EN GÉNÉRAL. — DES TRAITÉS DE PAIX EN PARTICULIER.

§1.—Les jurisconsultes romains rangeaient tous les contrats internationaux en trois classes : *pactiones, sponsiones, fœdera.* Ces derniers étaient regardés comme les plus solennels. et Gaius, dans les fragments de ses Instituts, dit en parlant de la supposition d'un traité de paix conclu dans la simple forme d'une pure *pactio : Dicitur uno casu hoc verbo : « Spondesne ? Spondeo » peregrinum quoque obligari posse velut si imperator noster principem alicujus peregrini populi de pace ita interrogetur, quod nimium subtiliter dictum est, quia siquid adversus pactionem fiat non ex stipulatu agitur, sed jure belli vindicatur.*

Le pouvoir de contracter les traités publics de nation à nation est en pleine vigueur dans tout État souverain qui n'a pas cédé cette portion de sa souveraineté ou consenti à en modifier l'exercice par conventions avec d'autres États. Dans les monarchies absolues, il réside dans le souverain ; et, même dans les monarchies limitées ou constitutionnelles, la couronne peut en être investie. La constitution anglaise est de cette dernière espèce ; mais on sait bien que dans son administration pratique le pouvoir réel de faire la guerre réside véritablement dans le Parlement qui peut supprimer les secours nécessaires pour sauver les hostilités. La constitution fédérale des États-Unis d'Amérique place le pouvoir de faire la guerre dans les deux Chambres du Congrès avec l'assentiment du président. Par la forme de la Constitution le président a le pouvoir exclusif de faire la paix. Mais le Congrès peut, quand il veut, forcer le président à faire la paix en lui refusant les moyens de continuer la guerre. En France, la Constitution de 1852, pratiquée à la lettre, rappellerait ce qui se passe en Angleterre, à cette différence que l'empereur seul remplace la reine et ses ministres.

Aucune forme particulière de mots n'est essentielle à la conclusion et à la validité d'un traité entre nations. L'usage moderne exige que les consentements verbaux soient aussitôt que possible convertis en consentements écrits, afin d'éviter les contestations ; et toutes communications purement verbales qui précèdent la signature définitive d'une convention civile sont considérées comme renfermées dans l'acte lui-même.

Il y a certains traités entre les nations qui sont conclus non pas en vertu d'un pouvoir spécial, mais dans l'exercice d'un pouvoir général implicitement confié à certains agents publics, comme accidentellement attachés à leur rang officiel. Tels sont les actes officiels des généraux ou amiraux qui suspendent ou limitent l'exercice des hostilités dans la sphère de leurs commandements respectifs de terre ou de mer. De tels actes, quand ils sont faits sans autorisation, ou quand ils excèdent l'autorisation dont ils ont besoin pour être faits, se nomment *sponsions*. Il faut que ces conventions soient confirmées pour ratification expresse ou tacite. Le simple silence ne suffit pas pour emporter ratification de l'une ou de l'autre des parties, quoique la bonne foi exige que la partie qui refuse doive notifier sa détermination à l'autre, afin d'empêcher cette dernière d'exécuter sa part de consentement.

Quant aux autres traités publics, pour qu'un ministre ou autre agent diplomatique soit apte à conclure ou à signer un traité avec le gouvernement auprès duquel il est accrédité, il faut qu'il soit muni d'un plein pouvoir, indépendant de sa lettre de créance générale. Grotius et après lui Puffendorf considèrent les traités et les conventions ainsi négociés et signés, comme obligant le souverain au nom duquel ils sont signés, de la même manière que tout autre contrat fait par un agent dûment autorisé oblige son mandant suivant les règles générales de la'jurisprudence civile. Vattel fait une distinction entre la procuration communiquée à l'autre partie contractante, et les instructions connues seulement du mandant et de son agent. Selon lui, le souverain est obligé par les actes de son ambassadeurs dans la limite de son plein pouvoir officiel, quoique celui-ci puisse avoir excédé ou violé ses instructions secrètes. Bynkersoeck expose les vrais principes applicables à la validité des actes du ministre, contraires à ses instructions secrètes. Un mandataire en droit civil excède-t-il ses pouvoirs? Il est certain que le mandant n'est pas obligé. Mais dans le cas d'unambassadeur il faut distinguer entre le plein pouvoir général qu'il exhibe, et ses instructions spéciales qu'il peut conserver, et qu'il conserve généralement comme un secret entre son souverain et lui. Si le ministre n'a pas excédé le pouvoir à lui donné dans ses lettres de créances officielles, le souverain est obligé de ratifier, si en même temps le ministre n'a pas dévié de ses instructions secrètes. Mais s'il dépasse ses instructions, le souverain a le droit de refuser sa ratification.

Pour refuser avec honneur de ratifier ce qui a été conclu en vertu d'un plein pouvoir, il faut que le souverain ait de fortes et solides raisons, et qu'il fasse voir, en particulier, que son ministre s'est écarté de ses instructions. On peut énumérer des cas cependant où l'on peut concevoir qu'un pareil refus soit justifié, même quand le ministre n'a pas outre-passé, ou violé ses instructions. 1° On peut repousser les traités mêmes subséquents à l ratification, en se fondant sur l'impossibilité physique ou morale d'en remplir les conditions. L'impossibilité morale a lieu quand l'exécution de l'engagement entamerait injustement les parties tierces. 2° En se fondant sur l'erreur mutuelle des parties, relativement à un point de fait, qui s'il avait été connu dans ses véritables circonstances, eût empêché la conclusion des traités. 3° Dans le cas d'un changement de circonstances dont doit dépendre la validité du traité, soit par une stipulation expresse, soit par sa nature même.

L'échange des ratifications a un effet rétroactif confirmant le traité du jour de sa date. La convention du 15 juillet 1840, entre l'Autriche, la Grande Bretagne, la Prusse, la Russie et la Turquie, fut au moment même commencée avant l'échange des ratifications.

Un des premiers exemples connus de cette pratique se présenta dans le traité de paix conclu en 651 par l'empereur romain Justinien avec Cosroès Ier, roi de Perse. On a observé très-judicieusement que cet exemple d'échange de ratifications formelles à une époque comme celle de Justinien qui n'inventa rien, mais ne fit que réunir et suivre les précédents des siècles antérieurs, montre d'une manière concluante que cette fonction était alors jugée nécessaire par l'usage général des nations pour valider les traités conclus en vertu de pleins pouvoirs.

La constitution civile de chaque Etat particulier détermine en qui réside le pouvoir de ratifier les négociations et les traités conclus avec les puissances étrangères et les rendre obligatoires pour la nation. Le traité ainsi ratifié est obligatoire pour les Etats contractants, indépendamment des mesures auxiliaires législatives, qui peuvent être nécessaires de la part de chacun d'eux pour lui donner un effet complet. Les traités de commerce qui ont pour effet d'altérer les lois existantes de commerce et de navigation des parties contractantes peuvent nécessiter la sanction du pouvoir législatif de chaque Etat pour leur exécution. Le gouvernement anglais de 1713 a donné en ce sens un exemple libéral au gouvernement français de 1860.

La liberté de consentement est nécessaire à la validité de tout engagement, et les contrats obtenus par la force sont nuls parce que le bien-être général de la société exige qu'il en soit ainsi. Cependant s'il en était absolument ainsi, les guerres ne pourraient se terminer que par la soumission et la ruine totale du parti le plus faible : aussi l'imperfection des considérations ou l'inégalité des conditions d'un traité entre nations, qui suffiraient pour faire rompre un contrat entre particuliers, sous prétexte d'une grossière inégalité ou de lésion énorme, ne serait pas une raison suffisante pour refuser l'exécution du traité.

Les conventions générales entre nations peuvent se diviser en ce qu'on appelle conventions transitoires et traités proprement dits. Les premières sont perpétuelles de leur nature de sorte que, une fois mises à exécution, elles subsistent indépendamment de tout changement, dans la souveraineté et dans la forme des parties contractantes ; et quoique leur opération puisse être en quelques circonstance suspendue pendant la guerre, elles revivent au retour de la paix sans aucune stipulation expresse. Tels sont les traités d'échange, de limites, de cession de territoires.

L'exécution d'un traité est quelquefois garantie par des ôtages donnés par une partie à l'autre. Des Pairs d'Angleterre arrivèrent en 1784 en France comme ôtages en attendant la restitution du cap Breton à notre pays. Les traités publics doivent être interprétés comme les autres lois et contrats.

Les négociations sont quelquefois contractées sous la médiation d'une troisième puissance qui offre spontanément ses bons offices à cet effet, ou à la demande d'une ou deux parties en contestation, ou en vertu d'une stipulation antérieure à ce sujet : exemple la Hollande au traité des Pyrénées ; la France il y a trois ans entre l'Autriche et l'Italie. L'art de la négociation semble, par sa nature même, peu susceptible d'être ramené à une science systématique. Les talents des personnes doivent être soutenus de l'étude de l'histoire.

§ II. — L'effet d'un traité de paix est de mettre fin à la guerre et d'en détourner le sujet. C'est un consentement d'abandonner toute discussion concernant les droits respectifs et les réclamations des parties et d'enfouir dans l'oubli les causes originaires de la guerre. Il défend le renouvellement de la même guerre, en recommençant les hostilités pour la cause originaire qui l'avait d'abord allumée ou pour quoi que ce soit qui puisse être survenu dans le cours de cette guerre.

Le traité de paix n'éteint pas les réclamations fondées sur des dettes contractées ou des injures faites avant la guerre et qui ne se lient pas à ses causes, à moins qu'il n'y ait stipulation expresse à cet effet. Il n'affecte pas non plus les droits acquis antérieurement à la guerre ou les injures privées qui n'ont pas de rapport avec les causes qui ont produit la guerre. Tant que continue la

guerre, le conquérant en possession n'a qu'un droit usufruc-
tuaire, et le titre latent du premier souverain continue jusqu'à ce
que le traité de paix, par son opération tacite ou ses dispositions
expresses, éteigne son titre pour jamais. La restitution du territoire conquis à son souverain originaire par le traité de paix
emporte avec elle le rétablissement dans leur état primitif de
toutes les personnes et de toutes les choses qui ont été temporairement sous la domination de l'ennemi.

Le droit de propriété ne peut pas être transféré par le conquérant à une partie tierce de manière à lui donner le droit de réclamer contre le propriétaire primitif lors de la restitution du territoire ou souverain originaire. Si d'un autre côté le territoire conquis
est cédé au vainqueur par le traité de paix, un pareil transfert
intermédiaire est par ce moyen confirmé et le titre devient valide
et complet.

A l'égard de la propriété personnelle ou mobilière, on appliquera
une règle différente. Le titre de l'ennemi aux choses rangées
sous cette dénomination est considéré comme complet contre le
propriétaire primitif après 24 heures de possession par rapport
au butin fait sur terre.

Un traité de paix lie les parties contractantes à partir du moment
de sa signature. Les hostilités doivent cesser entre elles de cette
époque à moins que quelque autre époque ne soit indiquée dans le
traité lui-même; mais le traité ne lie les sujets des nations belligérantes que du moment où il leur est notifié. Tous actes intermé-
diaires d'hostilité commis par eux avant que cette notification ne
leur soit parvenue ne peuvent être punis comme actes criminels.

Quand le traité de paix contient une stipulation expresse que
les hostilités doivent cesser dans un lieu donné et à un certain temps
et qu'une capture est faite avant l'expiration de la période limitée,
mais en connaissance de la paix de la part de celui qui fait la capture, cette capture n'est pas valide : car puisqu'une connaissance
de la paix, qui n'est que le résultat de l'interprétation des faits après
les époques déterminées dans les différentes parties du monde, rend
nulle la capture, à plus forte raison la connaissance précise de la
paix doit-elle produire cet effet.

Les choses dont la restitution est stipulée par le traité doivent
être rendues dans l'état dans lequel elles ont été prises d'abord, à
moins de dispositions expresses du contraire : mais elles ne se

rapportent pas aux altérations produites par l'effet naturel du temps ou des opérations de la guerre.

La violation d'un article du traité est une violation de tout le traité, car tous les articles dépendent les uns des autres, et l'un doit être considéré comme la condition de l'autre. Si le traité est violé par l'une des parties contractantes, soit par des procédés incompatibles avec son esprit général, soit par une infraction particulière à l'un de ses articles, il ne devient pas absolument nul, mais susceptible d'être annulé au choix de la partie offensée. Si elle préfère ne pas en venir à une rupture, le traité reste valide et obligatoire ; elle ne peut pas insister sur l'infraction commise, ou la pardonner ou demander une juste satisfaction.

Les disputes relatives à leur sens ou à leur infraction alléguée peuvent s'arranger par négociation amiable entre les parties contractantes, par la médiation des puissances amies, ou par la soumission du différend à l'arbitrage de quelque puissance choisie par les parties. Les cinq grandes puissances de l'Europe ont, dans la première moitié de ce siècle, assumé ces fonctions dans plusieurs circonstances, afin de prévenir la rupture de la paix générale, par l'infraction partielle des arrangements territoriaux stipulés par les traités de Vienne , en consé quence des révolutions intérieures qui ont eu lieu dans quelques Etats constitués par les traités.

CONCLUSION.

Le vulgaire stupide a de tout temps admiré et révéré comme des héros et des dieux quelques brigands célèbres que l'histoire ne nous a fait connaître que par leurs affreux massacres.
(D'HOLBACH.)

Voilà quelle fut l'organisation de l'armée romaine, et quelle est la situation des soldats en France. Mais, en toutes choses, il faut considérer la fin. Eh bien ! quels que soient les priviléges qui soient passés sous nos yeux, on les pardonnerait si l'armée avait été un instrument de civilisation, un moyen de défense nationale, ou même la guerre, un exercice pour entretenir le courage et prévenir la corruption des mœurs, ou encore, je vais plus loin, une conséquence nécessaire de la vie sociale. Mais l'histoire apprend qu'elle n'a jamais été qu'un fléau distribué par le caprice des puissants. Pour qu'on ne m'accuse pas de noirceur, je vais citer un homme dont les théories ne me sont guère sympathiques. Joseph de Maistre, dans les considérations sur la France, a récapitulé les holocaustes humains offerts au démon de la guerre. La page éloquente de cet auteur me semble le couronnement nécessaire de mon travail. L'idée morale qui s'en dégage est évidente. Appuyée par l'érudition, elle ne sera plus mise en doute par personne.

« Marius extermine, dans une seule bataille, deux cent mille Cimbres et Teutons ; Mithridate fait égorger quatre-vingt mille Romains ; Sylla lui tue quatre-vingt-dix mille hommes dans un combat livré en Béotie, où il en perd lui-même dix mille. Bientôt on voit les guerres civiles et les proscriptions. César à lui seul fait mourir un million d'hommes sur le champ de bataille ; avant lui, Alexandre avait eu ce funeste honneur ; Auguste ferme un instant le temple de Janus, mais il l'ouvre pour des siècles en établissant un empire électif. Quelques bons princes laissent respirer l'État, mais la guerre ne cesse jamais ; et sous le règne du bon Titus, six cent mille hommes périssent au siége de Jérusalem. La destruction des hommes opérée par les armes des Romains est vraiment effrayante. Le Bas-Empire ne présente qu'une suite de massacres. A commencer par Constantin, quelles guerres et quelles batailles ! Licinius perd vingt mille hommes à Cibalis, trente-quatre mille à Andrinople et cent mille à Chrysopolis. Les nations du Nord commencent à s'ébranler : les Francs, les Goths, les Huns, les Lombards, les Alains, les Vandales, etc., attaquent l'Empire et le déchirent successivement. Attila met l'Europe à feu et à sang. Les Français lui tuent plus de deux cent mille hommes près de Châlons, et les Goths, l'année suivante, lui font subir une perte encore plus considérable. En moins d'un siècle, Rome est prise et saccagée trois fois ; et dans une sédition qui s'élève à Constantinople, quarante mille personnes sont égorgées. Les Goths s'emparent de Milan et y tuent trois cent mille habitants. Totila fait massacrer tous les habitants de Tivoli, et quatre vingt-dix mille hommes au sac de Rome. Mahomet paraît : le glaive et l'Alcoran parcourent les deux tiers du globe. Les Sarrazins courent de l'Euphrate au Guadalquivir. Ils détruisent de fond en comble l'immense ville de Syracuse, ils perdent trente mille hommes près de Constantinople dans un seul combat naval, et Pélage leur en tue vingt mille dans une bataille de terre. Les pertes n'étaient rien pour les Sarrazins, mais le torrent rencontre le génie des Francs dans les plaines de Tours, où le fils du premier Pépin, au milieu de trois cent mille cadavres, attache à son nom l'épithète terrible qui le distingue encore. L'islamisme, porté en Espagne, y trouve un rival indomptable; jamais peut-être, on n'y vit plus de gloire, plus de grandeur, plus de carnage. La lutte des chrétiens et des Maures en Espagne est un combat de huit cents ans. Plusieurs expéditions et même plusieurs combats y coûtent vingt, trente, quarante et jusqu'à quatre vingt mille vies.

«Charlemagne monte sur le trône et combat pendant un demi-siècle. Chaque annnée il décrète sur quelle partie de l'Europe il doit envoyer la mort. Présent partout, et partout vainqueur, il écrase des nations de fer comme César écrasait les hommes-femmes de l'Asie. Les Normands commencent cette longue suite de ravages et de cruautés qui nous font encore frémir. L'immense héritage de Charlemagne est déchiré, l'ambition le couvre de sang, et le nom des Francs disparaît à la bataille de Fontenay. L'Italie entière est saccagée par les Sarrazins, tandis que les Normands, les Danois, les Hongrois ravageaient la France, la Hollande, l'Angleterre, l'Allemagne et la Grèce. Les nations barbares s'établissent enfin et s'apprivoisent. Cette veine ne donne plus de sang ; une autre s'ouvre à l'instant : les croisades commencent, l'Europe entière se précipite sur l'Asie, on ne compte plus que par myriades le nombre des victimes. Gengis-Kan et ses fils subjuguent et ravagent le monde de-

puis la Chine jusqu'à la Bohême ; les Français, qui s'étaient croisés
contre les Musulmans, se croisent contre les hérétiques : guerre
cruelle des Albigeois ; bataille de Bouvines, où trente mille hommes
perdent la vie; cinq ans après, quatre-vingt mille Sarrazins périssent au siége de Damiette. Les Guelfes et les Gibelins commencent
cette lutte qui devait si longtemps ensanglanter l'Italie. Le flambeau des guerres civiles s'allume en Angleterre. Vêpres siciliennes.
Sous les règnes d'Édouard et de Philippe de Valois, la France et
l'Angleterre se heurtent plus violemment que jamais, et créent une
nouvelle ère de carnage : massacre des juifs ; bataille de Poitiers,
bataille de Nicopolis; le vainqueur tombe sous les coups de Tamerlan qui répète Gengis-Kan. Le duc de Bourgogne fait assassiner
le duc d'Orléans et commence la sanglante rivalité des deux familles. Bataille d'Azincourt. Les Hussites mettent à feu et à sang une
partie de l'Allemagne. Mahomet II règne et combat trente ans.
L'Angleterre, repoussée dans ses limites, se déchire de ses propres
mains; les maisons d'York et de Lancastre la baignent dans le sang.
L'héritière de Bourgogne porte ses États dans la maison d'Autriche,
et dans ce contrat de mariage, il est écrit que les hommes s'égorgeront pendant trois siècles, de la Baltique à la Méditerrannée. Découverte du Nouveau-Monde : c'est l'arrêt de mort de trois millions
d'Indiens. Charles-Quint et François Ier paraissent sur le théâtre du
monde : chaque page de leur histoire est rouge de sang humain.
Règne de Soliman : bataille de Mohacz ; siége de Vienne, siége de
Malte, etc.

« Mais c'est de l'ombre d'un cloître que sort un des plus grands
fléaux du genre humain. Luther paraît ; Calvin le suit : guerre des
paysans, guerre de Trente Ans, guerre civile de France, massacre des Pays-Bas, massacre des Cévennes, journée de la Saint-
Barthélemy (1) ; meurtre de Henri III, de Henri IV, de Marie-Stuart
et de Charles I, et de nos jours, enfin, la Révolution française qui
part de la même source (2). . . . .
« Le siècle qui finit commença pour la France par une guerre
cruelle, qui ne fut terminée qu'en 1754, par le traité de Rastadt.
En 1719, la France déclara la guerre à l'Espagne le traité de Paris y

1. L'idée d'imputer aux protestants la Saint-Barthélemy n'est pas mauvaise.
2. Que dire de celle qui rejette sur la Révolution française les guerres
que lui ont faites les rois coalisés? Ne pourrait-on pas aller plus loin dans l'idée
contraire et soutenir que le manifeste des ducs de Brunswick a été la cause des
massacres de septembre ?

init fin en 1727, l'élection du roi de Pologne ralluma la guerre en 1733. La paix se fit en 1736. Quatre ans après, la guerre terrible de la succession autrichienne s'alluma et dura sans interruption jusqu'en 1748. Huit années de paix commençaient à cicatriser huit années de guerre, lorsque l'ambition de l'Angleterre força la France à prendre les armes. La guerre de Sept Ans n'est que trop connue. Après quinze ans de repos, la révolution d'Amérique entraîna de nouveau la France dans une guerre dont toute la sagesse humaine ne pouvait prévoir les conséquences. On signa la paix en 1782 ; sept ans après, la Révolution commence, elle dure encore, et peut-être que dans ce moment elle a coûté trois millions d'hommes à la France (1) ».

1. L'auteur a oublié de mentionner Louis XIV : le coryphée de ses opinions monarchiques voit maintenant dans les guerres de Napoléon Ier la conséquence de celles de la Révolution.

POSITIONS.

—

DROIT ROMAIN.

I. Un père a, par testament, donné la liberté à l'esclave dépendant du *pécule castrense* de son fils ; le fils étant venu à mourir *intestat*, et ensuite le père, je dis que l'esclave a droit à la liberté.

II. Même décision si le fils a fait un testament et si l'héritier qu'il
a institué n'a pas accepté la succession dans la même hypothèse.

III. Les mots *jure communi*, par lesquels Justinien définit le droit
du père à la succession du *pécule castrense* de son fils, signifient-ils
jure peculii, ou *jure successionis* ? — *Jure successionis*.

IV. Justinien a restreint la faculté de tester militairement au
cours des expéditions.

V. Lorsqu'un fils de famille militaire ou vétéran, après avoir
testé sur son *pécule castrense*, encourt la *minima capitis*, il ne faut pas
dire que le testament vaut *quasi ex nova voluntate*, mais qu'il n'est
pas devenu *irritum*.

VI. Pour être dispensé de la tutelle par le nombre de ses enfants, on entend parler des enfants légitimes.

VII. Parmi ceux qui, *morts pour la République*, *vivent éternelle-
ment pour la gloire*, on entend ceux qui sont morts des suites de la
guerre, et non pas seulement ceux qui sont tombés sur le champ
de bataille.

VIII. En matière de *conductio indebiti*, l'erreur de droit *suam
petentibus non nocet*, l'erreur de fait est excusable, même chez ceux
adquirere volentes.

IX. Le *quantum* à payer par le défendeur qui jouit du bénéfice de
compétence se calcule sur l'actif brut, qu'il soit donateur ou qu'il
soit dans les cinq autres classes privilégiées aussi par le droit
romain.

X. Fausse opinion des Romains sur l'esclavage.

XI. Ceux qu'on a pris pendant la guerre, et qui reviennent en temps de paix ne jouissent pas du *postliminium*, à moins qu'on en ait spécialement traité.

XII. La fiction de la loi Cornélia s'applique au cas où un père ayant fait le testament de son fils impubère, ce fils, qui a été institué ou déshérité, est fait prisonnier après la mort de son père.

XIII. Lorsqu'un citoyen romain qui avait des enfants sous sa puissance a été fait prisonnier par l'ennemi, s'il meurt chez l'ennemi, comment comprendre que l'état de ses enfants ait pu faire doute à n'importe quelle époque du droit, puisque la puissance paternelle ne peut appartenir à un *servus* ?

XIV. Si quelqu'un a racheté un esclave, ne sachant pas qu'il était captif, mais croyant qu'il appartenait au vendeur, il sera censé en avoir prescrit la propriété.

XV. Dans l'hypothèse précédente, s'il vient à l'affranchir, l'esclave ne retourne pas sous la puissance de son premier maître, mais cet affranchissement le rend libre.

XVI. Les choses prises sur l'ennemi sont-elles publiques ou *nullius* ? Faut-il distinguer entre les meubles et les immeubles ? — Elles sont publiques. Il faut distinguer.

XVII. L'*occupatio bellica* produit le *diminium ex jure quiritium* et ne met pas simplement la chose *in bonis*.

DROIT FRANÇAIS.

I. L'art. 9 du Code Napoléon parle de l'année qui suit la majorité forcée par la loi française et non celle qui suit la majorité fixée par la loi étrangère.

II. Le certificat d'un officier étranger n'établit pas d'une manière certaine la preuve du service d'un Français dans les armées étrangères et par suite la perte de sa qualité.

III. On est relevé de la perte de la qualité de Français encourue pour cause de service en pays étranger par la nomination ultérieure à des fonctions publiques par le gouvernement français.

IV. Les dispositions de l'article 88 peuvent être délaissées pour celles de l'art. 47 dans les cas prévus par le premier.

V. L'adoption doit être considérée comme non avenue lorsqu'il est né à l'adoptant depuis l'adoption un enfant légitime qui était déjà conçu au moment où elle a eu lieu.

VI. Les étrangers sont capables d'adopter.

VII. L'enfant naturel peut être adopté par sa mère ou par son père, qui l'a reconnu.

VIII. Les empêchements nés de l'adoption sont simplement prohibitifs.

IX. Lorsqu'à l'expiration d'un service public par lequel il s'est fait exempter d'une tutelle, l'ancien tuteur redemande cette tutelle qui dure encore, ou que le nouveau réclame sa décharge, le conseil de famille a le pouvoir de maintenir le *statu quo*.

X. Les ordonnances de Moulins ont-elles porté un coup mortel au testament militaire ? — Oui et non.

XI. Les termes de l'art. 981 : *individus employés aux armées*, doivent s'entendre de quiconque est pourvu d'une commission du gouvernement ou du commandant supérieur.

XII. Les règles relatives à la capacité des témoins s'appliquent-elles aux testaments exceptionnels ? — Non.

XIII. Les notaires n'ont pas le droit de recevoir les testaments privilégiés sans se soumettre aux règles qu'ils doivent suivre pour les testaments passés dans les circonstances ordinaires.

XIV. Le testament fait militairement dans une place assiégée, mais dans un moment où une suspension d'armes a été conclue, et où les communications étaient assez libres pour permettre au testateur d'employer le ministère d'un notaire, n'est pas nul.

XV. La loi du 11 ventôse an II avait seulement pour effet de conserver d'une manière spéciale et plus efficace les droits éventuels des militaires absents : elle n'établissait pas, en sens contraire des art. 135 et 136, une présomption de survie.

XVI. La loi du 11 ventôse n'a pas été abrogée par le Code Napoléon.

XVII. Il n'y a pas de dérogation apportée au Code Napoléon par la loi du 13 janvier 1817 dans la faculté que donne son art. 5 de prouver par témoins le décès des militaires dont cette loi s'occupe.

XVIII. Dans le cas de publication voulu par la loi du 31 mai 1841 (expropriation pour cause d'utilité publique), le préfet ne peut pas, s'il existe des journaux dans l'arrondissement, désigner à leur place le journal qui se publie dans le chef-lieu du département.

XIX. La légalité de l'acte préfectoral ne peut être apprécié par l'autorité judiciaire.

XX. Le régime des servitudes militaires ne s'applique pas au terrain voisin du mur d'enceinte de Paris.

XXI. Dans les bornes voulues par la loi de 1831 , art. 18, la pension d'un militaire est saisissable pour obligation de fournir des aliments au père et mère naturels qui ont reconnu sa femme pour leur fille.

XXII. Les travaux communaux et ceux des établissements publics sont des travaux publics.

XXIII. Les dommages temporaires provenant du fait personnel des entrepreneurs de travaux publics envers les particuliers ne sont pas de la compétence du conseil de préfecture.

XXIV. La responsabilité décennale édictée par l'art. 1792 C. N. s'applique aux travaux d'art qui sont du domaine de l'ingénieur.

XXV. Légitimité de l'intérêt.

XXVI. Malgré les termes de 1906 C. N., l'emprunteur, si les intérêts payés excèdent le taux légal, pourra répéter l'excédant.

XXVII. Les contrats administratifs emportent hypothèque, mais simplement conventionnelle, et qui, par conséquent, doit être stipulée.

XXVIII. Le tribunal ordinaire serait seul compétent si tous les prévenus d'un même délit, quoiqu'étant militaires, étaient aussi en raison de leur position de congé ou de permission , justiciables d'un tribunal ordinaire.

XXIX. Le Code n'a pas reproduit l'ancienne maxime : *Contra non valentem agere non currit præscriptio.*

XXX. De ce que l'art. 92 C. P., qui punit l'armement illégal, n'indique pas qu'il doit être fait contre le gouvernement , il ne faut pas décider que l'objet de l'enrôlement ne doit pas être déterminé dans les questions posées au jury.

XXXI. Pour que le deuxième paragraphe de l'art. 94 C. P. soit applicable , il n'est pas nécessaire qu'un empêchement réel eût été apporté à la levée.

XXXII. Il ne faut pas dire d'une manière générale que l'art. 95 C. P. prévoit la destruction par la mine d'un édifice public, et l'art. 435 C. P. la destruction d'une propriété particulière par le même agent.

XXXIII. Les violences et les voies de fait ne sont constitutives de la rébellion qu'autant qu'elles sont opposées à un dépositaire de la force publique agissant légalement dans l'ordre de ses fonctions.

XXXIV. L'art. 273, l. 19 janvier 1857, est limitatif.

XXXV. Les alliés, en 1815, n'étaient pas juridiquement fondés à prendre dans nos musées les tableaux qui leur avaient anciennement appartenus.

XXXVI. En droit civil, le mandant n'est pas engagé quand le mandataire exerce ses pouvoirs ; mais en droit international il n'est pas même obligé, quand le mandataire, c'est-à-dire l'ambassadeur, n'a agi qu'en conformité d'instructions secrètes.

TABLE DES MATIÈRES.

AVANT-PROPOS.   VIII

PREMIÈRE PARTIE.
DROIT ROMAIN.

LIVRE I. — Organisation militaire.   7
  CHAP. I. — La Grèce et Rome.   7
  (1) § 1. — Athènes.   7
    § 2. — Sparte.   13
    § 3. — Rome.   15
  CPAP. II. — Des légions romaines.   17
  CHAP. III. — Organisation militaire d'après le Digeste. . . .   24

LIVRE II. — Priviléges des soldats.   33
  CHAP. I. — Pécule castrense.   33
  CHAP. II. — Testament militaire.   39
  CHAP. III. — Des vétérans.   54
  CHAP. IV. — Juridiction criminelle. Délits et peines.   56
  CHAP. V. — Priviléges moins importants acccordés à cette profes-
    sion.   59
    § 1. — Acquisition de la cité romaine.   59
    § 2. — Tutelle et curatelle.   60
    § 3. — Restitution en entier.   63
    § 4. — Condictio indebiti.   65
    § 5. — Bénéfice de compétence.   66
    § 6. — Complément.   67

LIVRE III. — Théories accessoires.   69
PROLÉGOMÈNES.   69
  CHAP. I. — Captivité.   69
  APPENDICE. — Dispense accordée aux futurs époux du consentement du
    pater familias en cas de captivité de celui-ci.   71
  CHAP. II. — Postliminium.   72
  CHAP. III. — Loi Cornelia.   70
  CHAP. IV. — Du rachat des captifs.   82
  CHAP. V. — Du butin.   86
  CHAP. VI. — Des choses saintes.   88

1. Il n'a été indiqué dans la table que les paragraphes formant par eux-mêmes un sujet spécial.

DEUXIÈME PARTIE.

DROIT FRANCAIS.

PRÉLIMINAIRES. 92
LIVRE I. — Organisation militaire. 93
 CHAP. I. — Historique. 93
 CHAP. II. — Vote annuel du contingent. 103
 CHAP. III. — Lois sur le recrutement. 104
 CHAP. IV. — Engagements volontaires. 106
 CHAP. V. — Conseils de recensement et de révision de l'armée ac- 107
        tive et de la garde nationale mobile. 107
 CHAP. VI. — Conseils de recensement et de révision de la garde na- 110
        tionale sédentaire. 110
 CHAP. VII. — Avancement et conservation des grades. 113
 CHAP. VIII. — Pensions militaires. 114
 CHAP. IX. — Administration militaire. 120

LIVRE II. — Exceptions au Code Napoléon inscrites dans le Code
        Napoléon lui-même. 124
 CHAP. I. — Du service militaire dans ses rapports avec la qualité de
        français. 124
        1° Acquisition. 124
        2° Privation. 126
 CHAP. II. — Des actes de l'Etat civil concernant les militaires hors
        du territoire de l'Empire. 128
 CHAP. III. — Diminution et acquisition de la puissance paternelle. . 134
        1° Enrôlement volontaire. 134
        2° Adoption rémunératoire. 135
 CHAP. IV. — Exemption de la tutelle. 137
 CHAP. V. — Testament militaire. 141
 CHAP. VI. — Rapport des donations faites en faveur du service mili-
        taire. . . . . 350 bis.

LIVRE III. — Exceptions au même Code inscrites dans les lois parti-
        culières et surtout dans le droit administratif. . . . 151
 CHAP. I. — Privation des droits politiques. 151
 CHAP. II. — Absence des militaires. 154
 CHAP. III. — Domaine militaire. 158
 CHAP. IV. — Expropriation militaire. 161
 CHAP. V. — Servitudes militaires ou défensives. 168
 CHAP. VI. — Responsabilité et garantie administratives des fonction-
        naires militaires. 171
 CHAP. VII. — Action en responsabilité contre les communes. . . . 174
 CHAP. VIII. — Entraves à la liberté du commerce. 175
 CHAP. IX. — Travaux publics. 177
 CHAP. X. — Inobservation du taux de l'intérêt en Algérie et autres
        colonies militaires. 180

CHAP. XI. — Privilége du trésor sur les biens des payeurs de l'armée. — Des comptables en matière. 181
CHAP. XII. — Fournisseurs militaires. 185
CHAP. XIII. — Le protêt et l'invasion de l'ennemi. 187
CHAP. XIV. — Exception au droit commun en matière de presse. . . 189
CHAP. XV. — De l'impôt que les soldats font payer et de celui qu'ils payent. 191
    § I. — Logement. 191
    § II. — Maires, juges au contentieux. 192
    § III. — Des membres de l'armée qui sont imposables à la contribution personnelle et mobilière. 193

LIVRE IV. — Des délits et des peines. 196
    De l'obéissance passive. 196
CHAP. I. — Points de contact du Code pénal militaire et du Code pénal ordinaire. 199
    § 1. — Compétence. 199
    § 2. — Récidive. 201
    § 3. — Complicité. 202
    § 4. — Connexité. 205
    § 5. — Réglement des juges. 205
    § 6. — Pourvoi en cassation. 206
CHAP. II. — Code pénal militaire. 207
    § 1. — Historique. 208
    § 2. — Organisation. 210
    § 3. — Justiciables. — Procédure. 213
    § 4. — Délits et peines. 215
CHAP. III. — Garde nationale sédentaire. 219
    § 1. — Conseil de discipline. 219
    § 2. — Pénalité. 219
    § 3. — Contraventions. 220
CHAP. IV. — Articles du Code pénal ordinaire particuliers aux militaires ou aux délits commis contre eux ou contre le domaine militaire. 231
    § 1. — Trahison. 231
    § 2. — Guerre civile. 236
    § 3. — Coalition de fonctionnaires. 239
    § 4. — Feuille de route. 240
    § 5. — Ingérence dans les actes de commerce. 241
    § 6. — Abus d'autorité. 243
    § 7. — Rebellion et attroupements. 245
    § 8. — Outrages envers un agent de la force publique. . . 249
    § 9. — Refus de service. 254
    § 10. — Evasion de détenus. 255
    § 11. — Usurpation de titres. 258

LIVRE V. — Droit international militaire et continental. 260
CHAP. I. — Objet de ce chapitre. — Armée d'un souverain étranger entrant dans les limites territoriales d'un autre état. 260

CHAP. II. — Commencements de guerre et ses effets immédiats. . . 262
CHAP. III. — Droits de la guerre entre ennemis. . . . 270
CHAP. IV. — Droits de la guerre à l'égard des neutres. . . . 275
CHAP. V. — Traités en général et traités de paix en particulier. . . 277
CONCLUSION. 284
POSITIONS. 289

POITIERS. — TYPOGRAPHIE DE HENRI OUDIN.

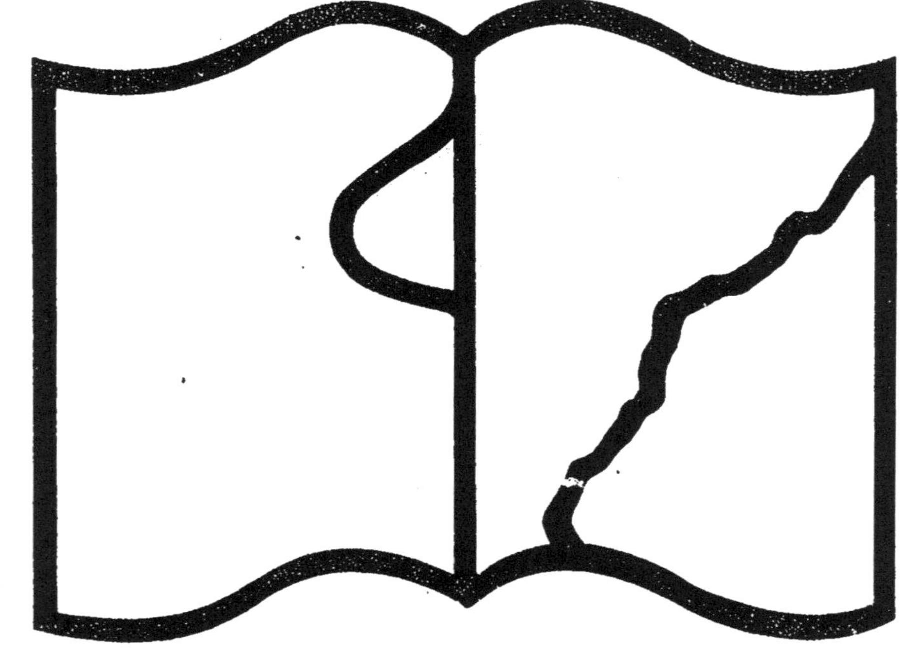

Texte détérioré — reliure défectueuse

NF Z 43-120-11

Reliure serrée

9 782013 473897